ein Ullstein Buch

ein Ullstein Buch / maritim
Nr. 20557
Herausgegeben von J. Wannenmacher
im Verlag Ullstein GmbH,
Frankfurt/M – Berlin – Wien
Titel der Originalausgabe:
A King's Cutter
Erstveröffentlichung 1982
bei John Murray (Publishers)
Ltd., London
Aus dem Englischen
von Klaus D. Kurtz

Deutsche Erstausgabe

Umschlagentwurf: Hansbernd Lindemann
Farbreproduktion nach
dem Gemälde von
Thomas Whitcombe
Britischer Kutter zwingt französische Fregatte zur Aufgabe (dat. 1797),
aus der Sammlung Peter Tamm, Hamburg,
entnommen dem Buch ›Maler der See‹
von Prof. Dr. Jörgen Bracker,
Dr. Michael North und Peter Tamm,
Koehlers Verlagsgesellschaft mbH,
Herford 1980

Printed in Germany 1985
Gesamtherstellung:
Ebner Ulm
ISBN 3 548 20557 7

September 1985

CIP-Kurztitelaufnahme
der Deutschen Bibliothek

Woodman, Richard:
Kutterkorsaren: Leutnant Drinkwater in geheimer Mission vor Frankreichs Küsten; Roman / Richard Woodman. [Aus d. Engl. von Klaus D. Kurtz]. – Dt. Erstausg. – Frankfurt/M; Berlin; Wien: Ullstein, 1985.
(Ullstein-Buch; Nr. 20557: Maritim)
Einheitssacht.: A king's cutter ‹dt.›
ISBN 3-548-20557-7
NE: GT

Vom selben Autor
in der Reihe der
Ullstein Bücher

Die Augen der Flotte (20531)

Richard Woodman

Kutterkorsaren

Leutnant Drinkwater
in geheimer Mission
vor Frankreichs Küsten

Roman

ein Ullstein Buch

Für die Crew des Kutters
KESTREL

Inhalt

TEIL ZWEI – IN DER NORDSEE

TEIL EINS

IM ENGLISCHEN KANAL

Erstes Kapitel

Oktober – November 1792

Die Hand der Marionette

»Für uns«, sagte Lord Dungarth und unterstrich seine Worte mit ausholender Geste, »werden Sie so funktionieren wie die Hand einer Marionette. Sie kennen weder die Absichten des Vorführers, noch wissen Sie, wie die Drähte betätigt werden oder weshalb Ihre Befehle so lauten und nicht anders. Wie eine Hand erhalten Sie lediglich Anweisungen, die Sie buchstabengetreu erfüllen. Immerhin wurden Sie uns wegen Ihrer Tüchtigkeit empfohlen, Nathaniel...«

Drinkwater blinzelte in das grelle Sonnenlicht, vor dem sich die beiden Lords nur als Silhouetten abhoben. Draußen vor den Fenstern sah er die dunklen Umrisse der Schiffe, die auf dem glitzernden Gewässer des Spithead verankert lagen: die Kanalflotte. Unter seinen Füßen spürte er, wie sich der plumpe Rumpf der *Queen Charlotte* nach dem Tidenstrom ausrichtete. Kurz dachte er über das Ansinnen nach, das hier an ihn gestellt wurde. Nach sechs Jahren Dienst als Zweiter Steuermann auf den Trinity-House-Yachten, welche die Seezeichen an Englands Küste warteten, kannte er zumindest den Kanal genau, auch wenn ihm der Auftrag, den der Kriegskutter *Kestrel* zu erfüllen hatte, schleierhaft blieb. Vor elf Jahren hatte er als Erster Offizier in der Kriegsmarine gedient und sich davon eine steile Karriere versprochen, aber inzwischen war er klüger geworden, verheiratet und fast schon zu alt, als daß er sich noch den schnellen Aufstieg bei der Royal Navy erhoffen konnte, der ihm einst so sicher erschienen war. Statt dessen hatte er beim Trinity House eine Arbeit gefunden, die ihn befriedigte. Trotzdem beschleunigte sich sein Puls, als Dungarth ihm erklärte, daß man ihn für den Sondereinsatz auf einem Kutter ausgewählt hatte, der unmittelbar dem Befehl der Admiralität unterstand. Die Bedeutung dieser direkten Zuordnung wurde von dem zweiten Mann im Raum nachdrücklich betont.

»Also, Mr. Drinkwater?« Earl Howes sonore Stimme riß Drinkwater aus seinem Grübeln; er hob den Blick zum großflächigen Gesicht des Oberbefehlshabers der Kanalflotte. Höchste Zeit, daß er sich zu einer Entscheidung durchrang.

»Es wäre mir eine Ehre, Herr Admiral.«

Lord Dungarth nickte zufrieden. »Freut mich, Nathaniel, freut mich sehr. Tat mir leid zu hören, daß Ihre Beförderung nicht bestätigt wurde, nachdem Hope gestorben war.«

»Besten Dank, Mylord. Ich muß zugeben, das war damals ein harter Schlag.« Im Versuch, die langen Jahre seit ihrem letzten Treffen zu überbrücken, lächelte er den Mann an, den er einst als John Devaux gekannt hatte, Erster Offizier auf der Fregatte *Cyclops*. Hatte er selbst sich ebenfalls so stark verändert? Es konnte nicht nur daran liegen, daß John überraschend den Grafentitel geerbt hatte; seine schwungvolle Spontaneität war ihm verlorengegangen. Diese ungewohnte Verschlossenheit mochte eine Auswirkung der Erhebung in den Adelsstand sein, das galt aber nicht für die Unversöhnlichkeit, die aus seinem Ton sprach; diese wirkte eher wie ein Resultat seines neuen, geheimnisvollen Aufgabenbereichs bei der Admiralität.

Einen Monat danach erhielt Drinkwater seine neuen Befehle und seine Bestallung. Der Abschied von Elizabeth fiel ihm sehr schwer. Mochte sie auch in großer Sorge sein ob seiner Versetzung auf einen Kriegskutter, so behielt sie ihren Kummer doch für sich und machte ihm nicht das Herz schwer. Es war nicht ihre Art, ihn von einer Aufgabe abzubringen, denn nicht zuletzt wegen seines zielstrebigen Eifers hatte sie sich seinerzeit in ihn verliebt; betrübt hatte sie diesen Elan schwinden sehen, als die Kriegsmarine Nat so bitter enttäuschte. Trotzdem konnte sie nicht verhindern, daß ihr der Abschied Tränen in die Augen trieb.

Drinkwaters Anbordgehen vollzog sich so unauffällig, wie es sich seine Auftraggeber bei der Admiralität nur wünschen konnten. Es war spät im Oktober, die Marschen von Tilbury lagen im Nebel, als er, auf der Suche nach einem Boot, an der Stakenreihe entlang durch den Schlamm der Hochwasserlinie stapfte. Blasentalg, Stroh und verrottendes Holz erschwerten ihm das Vorankommen, ebenso die Abfälle, welche die Ufer der Themse säumten. In der Gegend von Hope fand er endlich einen Mann, der bereit war, ihn in seinem Boot überzusetzen; sie hielten auf den bleiern glatten Fluß hinaus, vorbei an einer von der Strömung umgurgelten Festmachertonne, von deren weißgekalkter Spiere sie einen Kormoran aufscheuchten. Allmählich drang blasses Sonnenlicht durch den perlmutterfarbenen Dunst und saugte ihn auf.

Wie ein Gespenst ragte plötzlich das Heck des Kutters vor ihnen aus dem Nebel, von den achteren Davits hingen Bootsfallen herab und trieben in der Tide. Drinkwater erhaschte eine kurzen Blick auf eine geschnitzte Heckreling und ein von Eichenlaub umrahmtes Namensschild: *Kestrel.* Dann kletterte er unter den gelangweilten Blicken einiger Freiwächter an Bord, fühlte einen riesigen Mast mit Baum und Gaffel über sich aufragen und sah die weiße Flagge mit dem St.-Georgs-Kreuz achtern schlaff herunterhängen. Ein kleiner, energischer Mann kam auf Drinkwater zu: etwa vierzig, mit buschigen Brauen und einem kurz angebundenen, aber nicht unhöflichen Gehabe. Er wirkte rundum tüchtig und zuverlässig.

»Was kann ich für Sie tun, Sir?« Aufmerksam huschten die blauen Augen über Drinkwaters Erscheinung.

»Guten Morgen. Ich bin Leutnant Drinkwater. Haben Sie ein Boot ausgesetzt?« Mit dem Kopf deutete er auf die leeren Davits.

»Aye, Sir. Wir haben die Gig nach Gravesend geschickt, weil wir Sie erwarteten.«

»Ich habe meine Seekiste im Fort von Tilbury gelassen. Bitte sorgen Sie dafür, daß sie so bald wie möglich an Bord geschafft wird.«

Der Mann nickte. »Ich bin Jessup, Sir, der Bootsmann«, stellte er sich vor. »Und jetzt zeige ich Ihnen Ihre Kammer.« Breitbeinig ging er nach achtern und hüpfte gelenkig über das hohe Süll eines Kajütniedergangs. An seinem Fuß stand Drinkwater in einem winzigen Vorraum; aus dem Schatten hinter der Treppe schimmerten matt Tower-Musketen und Entermesser in einem Gestell. Fünf schmale Türen führten von dem Vorraum ab, und Jessup deutete auf die achterste. »Die Kapitänskajüte ... Er is' grade an Land. Und das hier is' Ihre Kammer, Sir.« Er öffnete eine Tür an Steuerbord und ließ Drinkwater eintreten.

Auf *Kestrel* lagen die Offiziersquartiere zwischen Laderaum und Ruderschacht. Zugänglich waren sie durch den eben benutzten Niedergang, der oben an Deck unmittelbar vor der Pinne hinabführte. Die große Achterkajüte, deren Tür dem Fuß der Niedergangstreppe gegenüberlag, nahm die ganze Breite des Hecks ein. Die vier anderen Türen führten in winzige Kammern, welche die Admiralität in ihrer Großzügigkeit für die Offiziere des Kutters vorgesehen hatte. Drinkwater stellte fest, daß die achteren zwei lediglich spitz zulaufende Verschläge waren, vollgestopft mit Gerümpel und eindeutig unbenutzt. Die beiden anderen wirkten wohnlicher. Die Backbordkammer, seiner eigenen gegenüber, war nach Jessups Auskunft »für Passagiere« gedacht. Mehr wollte er dazu offenbar nicht sagen.

Drinkwater schloß die Tür seiner Kammer hinter sich. Ein Stuhl war nirgends zu entdecken. An das Querschott aus Kiefernholz war ein kleines Bücherbord geschraubt, unter das ein winziger Klapptisch paßte, dessen Platte zugleich als Abdeckung für ein Schapp diente, das eine Pütz enthielt und wohl eine Art maritimen Nachtstuhls darstellte. Ein hölzernes Gestell für eine Flasche und ein Glas, die beide fehlten, und drei Kleiderhaken an der Innenseite der Tür – das war schon die ganze Einrichtung der Kammer. Drinkwater ging wieder an Deck.

Die Sicht war jetzt etwas besser, er konnte schon die niedrige Küstenlinie Kents erkennen. Als er Jessup auf dem Vorschiff entdeckte, ging er zu ihm und fragte ihn, ob die Gig inzwischen zurückgekehrt sei.

»Ist sie, Sir, und schon wieder weg nach Tilbury, Ihr Gepäck holen.«

Drinkwater dankte ihm und versuchte, die Neugier der Wachgänger vor dem Mast zu ignorieren. Er räusperte sich. »Vielleicht wären Sie so freundlich, mir das Schiff zu zeigen?« sagte er zu Jessup. Dieser nickte und schritt voran zum Bug.

Der lange bewegliche Bugspriet kam durch einen Eisenring am Stevenkopf binnenbords und ruhte mit seiner Hausung in der massiven Beting der Ankerwinde. Achtern davon führte ein Gang ins Vorschiff, einen langen, dunklen Raum, der bis zum Mast reichte. Der Mast selbst wuchs wie ein gewaltiger Baum aus dem Deck, umkränzt von seinen Nagelbänken, Belegnägeln, Umlenkblöcken und Tauwerkbunschen.

»Wieviel Mann Besatzung, Mr. Jessup?« erkundigte sich Drinkwater.

»Die Sollstärke ist achtundvierzig, Sir, aber im Augenblick sind wir nur zweiundvierzig ... Hier ist die Ladeluke, Sir, sie führt nur auf eine Plattform, ein richtiges Zwischendeck haben wir nicht. Wir benützen sie als Segellast und Laderaum und schlagen darin auch die Hängematten auf.« Jessup fuhr mit der Hand übers Dollbord der Backbord-Gig, die auf der Luke stand, und schritt nach achtern. Drinkwater fielen die zerschrammten Planken der Gig auf.

»Die Boote werden hart rangenommen, wie?«

Jessup lachte kurz und trocken auf. »Aye, Sir. Und wie!«

Achtern von der Hauptluke erhob sich der Kombüsenschornstein, dann kamen das Kajüt-Skylight und der von einem bronzenen Kompaßhaus überragte Niedergang. Das Achterdeck wurde von der gewaltigen, geschwungenen Pinne beherrscht, die, mit Bronzebeschlägen gehalten, auf dem Ruderkopf gelagert war; in den Pinnenknauf war ein Vogelkopf geschnitzt, zu Ehren des Turmfalken, der dem Schiff seinen Namen gab.

Mit Besitzerstolz streichelte Jessup den scharfen hölzernen Schnabel und nickte zu einer kleinen, mit Vorhängeschlössern gesicherten Luke hinüber, die von Grätings gerahmt war und offenbar in die Achterpiek führte.

»Unser Pulvermagazin.« Jessup deutete nach vorn auf die Kanonen. »Wir haben insgesamt zwölf, Sir, zehn Dreipfünder und vorn zwei lange Vierpfünder, das gibt eine Breitseite von zusammen neunzehn Pfund. Die Länge ist zweiundsiebzig Fuß, Sir, übers Batteriedeck gemessen, und sie verdrängt hundertfünfundzwanzig Tonnen ...« Er verstummte mißtrauisch, immer noch damit beschäftigt, den Neuankömmling auszuloten. »Sind Sie schon auf Kuttern gefahren, Sir?«

Drinkwater sah ihn an. Zu viel auf einmal zu erzählen, dachte er, war nicht ratsam. Jessup würde das alles noch früh genug erfahren. Bei der Frage nach seiner Vertrautheit mit Kuttern fiel ihm die Trinity-Yacht *Argus* ein; jetzt war es an ihm, ein Pokergesicht aufzusetzen.

»Du meine Güte, natürlich, Mr. Jessup. Ich habe lange auf Kuttern gedient, machen Sie sich nur keine Sorgen.«

Jessup schnaubte wortlos durch die Nase; irgendwie behielt er mit diesem Schnauben das letzte Wort, deutete damit ein geheimes Wissen an, das er mit Drinkwater nicht teilen konnte. Noch nicht.

»Hier kommt das Boot mit Ihren Plünnen, Sir.« Jessup trat an die Reling, um es anzupreien. Als wolle er seine durch den Wortwechsel bestätigte Überlegenheit unterstreichen, spuckte er kräftig in das schnellströmende Wasser der Themse.

Um die Mittagszeit des folgenden Tages kehrte der Kommandant auf sein Schiff zurück. Leutnant Griffiths nahm den Hut ab, blickte sich prüfend an Deck um und schnüffelte in den Wind. Drinkwaters militärische Begrüßung quittierte er mit einem Nicken. Der Mann war hochgewachsen, hielt sich aber gebeugt; das in traurige Falten gelegte Gesicht wurde von einer weißen Haarmähne gekrönt, die ihm etwas Patriarchalisches gab. Er stammte aus Wales, war aber ungewöhnlich schweigsam für einen Waliser und schien in Gedanken stets mit uralten Dingen beschäftigt, die keltischen, kymrischen oder gar mythischen Ursprungs sein mochten. Er war in Carnarvon geboren und hatte als Steuermann auf Sklavenschiffen gedient, mit Heimathafen Liverpool, ehe er in die Kriegsmarine gepreßt worden war. Dort hatte er es nur durch seine Tüchtigkeit weitergebracht, war vom Deckoffizier zum Offizier aufgestiegen, ohne sich dabei jene Überheblichkeit anzueignen, die viele aus dem Mannschaftsrang hervorgegangene Offiziere ihren früheren Messekameraden so verhaßt machte. Lord Howe hatte die Bestallung ausgesprochen und dabei erklärt, daß keiner in der Navy das Offizierspatent ehrlicher verdient hätte als Madoc Griffiths; dieser sei, so versicherte Seine Lordschaft in der ihm eigentümlichen, gestelzten Sprache, eine Zierde seines Berufes. Trotz seiner geschraubten Ausdrucksweise sprach der als »Black Dick« bekannte Lord damit zweifellos die Wahrheit. Wie Drinkwater bald erfahren sollte, gab es auf dem weiten Betätigungsfeld des Kutters *Kestrel* keine Ecken und Winkel, die Griffiths nicht gekannt hätte; stets blieb er Herr der Lage. Nats erster, oberflächlicher Eindruck, daß sein neuer Kommandant ein vergreistes Überbleibsel aus längst vergangenen Tagen sei, erwies sich schnell als falsch.

Seinen neuen Ersten Offizier empfing Griffiths mit Zurückhaltung. In fast schon peinlichem Schweigen prüfte er Drinkwaters Papiere, dann lehnte er sich zurück und musterte den Mann vor ihm mit kühlen Blicken.

Kurz vor seinem neunundzwanzigsten Geburtstag war Drinkwater schlank, fast hager, und von mittlerer Größe; seine braune Haut war in vielen auf See verbrachten Jahren gegerbt worden. Die hellgrauen Augen wirkten hellwach und intelligent, verrieten Konzentrationsfähigkeit und Entschlußkraft. Die Krähenfüße in den Augenwinkeln und eine helle Narbe unter dem linken Auge ließen ahnen, daß dieser Mann schon allerhand erlebt hatte. Doch die Falten, die von der geraden Nase zu den Winkeln des gut geschnittenen Mundes verliefen, waren zu tief für Drinkwaters Alter: ein Zeichen, daß sich hier ein leidenschaftliches Naturell unter Kontrolle hielt.

Gab es auch Anzeichen von Schwäche? überlegte Griffiths und musterte die hohe Stirn und den dicken braunen Haarschopf, der im Nacken zu einem Zopf gebändigt wurde. Empfindsamkeit, ja, aber keine Sinnlichkeit, dazu war das Gesicht zu freimütig. Dann begriff er: In den tief eingegrabenen Mundwinkeln lauerte ein hitziges Temperament, genährt durch Enttäuschung und verlorene Illusionen; die kühlen Augen leugneten diesen Charakterzug, aber einen Waliser konnten sie nicht täuschen. Der Mann vor ihm hielt sich eisern unter

Kontrolle, besaß aber eine latente Energie, deren Ausbruch zu fürchten sein mußte. Griffiths fand das ermutigend. Dieser Mann war eine Kämpfernatur, stellte er fest und entspannte sich.

»Nehmen Sie Platz, Mr. Drinkwater.« Griffiths' tiefe, ruhige Stimme paßte zu seiner archaischen Erscheinung. Er sprach langsam, betont und mit der für viele Menschen keltischer Herkunft typischen Klarheit. »Ihre Personalpapiere stellen Ihnen ein gutes Zeugnis aus. Sie haben also ein Steuermannspatent und dienten gegen Ende des Krieges mit Amerika als Kapitänleutnant, obwohl Sie in dieser Funktion nie bestätigt wurden. Warum nicht?«

»Man ließ mich wissen, daß meine Bestallung Sir Richard Kempenfelt zur Unterzeichnung vorgelegt wurde, aber ...« Drinkwater dachte an die Versprechungen, die ihm Kapitän Hope gemacht hatte, als er das Linienschiff verließ, und zuckte die Schultern.

Griffiths sah hoch. »Das war die *Royal George,* wie?«

»Jawohl, Sir. Damals schien es mir nicht so wichtig ...«

»Aber zehn Jahre sind eine lange Wartezeit«, ergänzte Griffiths den Satz. Die beiden Männer lächelten einander an und spürten, daß eine Hürde genommen war. »Wie dem auch sei, Sie haben sich auf den Trinity-Yachten große Erfahrung erworben, nicht wahr?«

»Ich glaube schon, Sir.« Drinkwater merkte, daß sein Kommandant mit ihm zufrieden war.

»Zu meiner persönlichen Beruhigung, mein Sohn, müssen Sie mir schwören, daß nichts, was wir beide hier bereden, über diese Kajüte hinausdringt.« Griffiths sprach leise, aber nachdrücklich, und sein Blick wurde kalt. Drinkwater drängte sich eine böse Erinnerung auf, er mußte seine Phantasie bewußt zügeln. Doch der Gedanke an ein Geheimnis, das er vor langen Jahren erfuhr und das sich als todbringend erwiesen hatte, damals in den Sümpfen von Carolina, bedrückte ihn; er seufzte.

»Sie haben darauf mein Wort als Offizier«, sagte er und erwiderte Griffiths' festen Blick. Diesem war der Schatten nicht entgangen, der kurz über Drinkwaters Gesicht gezogen war. Also auch Erfahrungen auf diesem Gebiet, dachte er zufrieden.

»Der Kutter steht unter dem direkten Befehl der Admiralität«, fuhr Griffiths fort. »Sie müssen wissen, daß wir, äh, ungewöhnliche Aufgaben haben. Wir werden zu bestimmten Zeiten an bestimmten Stellen der französischen Küste bestimmte Aufträge der Regierung ausführen.«

»Verstehe, Sir.« Aber natürlich verstand Drinkwater nichts. Um nicht völlig im dunkeln zu tappen, versuchte er es mit einer Frage. »Und Ihre Befehle kommen von Lord Dungarth, Sir?«

Wieder warf ihm Griffiths einen schnellen Blick zu, und Drinkwater fürchtete fast, zu weit gegangen zu sein. Das Blut stieg ihm in den Kopf, doch Griffiths sagte: »Ah, ich hatte ganz vergessen, daß Sie ihn noch von *Cyclops* her kennen.«

»So ist es, Sir. Er wirkte sehr verändert, aber schließlich hatte ich ihn viele Jahre nicht mehr gesehen.«

Griffiths grunzte zustimmend. »Und diese Veränderung erschreckte Sie, nicht wahr?« Drinkwater nickte, Griffiths hatte abermals seine ureigenste Empfindung in Worte gefaßt. »Sie müssen wissen, daß er seine Frau im Kindbett verloren hat«, sagte der Kommandant.

Drinkwater interessierte sich nicht für Gesellschaftsnachrichten, aber es war ihm nicht entgangen, daß Dungarth Charlotte Dixon geheiratet hatte, die vielbewunderte Tochter eines auf den Handel mit Indien spezialisierten, unermeßlich reichen Kaufmanns. Und er hatte gehört, daß sogar das von George Romney gemalte Porträt ihrer Schönheit nicht gerecht wurde. Allmählich begann er zu begreifen, daß der Tod seiner Frau den einst so hochgemuten Lord verbittert und zu einem Menschenfeind gemacht hatte. Wie zur Bestätigung schloß Griffiths nachdenklich: »Ich glaube, wenn er sich nicht dem Kampf gegen die neue französische Republik verschrieben hätte, wäre er wahnsinnig geworden ...«

Damit erhob sich der Alte und holte aus einem Schapp zwei Gläser und eine Weinkaraffe. Beim Eingießen wechselte er geschickt das Thema. »Das Schiff führt den passenden Namen, Mr. Drinkwater. Der Turmfalke, *Falco tinnunculus,* ist bekannt dafür, daß er lange über seiner Beute rüttelt und erst zustößt, wenn er sich des Erfolgs sicher ist. Er ernährt sich von Mäusen, Maulwürfen und Käfern, also von Kleinzeug, mein Junge; aber Käfer können Eichen verzehren und Mäuse eine Ernte ...« Er schwieg und trank sein Glas leer. »Verstehen Sie, was ich damit meine?«

»Doch, äh, gewiß, Sir.«

Drinkwater füllte Griffiths' Glas.

»Ich erwähne diese Dinge aus zwei Gründen. Erstens hat Lord Dungarth eine hohe Meinung von Ihnen, weil er Sie von früher kennt und weil man Sie ihm bei Trinity House empfohlen hat. Deshalb verlasse ich mich darauf, daß Sie mein Vertrauen nicht enttäuschen. Sie werden für die Navigation an Bord verantwortlich sein. Meinungsverschiedenheiten vor einer Leeküste sind Gift bei Geheimoperationen. Verstehen wir uns?«

Drinkwater nickte, er war sich des Doppelsinns dieser Worte bewußt; sein neuer Kommandant wurde ihm immer sympathischer.

»Gut denn«, fuhr Griffiths fort. »Ihnen auch den zweiten Grund zu nennen, fällt mir etwas schwerer; ich spreche nur deshalb darüber, Mr. Drinkwater, weil die Möglichkeit besteht, daß Sie ohne Vorwarnung und vielleicht unter widrigen Umständen das Kommando übernehmen müssen...« Drinkwater runzelte beunruhigt die Stirn, aber Griffiths sprach schon weiter. »Vor vielen Jahren holte ich mir an der Küste von Gambia eine Tropenkrankheit. Seitdem leide ich hin und wieder an Fieberanfällen.«

»Aber wenn Sie krank werden, Sir, dann...«

»Kommt ein Ersatz für mich an Bord?« Unwirsch runzelte Griffiths die Brauen und wischte Drinkwaters Entschuldigung beiseite. »Hören Sie, ich habe in den letzten fünfzig Jahren kaum zwei Jahre an Land gelebt. Da werde ich mich jetzt, in meinem Alter, bestimmt nicht mehr ans Landleben gewöhnen.«

Zu Drinkwaters Erstaunen bekam der Alte plötzlich ein ganz wehmütiges Gesicht und schien sich in privaten Erinnerungen zu verlieren. Also leerte er sein Glas und erhob sich, ließ den Kommandanten in sein Weinglas starrend zurück und schloß leise die Tür.

Die weiße Nationalflagge über ihren Köpfen knatterte im frischen Wind, als der Kutter mit doppelt gerefftem Großsegel nach Luv bolzte. Die Toppsegelrah war zum Eselshaupt gefiert, die große Rah gut frei von der Fock und klar zum Fallen angebraßt. Auf halber Länge des starken Bugspriets stand der Sturmklüver so steif wie ein Brett und reflektierte, naß von Gischt, das bleierne Licht des schwindenden Tages, der sich hinter einer tintenschwarzen Kumuluswalze nach Westen zurückzog. Der Wind stand gegen den Ebbstrom und baute einen kurzen, steilen Seegang auf; grau-weiß zischten die Kämme vorbei und zerrten an dem Beiboot, das *Kestrel* nachschleppte. Doch zielstrebig schob der Kutter den runden Bug durch die Seen, dabei immer wieder Gischtflagen aufwerfend, die prasselnd über die Luvreling einkamen.

Nathaniel Drinkwater, kommissarischer Leutnant, drückte sich tiefer in seinen Ölmantel, weil ihm ständig Spritzwasser schmerzhaft ins Gesicht schlug und seine im kalten Wind erstarrten Wangenmuskeln malträtierte.

Noch einmal vergegenwärtigte er sich ihren Kurs über den Kanal, denn wenn er jetzt einen Irrtum beging, kostete ihn das bestimmt jede Chance auf die erhoffte Beförderung. Doch dann verscheuchte er diesen Gedanken und konzentrierte sich auf das Nächstliegende. Von Dover bis zu ihrem Ziel waren es fünfundsechzig Seemeilen, die sie zum Teil parallel zur französischen Küste zurücklegen mußten, einer Küste, die ihm durch die Horrorgeschichten über die blutrünstige Revolution unheimlich geworden war. Wenn es so weiterging, würden sie ihren Landfall bei Niedrigwasser machen, und das war, wie man Drinkwater eingeschärft hatte, von äußerster Wichtigkeit. Es blieb ihm ein Rätsel, warum Kapitänleutnant Griffiths diesen Punkt so beharrlich betont hatte. Obwohl sie bei dem Südwest ihr Ziel anliegen konnten, hatte Griffiths vor einer guten Stunde auf den anderen Bug wenden lassen, um mögliche Beobachter auf Gris Nez zu täuschen. Inzwischen verschwand dieses Kap achteraus im Dunst der Winternacht.

Drinkwater schauderte, teils vor Kälte, teils in einer schlimmen Vorahnung; entschlossen trat er ans Kompaßhaus. Im gelben Lampenlicht zeigte ihm die leicht schwingende Scheibe, daß ein mittlerer Kurs von Nordwest zu Nord anlag. Unter Berücksichtigung der Mißweisung segelten sie also West zu Nord. Zufrieden nickte er und ließ sich von der gedämpften Unterhaltung und dem hellen Gläserklirren, das aus dem Niedergang an sein Ohr drang, nicht weiter stören. Das seltsame Benehmen seines Kommandanten und ihres geheimnisvollen »Passagiers« konnte sein Selbstvertrauen nicht erschüttern.

Er ließ die Wache klarmachen zur Wende. Von unten klang Gelächter herauf. Griffiths hatte ihm nur die nötigsten Befehle erteilt und sich dann ganz von der Schiffsführung zurückgezogen; vielleicht wollte er seinen neuen Ersten auf die Probe stellen. Zunächst hatte Drinkwater sich brüskiert gefühlt, doch bald begriff er, daß dieses Benehmen für seinen Kommandanten typisch war. Außerdem sah der Mann, der in Deal an Bord gekommen war, nicht wie ein Spion aus. Mit seiner fülligen, untersetzten Gestalt, seinem roten Gesicht und jovialen Gehabe war er Griffiths offenbar schon seit langem ein Begriff; der Waliser bekam in seiner Gegenwart ungewöhnlich gute Laune. Was sie aber so zum Lachen brachte, konnte sich Drinkwater beim besten Willen nicht vorstellen.

»Klar zur Wende, Sir!«

Das war Jessups Stimme auf dem Vorschiff, und sie klang ein wenig herablassend. Drinkwater lächelte in die Dunkelheit.

»Pinne in Lee!« befahl er.

Mit donnerndem Großsegel luvte *Kestrel* an. Drinkwater spürte ein Vibrieren unter seinen Füßen, als der Klüver killte und den Bugspriet erzittern ließ. Dann griff der Wind in die backstehenden Vorsegel und drückte *Kestrels* Bug herum.

»Vorsegelschoten!«

Klüver und Fock knatterten laut im Wind, bis die Leeschoten dichtgeholt und die Vorsegel wieder gebändigt waren.

»Komm auf... Vollhalten!«

»Ist voll, Sir.« Die beiden Rudergänger legten sich mit Macht ins Zeug, als *Kestrel* auf dem neuen Bug Fahrt aufnahm, wobei das Achterliek des Großsegels nur schwach zitterte.

»Welcher Kurs liegt an?«

»Süd zu West, Sir.«

Berichtigt war das Süd zu Ost, wenn er noch zwei Strich für die Mißweisung berücksichtigte. »Sehr gut, diesen Kurs halten.«

»Süd zu West liegt an, Sir.«

Der Ebbstrom setzte hier ziemlich genau parallel zur Küste, und ihr Aufkreuzen nach West sollte sie nun weit genug nach Strom- und Windluv gebracht haben, daß sie ihr Ziel mit reichlich Manövrierraum ansteuern konnten, selbst wenn der Wind inzwischen rückdrehte. Wenigstens hoffte Drinkwater das, denn andernfalls rückte seine Beförderung in unerreichbare Fernen.

Gegen Mitternacht krimpte der Wind tatsächlich und flaute etwas ab. Drinkwater ließ die Reffs ausschütteln, bis *Kestrel* mit unterschneidender Backbordreling nach Süden preschte. Mittlerweile war er rechtschaffen müde. Seit neun Stunden ging er nun Wache, aber Griffiths machte immer noch keine Anstalten, ihn abzulösen.

Kestrel hielt jetzt auf die französische Küste zu. Drinkwater glaubte, das Land voraus in der Finsternis fühlen zu können; zu sehen war es jedenfalls nicht. Die Ebbe mußte jetzt bald auf dem tiefsten Stand sein. Drinkwater biß sich auf die Lippen, seine Besorgnis wuchs. Bei der augenblicklichen Windrichtung mußten sie die Abdeckung der steilen Klippen zwischen Le Tréport und Dieppe spüren – wahrscheinlich als erstes Zeichen unmittelbarer Landnähe. Das zweite war vielleicht der Geruch.

Bei dieser Dunkelheit und hohen Fahrt mochte *Kestrel* schon in der Brandungszone sein, ohne daß ihnen Zeit für eine Halse blieb. Besorgt schritt Drinkwater nach vorn, um den Ausguck auf der Saling anzupreien: »Wer sitzt oben?«

»Tregembo, Sir.« Die Stimme des Mannes aus Cornwall beruhigte

Drinkwater. Als einer von den sechs Leuten, die zur Komplettierung von *Kestrels* Besatzung vom Nore-Wachschiff abgezogen wurden, war Tregembo überraschend aus Drinkwaters Vergangenheit aufgetaucht. Er kannte ihn von der Fregatte *Cyclops* her, wohin Tregembo vor einer Kerkerstrafe wegen Schmuggels geflohen war. Daß er jetzt auf *Kestrel* fuhr, gehörte zu jenen Zufällen, die Drinkwater nur schwer als belanglos abtun konnte.

»Halt die Augen offen, Tregembo, hörst du?«

»Aye, aye, Sir.«

Drinkwater schritt wieder nach achtern und ließ den Kutter anluven, während gelotet wurde. Fünf Faden* Wasser unterm Kiel. *Kestrel* fiel ab und nahm wieder Fahrt auf. An Deck herrschte nun eine gespannte Atmosphäre, in deren Mittelpunkt Drinkwater stand. Jessup hielt sich verdächtig dicht in seiner Nähe. Warum, zum Teufel, kam Griffiths nicht an Deck? Fünf Faden, das hieß, sie waren schon im Flachwasser; aber schließlich gab es hier meilenweit Flachwasser. Sie konnten Gott weiß wo vor der Somme-Mündung stehen. Drinkwater unterdrückte den Anfall von Panik und kam zu einem Entschluß: Er wollte noch ein oder zwei Meilen warten und dann wieder loten lassen.

»Brandung in Lee voraus, Sir!«

Drinkwater eilte nach vorn und sprang in die durchhängenden Backbordwanten. Angestrengt starrte er voraus, konnte aber nichts erkennen. Dann endlich sah er sie, die Flecken von hellerem Grau, und bekam Herzklopfen. Krampfhaft suchte er in seinem Gedächtnis, bis es ihm einfiel: Das mußten die Ridins von Tréport sein, eine vorgelagerte Untiefe, über der bei Ebbe nur wenig Wasser stand. Allmählich begann er zu begreifen, warum ihr Landfall unbedingt bei Niedrigwasser erfolgen sollte. Für seine geringfügige Kurskorrektur berücksichtigte er einen bereits östlich setzenden Tidenstrom, parallel zur Küste. Demnach waren es noch drei Meilen bis zu ihrem Ziel.

»Verständigen Sie den Kommandanten.« Er achtete darauf, daß seine Erleichterung nicht im Ton mitschwang.

Eineinhalb Meilen vor der Küste ließ der Seegang nach, und unmittelbar darauf sahen sie den dunkleren Streifen in der Nacht: Land. Wieder auf dem Vorschiff, spähte Drinkwater durch das Dollond-Fernglas. Was er sah, überstieg seine kühnsten Hoffnungen: Links senkte sich das Steilufer zu einem schmalen Flußtal herab, nach Westen stieg das Gelände zu einem Hügel an, dem Mont Jolibois.

* 1 Faden = 1,83 m

Schwach konnte er Holzrauch riechen, das mußte das Dorf Criel sein, das sich hinter den Hügel duckte, zu beiden Seiten der Straße von Tréport und Eu nach Dieppe, die hier den Fluß querte.

»Sapperlott, Mr. Drinkwater, das haben Sie gut gemacht.« Griffiths' Stimme klang herzlich, und Drinkwater entspannte sich erleichtert. Offenbar hatte er die Probe bestanden. Nun gab der Kommandant leise die nötigen Befehle. Das Großsegel wurde skandaliert, die Fock backgesetzt. Sie holten das nachgeschleppte Beiboot längsseits und lenzten es trocken. Drinkwater stand an der Reling, als der in einen weiten, dunklen Umhang gehüllte britische Agent zu ihm trat und zum Land hinüber starrte.

»Ihr Glas, Sir, geben Sie mir Ihr Glas!« Die Stimme war befehlend, fast anmaßend, alle Bonhommie daraus verschwunden.

»Gewiß, Sir, sofort.« Er holte das Glas aus seiner Manteltasche und reichte es dem Mann. Der suchte schweigend den Strand ab und gab es dann zurück. Griffiths erschien.

»Sie übernehmen das Boot, Mr. Drinkwater, und setzen unseren Gast an Land.«

Es dauerte einen Moment, bis Drinkwater begriff, daß er immer noch nicht Feierabend machen konnte. Die Besatzung drängte sich schon in die längsseits dümpelnde Gig. Matt schimmerte Metall, wo Jessup Handwaffen ausgab. »Pistole und Entermesser, Sir.« Erfreut hörte Drinkwater aus seiner Stimme eine Wärme heraus, die früher nicht dagewesen war. Er nahm von Jessup eine Pistole entgegen, lehnte aber das Entermesser ab. Schnell hastete er noch einmal unter Deck, wobei er im gelben Lampenschein die Lider zusammenkniff, um seine Nachtsicht nicht zu verlieren, und stieß die Tür zu seiner Kammer auf. Dahinter ertastete er seinen französischen Degen. Den schnallte er sich um und eilte zurück an Deck.

Als sich das Boot dem Strand näherte, wuchs der Mont Jolibois immer drohender über ihnen empor. Links sah Drinkwater weißes Wasser, wo die Brandung um die Felsen von Muron schäumte. Jetzt war er dankbar, daß Griffiths auf einer Landung bei Niedrigwasser bestanden hatte. So wurden möglichst viele Gefahrenstellen erkennbar, konnten ihnen Deckung und einen gewissen Sicherheitsspielraum geben, falls sie strandeten. Vorn lotete der Buggast schon mit dem Bootshaken die Wassertiefe.

»Grund, Sir!« zischte er, und im nächsten Augenblick setzte das Boot auf, hob sich noch einmal und lief dann endgültig auf. Ohne daß der entsprechende Befehl fiel, kamen die Riemen leise polternd ein, und zu Drinkwaters Erstaunen sprang die gesamte Crew über Bord und stabilisierte das Boot. Dann hoben sie es in einem gemeinsamen Kraftakt an, dessen Perfektion nur langer Übung zu verdanken war, und drehten es mit dem Bug zur See. Drinkwater kam sich auf seiner Ducht wie ein überflüssiger Narr vor, als er so dasaß und wieder dorthin blickte, wo sie hergekommen waren.

»Fertig, Sir.« Die Stimme ließ ihn herumfahren. Hinter ihm erhob sich der Passagier und krabbelte auf den Rücken eines Seemanns, der daneben im Wasser stand. Ein kleiner Brecher hob das Boot noch einmal an und warf es krachend wieder auf den Sand. Mit dem Agenten auf dem Rücken watete der Seemann zum Strand; Drinkwater ließ sich nicht erst bitten, streifte seine Schuhe ab und folgte ihnen spritzend mit der Reisetasche. Oben auf dem Strand setzte der Seemann seine Last im Trockenen ab, und der Agent zupfte seinen Umhang zurecht.

»Reine Routine«, sagte er mit einem Anflug seines alten Humors und griff nach der Tasche. »Stiefel mit eingetrockneten Salzrändern haben die unangenehme Eigenschaft, die Herkunft ihres Trägers zu verraten.« Er hob die schwere Tasche an. »Also dann, *bonsoir, mon ami,* und vielen Dank.«

»Gute Nacht«, sagte Drinkwater zum Rücken der Gestalt, die schon in die dräuende Dunkelheit verschwand, hinter der sich das revolutionäre Frankreich verbarg. Eine Weile starrte er ihm noch nach, dann trottete er zum Boot.

Mit deutlicher Erleichterung pullte die Crew zum Kutter zurück – als hätte der Schatten der Guillotine sie gestreift, als wären sie dem Terror, der das nachtdunkle Land regierte, nur knapp entkommen. Müde kletterte Drinkwater an Bord und meldete sich bei Griffiths zurück.

Der Kapitänleutnant nickte. »Und jetzt sollten Sie ein bißchen Schlaf nachholen«, sagte er. »Übrigens, Mr. Drinkwater ...«

»Sir?« Drinkwater drehte sich im Niedergang noch einmal um.

»*Da iawn,* Mr. Drinkwater, *da iawn.*«

»Pardon, Sir?« Drinkwater kämpfte gegen seine Erschöpfung an.

»Gut gemacht, Mr. Drinkwater, sehr gut gemacht. Ich freue mich, daß mein Vertrauen in Sie nicht enttäuscht wurde.«

Zweites Kapitel

Dezember 1792

Erster Blutzoll

Nicht alle ihre Einsätze liefen so glatt. Manche Nacht schien ihnen endlos, wenn sie am vereinbarten Treffpunkt vergeblich warteten, wenn das in Höhe der Wasserlinie abgebrannte Blaufeuer unaufhörlich prasselte und zischte, aber niemand erschien. Stundenlang starrten sie sich fast die Augen aus dem Kopf und setzten all ihre Kraft und ihr Können ein, um den Kutter vor der Küste stationär zu halten – ohne Erfolg. Sie froren und hungerten und unterdrückten nur mit knapper Not einen Wutausbruch. Einmal entstand unvermutet Aufregung, als *Kestrel* bei schlechter Sicht mitten im Kanal ein fremdes Rendezvous störte. Unter dem Geschrei französischer und englischer Stimmen strebten die beiden Boote eilig auseinander; schnittige Luggersegel stiegen ruckartig an den Masten empor, in der wachsenden Lücke zwischen den Booten platschte es wie von versenkten Fässern. Zum Schein feuerte *Kestrel* ihre Bugkanonen auf die fliehenden Schmuggler ab, um weiterhin die Rolle des Zollkutters zu spielen.

Einmal fuhren sie selbst einen zweifelhaften Einsatz. Griffiths schickte zwei Boote aus, die vor St. Valéry nach Markierungsbojen suchen sollten, während *Kestrel* draußen immer wieder anluvte und abfiel, von Griffiths geschickt und geduldig auf Position gehalten. Drinkwater saß in dem einen Boot und überprüfte mit Doppelwinkelpeilung zu zwei Kirchtürmen und einer Windmühle wiederholt ihren Standort, rief heiser seine Anweisungen zum zweiten Boot hinüber und wischte sich die vor Überanstrengung tränenden Augen, die abwechselnd die nahe Winkelskala und Jessups ferne Armsignale erkennen mußten. Stundenlang kämmten die beiden Boote mit ihren Suchankern den Meeresboden ab, bis sie endlich fündig wurden. Was die kleinen Fässer wirklich enthielten, bekam Drinkwater nie heraus. Griffiths grinste nur, als er ihm Vollzug meldete. Möglicherweise waren es einfach Cognacfässer gewesen; Griffiths war ein Mann, dem viele Geheimnisse anvertraut wurden, da mochte er einmal der Versuchung erlegen sein, persönlich davon zu profitieren. Schließlich war das nur beste Marinetradition, dachte Drinkwater, denn auch er selbst hatte der Handvoll Goldmünzen nicht widerstehen können, die er auf der im letzten Krieg eroberten Fregatte *Algonquin* fand. Irgendwie war es beruhigend, daß sogar Griffiths eine Schwachstelle hatte – abgesehen davon, daß er gern zur Flasche griff. Jedenfalls fehlte es auf *Kestrel* nie an hochprozentigen Muntermachern; Griffiths geizte auch nicht mit einem guten Schluck, im Gegenteil, er behauptete mit listig funkelnden Augen, daß eine volle Flasche einem Mann mehr Freude bereite als jede Frau.

»Eine Frau, mein Sohn, löst dir nie so die Zunge wie eine Flasche. Sie saugt dich aus, nicht umgekehrt. Eine Flasche dagegen macht dich voll, wärmt dir den Bauch ...« Er seufzte tief auf.

Drinkwater mußte lächeln. In den fünfzig Jahren, die der Ärmste nun zur See fuhr, hatte er nur die flüchtige Liebe von Hafendirnen kennengelernt. Er aber hegte stumm seine kostbaren Erinnerungen an Elizabeth und fühlte sich als Glückspilz. Trotzdem schlug er den Cognac nicht aus, der seit St. Valéry immer wieder aus der Versenkung erschien.

So ließen Griffiths auch die weiblichen Passagiere völlig kalt, Flüchtlinge, die *Kestrel* manchmal von französischen Fischerbooten übernahm und die unter der Kutterbesatzung eine Welle der Begehrlichkeit auslösten. Irgendwie schafften es diese jammervollen Kleiderbündel, die unter den spöttischen Blicken der Zuschauer schwerfällig über die nach Fisch stinkende Verschanzung in die wartenden Boote kletterten, die vorbildliche Disziplin auf *Kestrel* unweigerlich ins Wanken zu bringen. Einzig Griffiths blieb unberührt, sogar verächtlich, und freute sich, wenn die Frauen in England wieder ausgebootet wurden.

Während ihr Dienst sie von einem seltsamen Rendezvous und abgelegenen Landeplatz zum nächsten führte, arbeitete Drinkwater geduldig die Details seiner Navigation aus. Tidenkalender, Distanzen und die Unberechenbarkeit des Wetters hielten ihn auf Trab. Trotzdem beschäftigten die kurzen Einblicke in die Abgründe menschlicher Leidenschaften wie Angst, Haß und Gier seine Neugier und seine Phantasie. Denn all dies spiegelte sich in den Augen der französischen Fischer wider, wenn sie ihre lebende Fracht übergaben. »Wir stinken vielleicht nach Fisch«, sagte einmal ein riesiger Bretone zu ihm, »aber ihr stinkt nach Angst.«

Im Lauf der Zeit erwarb sich Drinkwater Schritt für Schritt ein aus den Vorgängen abgeleitetes Wissen, das über seine blinde Pflichterfüllung als Marionette hinausging. Nachdem er lange scheinbar sinnlos mit dem Mondkalender jongliert hatte, zeigte ihm Jessup eines Tages mit verschwörerischem Zwinkern eine Hummerreuse voller Tauben. Schweigend holte er eine davon heraus und deutete auf die kleine Messinghülse, die an einem Bein des Vogels befestigt war. »Ah, verstehe«, sagte Drinkwater und wußte die neue Information ebenso zu schätzen wie Jessups Vertrauensbeweis. Die Kette der Geheimnisse wuchs um ein weiteres Glied, als er sah, wie die Taubenreuse in der Bünn eines französischen Fischkutters verschwand, mit dem sie sich vor Dieppe getroffen hatten.

An einem sonnigen und eiskalten Dezembernachmittag, als ihre Gig sie auf dem Kieselstrand unterhalb von Walmer Castle absetzte, gab ihm Griffiths einen neuen Vertrauensbeweis. Zwischen den Bäumen zu Füßen der Bastion trat Lord Dungarth mit zwei Fremden hervor, die untereinander französisch sprachen. Sie gingen in die Kasematten, und Drinkwater breitete seine mitgebrachten Seekarten auf einem Tisch aus; dann zog er sich zurück, während Dungarth, Griffiths und der lebhaftere der beiden Fremden sich über die Karten beugten.

Drinkwater wandte sich nach dem anderen Franzosen um. Der Mann saß stocksteif da und starrte ihn mit leeren, aber intensivem Blick so aufmerksam an, als sähe er vor sich nicht Drinkwater, sondern ein Spiegelbild böser Erinnerungen. Bei diesem Anblick lief Drinkwater ein kalter Schauer über den Rücken. Unwillkürlich wollte er sich schütteln, beherrschte sich aber und trat zum Fenster.

Im fast waagrechten Licht des Wintertages lag der Vordergrund draußen im Schatten: die schwarzen Kanonen auf ihrer runden Bastion, die Bäume, die Reste des Wassergrabens und der Kieselstrand. Doch weiter draußen glitzerte die See mit Millionen reflektierter Lichtsplitter, so daß der Schiffsverkehr in den Downs gestochen scharf zu erkennen war. Hinter dem mattschwarzen Rumpf und den glänzenden Spieren von *Kestrel* machten mehrere Indienfahrer mit schon windgefüllten Toppsegeln klar zum Auslaufen, während auf der Reede von Deal eine Fregatte und ein Linienschiff dritter Kategorie verankert lagen. Die hohen, spitzen Luggersegel der Deal-Pünten und -Prähme kündeten davon, daß die ortsansässigen Händler fleißig ihren legalen, das Tageslicht nicht scheuenden Geschäften nachgingen. Fern am Horizont legte die französische Steilküste einen weißen

Riegel quer über die Kimm.

Ein scharfer Wortwechsel hinter ihm rief Drinkwater in die Wirklichkeit zurück. Griffiths schüttelte den Kopf, die Augen unter den schweren Lidern verborgen. Der Fremde redete eifrig auf Griffiths ein. Aus der Distanz erinnerte das Zucken seiner Arme Drinkwater an einen verzweifelten Frosch. Aber die gespannte Atmosphäre im Raum erstickte sein aufflackerndes Amüsement. Der schweigende Mann hatte sich nicht gerührt.

Dungarth beruhigte den Franzosen in seiner Muttersprache, dann nahm er sich Griffiths vor. Dieser schüttelte immer noch den Kopf, doch wurde er unter Dungarths scharfem, gebieterischem Ton zusehends unsicher. Drinkwater meinte, einen Blick auf den alten John Devaux zu erhaschen; dessen ansteckende Energie hätte früher Berge versetzen können.

Griffiths hob beschwichtigend die Hand. »Also gut, Mylord«, grollte er. »Aber nur unter Protest. Und unter der Voraussetzung, daß dort kein Schwell steht.«

Dungarth nickte. »Prächtig, prächtig.« Nach einem Blick aus dem Fenster setzte er hinzu: »Da der Wind auf Nordost umspringt, wird es keinen Schwell geben. Aber Sie müssen noch heute abend auslaufen ... Mr. Drinkwater, wie schön, Sie wiederzusehen! Leisten Sie uns bei einem Glas Wein Gesellschaft, ehe Sie aufbrechen. Madoc, tun Sie mir den Gefallen und lassen Sie Drinkwaters Post mit Ihrer eigenen abgehen, ich lasse sie wie üblich gratis befördern ... *Messieurs* ...« Damit wandte sich Dungarth an die Franzosen und erläuterte ihnen, zu welcher Vereinbarung sie gekommen waren. Drinkwater fiel auf, daß sich der Ausdruck des stumm Dasitzenden fast unmerklich veränderte; man konnte es als angedeutete Zustimmung auffassen. Wieder lief es Drinkwater kalt über den Rücken.

Weder der Wein noch die willkommene Gelegenheit, Elizabeth zu schreiben, hoben Drinkwaters Stimmung, als er mit Griffiths an Bord zurückkehrte. Die lichtübergossene Landschaft mit der dunklen Burg im Hintergrund, die verzweifelte Beharrlichkeit des Franzosen, der gespenstische Eindruck, den sein Gefährte machte, und vor allem Griffiths vergebliche Weigerung ließen in Drinkwater die Überzeugung wachsen, daß ihr Schicksal sie diesmal ereilen würde.

Die fanatischen Machthaber in Frankreich mußten inzwischen auf *Kestrel* aufmerksam geworden sein und sie früher oder später abfangen. Drinkwater brauchte sich nicht erst von Griffiths daran erinnern zu lassen, daß er sich als britischer Offizier widerrechtlich in französischem Hoheitsgebiet aufhielt. Als er sich nach dem Schicksal seines Vorgängers erkundigte, hatte Griffiths nur beiläufig die Schultern gezuckt.

»Ach, er war eben sorglos, hat die einfachsten Vorsichtsmaßnahmen vernachlässigt. Er starb kurz nachdem wir ihn an Land gesetzt hatten.«

Als *Kestrel* sich von der Tide durch die Gezeitenstromschnellen von Alderney tragen ließ und in Luv die hohe Silhouette von Cap de la Hague sichtbar wurde, hatte Drinkwater seine schlimmen Vorahnungen immer noch nicht abgeschüttelt. Die See floß gurgelnd und zischend an Steven und Bordwand ab, der stete Nordost schob den Kutter schnell nach Süden, bis sich an Backbord die Bucht von Vauville langsam vor ihnen öffnete und schließlich im Lauf der Nacht die niedrige Landspitze von Cap Flammanville querab erschien.

Da Griffiths sich ungewöhnlich oft an Deck aufhielt, schloß Drinkwater, daß er seine Bedenken teilte. Einmal blieb er mehrere Minuten neben ihm stehen und schien sich aussprechen zu wollen. Doch dann überlegte er es sich offenbar anders und ging weiter. Drinkwater hatte von der Unterhaltung in Walmer Castle nur so viel mitbekommen, daß ihr nächtlicher Einsatz ungewöhnlich riskant war; woher die Gefahr rührte, ahnte er nicht.

Es war eine finstere, aber klare und kalte Neumondnacht. Die Sterne funkelten mit dem scharfen, eisigen, fast bläulichen Glanz der nördlichen Hemisphäre. *Kestrel* mußte jetzt die Bucht von Sciotot querab haben, deren südliche Landspitze die Pointe du Rozel bildete, hinter der sich ein niedriger, von Dünen gesäumter Strand bis zu dem sechs Meilen entfernten Carteret erstreckte. An diesem weiten Sandstrand, südlich der Untiefe von Surtainville und nördlich der Felsen von Rit, lag ihr Treffpunkt. »Auf der Breite von Beaubigny«, hatte Griffiths gesagt, wobei er sich auf ein Dorf bezog, das eine Meile landeinwärts hinter den Dünen lag. »Und ich bete zu Gott, daß die See ruhig ist«, hatte er hinzugefügt. Drinkwater teilte seine Besorgnis. Im Westen lag der ewig unruhige Atlantik und schickte ihnen seinen Schwell, der von den Kanalinseln und ihren Riffen nur unwesentlich gemildert wurde. Vor dem Strand von Beaubigny mußte eigentlich immer starker Seegang herrschen, dessen Brandung erbarmungslos auf den steinharten Sand eindrosch. Drinkwater konnte nur inständig hoffen, daß der jetzt seit zwei Wochen wehende Nordwind seine Wirkung getan hatte und daß eine glatte See ihr Anlanden ermöglichen würde.

Er beugte sich über die abgeschirmte Laterne im Niedergang. Die letzten Sandkörner liefen durch das Halbstundenglas, er drehte es um und warf noch einmal einen Blick auf seine Kalkulationen. Dann wandte er sich an Griffiths.

»Nach meiner Rechnung, Sir, sind wir jetzt klar von der Surtainville-Barre.«

»Sehr gut, dann halten wir also auf Land zu. Lassen Sie alle Mann an Deck rufen.«

»Aye, aye, Sir.« Nat wandte sich zum Vorschiff.

»Mr. Drinkwater ... Überprüfen Sie noch einmal die Boote. Jetzt gleich. Ich lasse das zweite Gig aussetzen, sobald Sie abgestoßen haben. Und, Mr. Drinkwater ...«

»Sir?«

»Nehmen Sie zwei geladene Hakenbüchsen mit ...« Griffiths ließ den Satz unbeendet.

Drinkwater schritt im nassen, festen Sand unruhig auf und ab. Unter dem Sternenhimmel dehnte sich der Strand weit nach Norden und Süden. Landeinwärts stellte die hellere Wellenlinie der Dünen den Beginn des revolutionären Frankreichs dar. Doch hier unten, an der Grenze zwischen der Hoch- und der Niedrigwasserlinie, stand er in einer Art Niemandsland. Hinter ihm schlug das wartende Gig leise polternd auf den Sand. Zum Glück gab es wirklich kaum Brandung.

»Das Wasser steigt schon wieder, Sir.« Tregembos Stimme klang nervös. Litt auch er unter Vorahnungen?

Drinkwater schoß der Gedanke durch den Kopf, daß es irgendwie irrational, sogar absurd war, mitten in der Nacht auf einem französischen Strand herumzustehen, ohne zu wissen, worauf er wartete. Um sich abzulenken, dachte er an Elizabeth. Sie mußte längst schlafen – ohne zu ahnen, wo er sich befand, daß er fror und sich in seiner exponierten Lage ziemlich fürchtete. Er sah sich nach seinen Leuten um; sie hockten eng zusammengedrängt um das Boot.

»Keine Angst, ihr könnt euch verteilen«, sagte er. »Das Terrain ist viel zu offen für einen Überraschungsangriff.« Aber seine logischen Worte waren ihnen kein Trost, sie hörten nur heraus, daß er ebenfalls nervös war. Während er noch zu ihnen hinblickte, erstarrten sie; er spürte seine Handflächen feucht werden und hielt den Atem an.

Pferdehufe dröhnten und Zaumzeug klapperte, wurde lauter und schien sich nach Süden zu entfernen. Doch dann wurden sie plötzlich von einem leichten Landauer fast überrannt, der im seichten Wasser, das seine Spuren verwischte, herangeprescht kam. Die Überraschung war auf beiden Seiten groß. Das schrille Wiehern der sich aufbäumenden Pferde wurde übertönt von den entsetzten Aufschreien der Seeleute, die sich beiseite warfen.

Holz splitterte, und Drinkwater fuhr herum. Das eine scheuende Pferd war mit dem Huf durchs Dollbord ihres Bootes gebrochen, stampfte und scharrte jetzt verzweifelt, um sich zu befreien, und vergrößerte noch den Schaden. Drinkwater schlug mit der flachen Degenscheide nach dem Tier, packte es am Zaumzeug und riß seinen Kopf herum, weg von dem Gig.

Ein Mann war aus dem Landauer gesprungen. *»Êtes-vous anglais?«* fragte er.

»Jawohl, *m'sieur.* Wo, zum Teufel, haben Sie so lange gesteckt?«

»Pardon?«

»Wie viele – *combien hommes?«*

»Trois hommes et une femme, aber ich spreche englisch.«

»Dann machen Sie, daß Sie ins Boot kommen. Werden Sie verfolgt?«

»Oui, ja, mein Begleiter, er ist, äh, *blessé*...« Er suchte nach dem englischen Wort. »Verwundet.«

»Schwer?«

»Ja, von Jakobinern aus Carteret.«

Drinkwater unterbrach ihn, der Mann stand noch unter Schock, außerdem war er jung und kurz vor dem Zusammenbruch.

»Steigen Sie ins Boot.« Er deutete auf das Gig und rief seinen Leuten Befehle zu. Aus dem Landauer stiegen jetzt zwei Gestalten, ein Mann und eine Frau, und blieben unsicher stehen.

»Ins Boot! Schnell ins Boot!«

Da begannen beide gleichzeitig zu sprechen, und der Mann wandte sich noch einmal dem offenen Wagenschlag zu. Ungeduld und Zorn hatten Drinkwaters Furcht vertrieben, er rief zwei Seeleute heran, die den verwundeten dritten Mann aus der Kutsche hoben, und stieß selbst den noch zögernden Flüchtling zum Wasser. *»Le bateau, vite! Vite!«*

Rauh riß er die Frau von den Füßen, packte sie sich – überrascht von ihrer Leichtigkeit – auf die Arme und scherte sich nicht darum, daß sie, wütend über diese gewaltsame Vertraulichkeit, den Atem einsog und sich versteifte. Als er sie ohne Umstände ins Boot warf, strafte schwacher Lavendelduft sein schnödes Verhalten mit Verachtung.

Aber er wandte sich schon seinen Leuten zu, die sich mit dem verwundeten Franzosen abmühten. »Beeilt euch!« Und zu den anderen: »Macht das Boot klar!« Alle packten zu, als ein hoher Brecher heranrauschte und ungeduldig an ihren Beinen zerrte.

»Verdammter Schwell«, schimpfte jemand, »kommt mit der Flut.«

»Und unser Gepäck, *m'sieur?«* Das war der zweite Mann, der offenbar seine Geistesgegenwart wiedergefunden hatte.

»Zur Hölle damit! Setzen Sie sich hin!«

»Aber das Gold ... Und meine Papiere, *mon Dieu!«* Er krabbelte schon übers Dollbord ins Wasser. »Sie haben meine Papiere vergessen!«

Doch nicht den Dokumenten galt Drinkwaters Aufmerksamkeit. »Gold? Welches Gold?« fragte er.

»Es ist noch in der Kutsche, *m'sieur«,* murmelte der andere und schob sich an ihm vorbei.

Drinkwater fluchte laut. Also das steckte hinter diesem irrwitzigen Einsatz: klingende Münze! Ein Privatvermögen? Royalistenkapital? Oder Regierungsgeld? Es machte keinen Unterschied. Gold war Gold, und deshalb rannte der verdammte Narr jetzt noch einmal zum Landauer zurück. Drinkwater folgte ihm, drängte sich in den offenen Wagenschlag und warf einen Blick ins Innere. Zwei Stahlkassetten standen, im Düsteren kaum sichtbar, auf dem Boden.

»Tregembo! Poll!« rief Drinkwater zum Boot. »Ihr nehmt die eine Kiste. Und Sie, *m'sieur,* helfen mir mit der zweiten.«

Taumelnd unter der Last, keuchten sie zum Boot zurück und hievten die Kassetten an Bord. Das Gig arbeitete jetzt schon viel heftiger, es wurde von der Brandung immer wieder hochgehoben und hart aufgesetzt. Zischend leckte die Flut den Strand hinauf. Und dann hörten sie Geschrei aus der Richtung von Carteret. Der Sand begann unter zahlreichen Pferdehufen zu beben: Dragoner!

»Schiebt das Boot ins Wasser! Schnell!« Noch einmal rannte Drinkwater zum Landauer zurück, vorbei an dem Franzosen, der mit einer großen Leinenmappe unterm Arm ins Boot taumelte. An der Kutsche griff Drinkwater nach oben zum Bock und löste die Bremse. Dann lief er nach vorn, zog das Gespann herum und versetzte dem Pferd neben sich einen Hieb mit dem Degen; er sah Blut dunkel aufglänzen, dann gellte ihm ein entsetztes Wiehern ins Ohr, als beide Pferde durchgingen. Drinkwater sprang vor den mahlenden Rädern beiseite.

Wasser spritzte hoch auf, als er zum Boot rannte, dessen Steven gerade eine Welle durchschnitt; sie hatten schon die Riemen draußen und begannen anzurudern. Gurgelnd umspülte die See Drinkwaters Schenkel, dann warf er sich übers Dollbord. Ein Splitter bohrte sich in seine Hand und erinnerte ihn schmerzhaft an den Schaden, den das Pferd angerichtet hatte. Eine Weile lag er nur da, schnappte nach Luft und war sich vage bewußt, daß die Kutsche, dem Geschrei und Gewieher nach zu urteilen, geradewegs in die Verfolger hineingerast sein mußte. Dann pfiffen einige Kugeln über ihre Köpfe; aus dem zweiten, draußen wartenden Boot wurden sie angerufen, ob sie Hilfe benötigten. Drinkwater hob verneinend die Hand; neben ihm hatte sich ein Seemann erhoben, der jetzt die Hakenbüchse abfeuerte. Drinkwater warf sich herum und starrte achteraus. Keine zehn Meter hinter ihnen, in der Brandung, bäumte sich ein Pferd auf und warf seinen Reiter ab; beide waren von der Kartätschenladung getroffen.

»Pullt, Männer, pullt – zugleich! Wir haben's bald geschafft!« Doch ein Aufblitzen und ein Krachen straften ihn sofort Lügen. Eine Sechspfünder-Kugel prallte drei Meter entfernt von den Wellenkämmen ab: Die Dragoner hatten ein Feldgeschütz!

»Pullt, ihr Memmen, pullt!« Aber die Männer mußten nicht angefeuert werden, sie ruderten, daß sich die Riemen bogen.

Wieder ein Krachen, gefolgt von einem Splitterhagel. Schreie, Gebrüll, und dann scherte das Boot unkontrolliert nach Steuerbord aus. Die Frau stand im Heck und schrie in Richtung Strand, wobei sie sich vor Wut mit den Fäusten gegen die Seiten trommelte. Das Feldgeschütz war mit Kartätschenkugeln geladen und hatte ihnen die Steuerbordriemen weggeschossen. Das Boot trieb, ein hilfloses Wrack, durch die Brandung zum Strand zurück.

Doch dann kam von See her die Antwort, ein Aufblitzen und das Heulen einer tief gezielten Kugel: *Kestrel* hatte Feuer eröffnet. Eine Minute danach nahm sie das wartende Boot in Schlepp.

Drinkwater feuerte seinen nassen Mantel in eine Ecke der Achterkajüte. Erschöpfung und Zorn verzehrten ihn. Daß er die von Griffiths übertragene Aufgabe so schlecht bewältigt hatte, verbitterte ihn und verschärfte seine Reaktion: zwei Tote, drei Verwundete, ganz abgesehen von dem Franzosen, der auf dem Kajütstisch lag. Das war ein hoher Preis für eine Handvoll Flüchtlinge und zwei Kassetten mit gelbem Metall.

»Gehen Sie unter Deck und sehen Sie nach den Verwundeten«, hatte Griffiths ihn angewiesen. Drinkwaters Protest unterband er mit dem Zusatz: »Im Steuerbord-Wandschrank finden Sie eine Schatulle mit chirurgischen Instrumenten.«

Drinkwater holte die Schatulle heraus, suchte darin nach einer Pinzette und zog sich den Splitter aus der Handfläche. Sein Zorn wurde weggespült von Schmerz, der ihn wie eine Welle durchflutete, er schwankte, wurde sich aber allmählich der Frau bewußt, deren Augen ihn aus dem Schatten der Kapuze beobachteten. Unter ihrem Blick riß er sich zusammen, dankbar für ihren stabilisierenden Einfluß, aber gleichzeitig ärgerte ihn ihre Anwesenheit; ihm fiel wieder die Feindseligkeit ein, mit der sie sich hatte ins Boot tragen lassen.

Zwei Männer wankten in die Kajüte, Becken mit überschwappendem heißem Wasser in Händen. Drinkwater legte den Rock ab, rollte seine Hemdsärmel auf und griff sich eine Flasche Kognak vom Wandbord.

Dann wappnete er sich für sein Vorhaben. Über ihm pendelte die Petroleumlampe bei den Bewegungen des Kutters, der sich mit einem langen Luvschlag nach Norden arbeitete; Licht und Schatten tanzten wild durch die Kajüte. Die Blicke der anderen im Rücken, beugte sich Drinkwater über den Franzosen auf dem Kajütstisch; die Frau stand schwankend hinter ihm, schien ihre relative Sicherheit immer noch nicht akzeptieren zu wollen. Ihre Begleiter hatten sich erleichtert und erschöpft auf das Wandsofa geworfen.

»Einer von Ihnen muß mir helfen«, sagte Drinkwater zu den beiden. *»Vite, m'aidez!«*

Er füllte ein Glas zur Hälfte mit Kognak, nahm selbst einen Schluck und reichte es an den Älteren der beiden weiter, der sich ihm als Helfer anbot; der Mann trank gierig.

»Schneiden Sie ihm die Kleider vom Leib. Mit einem Messer ... Haben Sie mich verstanden?« Der Franzose nickte und machte sich ans Werk. Drinkwater rief sich die Gestalt des Chirurgen Appleby ins Gedächtnis und einiges von dem, was er vor einer halben Ewigkeit im stinkenden Lazarett von *Cyclops* zum Besten gegeben hatte. Was er davon noch wußte, schien ihm verzweifelt wenig, deshalb goß er sich Kognak nach, wobei er den feindseligen und verächtlichen Blick der Frau spürte. Als der Alkohol in seiner Kehle brannte, schüttelte er sich und ignorierte die Arroganz dieser Frau.

Er beugte sich über den Verwundeten. »Wer ist das eigentlich?« fragte er.

»Sein Name, *m'sieur«,* sagte der ältere Franzose und machte sich eifrig mit dem Messer zu schaffen, »ist Tocqueville, Comte de

Tocqueville. Ich bin Auguste Barrallier, ehemals Besitzer der Werft in Brest...« Er riß dem Verwundeten einen Rockärmel ab, »und der junge Mann hinter Ihnen heißt Etienne Montholon. *Mam'selle* ist seine Schwester Hortense.« Die junge Frau holte scharf Luft, entweder weil sie Barralliers Auskunftsfreudigkeit mißbilligte, oder weil Barrallier des Grafen Hemd zerriß und seine blutige linke Schulter entblößte. De Tocqueville stöhnte auf, hob schwach den Kopf und öffnete die Augen. Dann fiel sein Kopf wieder zurück. »Er hat viel Blut verloren«, sagte Drinkwater, dankbar für die Bewußtlosigkeit seines Patienten.

Barrallier warf die blutgetränkten Kleider beiseite. Drinkwater wusch Schulter und Brust des Grafen; mehr Blut sickerte aus dem offenen roten Fleisch und verunsicherte ihn.

»Die Araber waschen Wunden mit Wein aus, *m'sieur«,* schlug Barrallier leise vor. »Vielleicht können Sie etwas Kognak dafür erübrigen, ja?«

Drinkwater griff nach der Flasche.

»Man hat auf ihn geschossen...« Der jüngere Franzose war herangetreten und sprach jetzt zum ersten Mal. Dabei konstatierte er das Offensichtliche mit der für unsichere Menschen typischen Nervosität. Drinkwater blickte zu dem hübschen Gesicht auf: knapp zwanzig Jahre alt.

Dann schob er die Hand unter die Schulter des Grafen; er konnte die Kugel unter der Haut ertasten. Entschlossen kratzte er die Wundränder sauber, um eventuelle Stoffasern zu beseitigen, und goß dann den ganzen restlichen Kognak darüber. Aus dem Arzneischrank suchte er sich einen Topf mit bläulicher Salbe heraus, die schmierte er über die Wunde, deckte sie mit einem Mullbausch ab und machte ein Polster aus dem Hemd des Grafen.

»Drücken Sie das auf die Wunde, während wir ihn umdrehen.« Drinkwater nickte Barrallier zu, der mit blutbeschmierten Händen zugriff, dann sah er Montholon an. »Und Sie übernehmen die Beine, *m'sieur.* Zuerst übereinanderschlagen – gut. Und jetzt: zugleich!«

Sie stemmten sich gegen die Krängung des nach Luv ansteigenden Decks und rollten Tocqueville wie einen Sack herum. Drinkwaters Zuversicht wuchs, der Kognak tat seine Wirkung. Ein hyperaktiver Teil seines Gehirns überwand die Lähmung, die der Schock ausgelöst hatte, und begann, sich neugierig mit den Passagieren zu beschäftigen.

»Sie sind gerade noch rechtzeitig entkommen«, sagte er, in Gedanken mit der bläulichen Beule beschäftigt, die er neben dem Schulterblatt des Verwundeten ertastete. Deshalb überraschte ihn das scharfe Zischen, mit dem die Frau empört Luft holte. Es war so voller Haß, daß Drinkwater irritiert hochblickte.

Sie hatte die Kapuze abgestreift, das tanzende Licht warf kupferne Reflexe auf das volle, kastanienbraune Haar, das ihr auf die Schultern fiel. Sie wirkte älter als ihr Bruder und hatte ein charaktervolles, ebenmäßiges Gesicht, dessen Züge die Anspannung noch herausgemeißelt hatte. Aus kalten grauen Augen starrte sie Drinkwater an, der abermals eine Woge der Feindseligkeit auf sich zukommen fühlte. Ihre Undankbarkeit verbitterte ihn, er dachte an *Kestrels* zwei Tote und drei Verwundete – den Preis für ihre Flucht.

Wütend beugte er sich wieder über den Rücken des Grafen, setzte das Skalpell an und spürte, wie die Schneide am Schulterblatt entlangglitt. Als sie auf die Kugel traf, drehte sich ihm der Kopf.

»Dichter ran mit der Lampe«, preßte er durch die Zähne, und Hortense gehorchte.

Eine blutige Musketenkugel fiel heraus und rollte vom Tisch.

Mit zufriedenem Grunzen drückte Drinkwater einen zweiten Mullbausch auf die Rückenwunde und verband die Schulter mit Leinenstreifen. Dann fixierten sie den Arm an der Seite und hoben den Grafen aufs Sofa. Als nächstes nahmen sie sich die Seeleute mit den von Splittern gerissenen Wunden vor.

Der Morgen dämmerte schon, als Drinkwater schweißgebadet an Deck taumelte. Die frische, beißend kalte Luft warf ihn fast um, er konnte gerade noch zur Reling stolpern, wo er sich übergab. Schaudernd ließ er den Kopf auf den Handlauf sinken. Hortense Montholon lag unten in seiner Koje, deshalb streckte er sich neben der Lafette eines Vierpfünders aus und schlief sofort ein. Tregembo holte ein paar Decken und breitete sie über ihn.

Kapitänleutnant Griffiths neben der Pinne warf einen Blick auf die reglose Gestalt. Obwohl sein Gesicht unbewegt blieb, wärmte Genugtuung sein Herz. Er hatte eine hohe Meinung von Nathaniel Drinkwater gehabt und sich nicht geirrt.

Drittes Kapitel

Dezember 1792 – Februar 1793

Enthüllungen

Der Zwischenfall bei Beaubigny war *Kestrels* letzter Nacht-und-Nebel-Einsatz. Ohne neuen Auftrag stampfte der Kutter vor Anker in der Cawsand Bay, gewiegt vom Schwell, der sich hier trotz der Penlee-Landspitze noch bemerkbar machte.

Schwitzend saß Drinkwater in seiner stickigen Kammer und drehte den billigen Gänsefederkiel zwischen den langen Fingern. An der Decke sammelte sich Kondenswasser, weil Griffiths nebenan wieder seinen Ofen überheizte. Drinkwater kämpfte gegen die Schläfrigkeit und mußte sich zwingen, das eben in sein Bordbuch Geschriebene noch einmal zu überlesen:

Es setzt mich in Erstaunen, daß der Comte de Tocqueville meine Metzelei überlebte. Seine Schwäche beruhte auf dem hohen Blutverlust, bedingt durch eine Schramme an der Achselarterie, die aber zum Glück nicht platzte. Der Brustmuskel war durch den schrägen Wundkanal zerrissen, doch wir scheinen den einzigen Knochensplitter gefunden und entfernt zu haben. Falls die Wunde nicht eitert, wird der Graf überleben.

Die medizinischen Details hatten Drinkwater beschäftigt, weil ein alter Freund seine unbeholfenen chirurgischen Versuche nach ihrer Landung überprüft hatte: Mr. Appleby, Schiffsarzt der Fregatte *Diamond,* die gerade im Hamoaze überholt wurde. Er hatte Nathaniels laienhafte Wundversorgung gelobt, ihn aber nicht ohne eine Lektion über alle Aspekte der Verletzung davonkommen lassen.

In der Erinnerung daran mußte Drinkwater lächeln. Auch ihre Rückreise nach England war ihm seltsam vorgekommen; denn obwohl *Kestrel* schon viele Flüchtlinge aus Frankreich geschmuggelt hatte – es war nur dieses letzte Quartett, das einen unauslöschlichen Eindruck hinterließ. Der fiebernde Graf, der im Delirium Unzusammenhängendes murmelte, und der junge, aufmerksame, aber zu nichts nütze Etienne Montholon unterschieden sich stark von ihren beiden Landsleuten. Trotz seiner geschwätzigen Begeisterung war Barrallier ein lebhafter und amüsanter Reisegefährte, der an Bord nichts unbewundert oder unkritisiert ließ. Er schien alle Brücken zu Frankreich hinter sich abgebrochen zu haben und bemühte sich angestrengt, auch in Kleinigkeiten seine Anglophilie zu demonstrieren. Im Gegensatz zu ihm blieb Hortense unnahbar, kalt und verächtlich. Ihre Schönheit war unter Deck in aller Munde, wurde flüsternd bewundert, und die Offiziere, in deren Quartier sie die kurze Zeit untergebracht war, verspürten Unruhe bei ihrem Anblick.

Drinkwater blieb nicht der einzige, der sie erleichtert mit ihren Geldkassetten und der Dokumentenmappe in Plymouth an Land gehen sah. Doch ihr Andenken hing wie ein Schatten über dem Kutter. Wie viele seiner Kameraden aus dem Krieg mit Amerika verspürte Drinkwater über Frankreichs Heimsuchung durch die Revolution der Republikaner eine gewisse Schadenfreude. Manche Franzosen, die unter Rochambeau und La Fayette in den aufständischen Kolonien gekämpft hatten, Männer, die – ihre Freiheitsliebe stets auf den Lippen – bei Yorktown den eisernen Ring um Lord Cornwallis geschlossen hatten, flohen jetzt wie die Ratten vor jedem jakobinischen Terrier.

In einem anderen Winkel seines Herzens nährte Nat allerdings auch Sympathie für die Ziele der Französischen Revolution; seine Solidarität mit den Unterdrückten stammte aus seiner viele Jahre zurückliegenden Dienstzeit als Kadett im stinkenden Orlopdeck der Fregatte *Cyclops*. So konnte er die Ziele der Revolution nicht ganz verdammen, auch wenn er die Methoden der Revolutionäre verabscheute. Obwohl England den Flüchtlingen Asyl gewährte, sahen liberale Bürger und unvoreingenommene Marineoffiziere ihre Motive mit unparteiischen Augen. Auch Drinkwater ließ sich weder von den Whigs noch von den Torys vereinnahmen und besaß herzlich wenig Privatinteressen, die er mit Hilfe der einen oder der anderen Partei hätte wahren wollen.

Er warf den Federkiel hin und klappte den Deckel des Tintenfasses zu, dann streckte er sich auf seiner Koje aus. Griffiths hatte ihm eine zerknitterte Zeitung dagelassen, deren Druckzeilen aber vor seinen Augen zu tanzen begannen. Im Licht der jüngsten Ereignisse bekam Mr. Pitts Versprechen, Frieden und Wohlstand zu wahren, einen unechten Glanz. Unter Drinkwaters müdem Blick begannen die

Buchstaben wie tausend kleine schwarze Soldaten von links nach rechts zu marschieren: eine Armee ... Da schloß er die Augen. Die Leute redeten nur noch über die Wahrscheinlichkeit eines Krieges und zollten Mr. Pitts Protesten keine Aufmerksamkeit mehr.

Drinkwater wunderte sich, daß die Schießerei bei Beaubigny bisher ohne Echo geblieben war, denn zum Krieg schien nur noch der rechte Anlaß zu fehlen, ein Funke, der das dürre Stroh der internationalen Beziehungen entfachen konnte. Denn nicht nur die Jakobiner lechzten nach Krieg. Vor zwei Tagen hatte Drinkwater mit Appleby und Richard White zu Abend gegessen. White war bereits seit fünf Jahren Leutnant und schien kurz vor der Ernennung zum Kapitän zu stehen. Immerhin hatte er es bis zum Zweiten Offizier auf Sir Sydney Smiths Fregatte *Diamond* gebracht. Nun trank er auf die Aussicht, einen »glorreichen Krieg« zu führen, mit einem knabenhaften Enthusiasmus, über den Appleby abschätzig die Nase rümpfte.

Das Dinner war nur ein Teilerfolg gewesen. Das Aufwärmen alter Freundschaften brachte eben oft Enttäuschungen mit sich. White war ein weltläufiger junger Mann geworden, der vor falschem Selbstvertrauen strotzte, so daß Drinkwater kaum noch den furchtsamen kleinen Kadetten in ihm erkannte, der einst in *Cyclops'* dunkler Fähnrichsmesse so bitterlich geschluchzt hatte. Auch Appleby hatte sich verändert, die Zeit war schonungslos mit ihm umgesprungen. Die Haut des einst so stattlichen Chirurgen hing in Hungerfalten herab, seine alte, lebensfrohe Spannkraft war ihm in den Jahren der Einsamkeit und Not verlorengegangen. Immerhin blitzten unter der Asche der Zeit noch hier und da die Funken seines alten pädagogischen Eifers auf.

»Es muß Krieg geben«, sagte er und beantwortete damit Drinkwaters besorgte Frage. Lebhaft stimmte White zu. »Und zwar einen Konflikt gewaltiger Mächte, der England vor schwere Kraftproben stellen wird ... Ja, spotten Sie nur, Mr. White! Ihr Frischlinge, die es so nach Kriegsruhm gelüstet, jagt falschen Götzen nach.«

»Er ist noch ein halbes Kind«, hatte Appleby gemurmelt, als sich der Leutnant im Lauf des Abends einmal kurz entschuldigte. »Aber Gott stehe seinen Leuten bei, wenn er Kommandant wird, was nicht lange dauern kann, falls es Krieg gibt. Hoffentlich geben Ihre Lordschaften ihm einen toleranten, erfahrenen und verständnisvollen Ersten mit.«

»Ja, er hat sich verändert«, nickte Drinkwater. »Vielleicht ist es ihm zu gut gegangen.«

»Zu schnelle Beförderung, mein Bester. Einige können das verkraften, aber beileibe nicht alle.«

Nein, das Abendessen war überhaupt kein Erfolg gewesen.

Allerdings lag dies nicht allein am Zank zwischen seinen beiden alten Freunden, vielmehr hatte der drohende Krieg Nat die Stimmung verdorben. Die noch schwache, aber unbestreitbare Erregung über kommende Abenteuer mischte sich mit der Furcht, die schon am Strand von Beaubigny seinen Herzschlag beschleunigt hatte; auch jetzt fühlte er, wie sein Puls beim Gedanken an Krieg zu rasen begann.

War dieser winzige Kutter dann der richtige Platz für ihn? Welche Beförderungschancen boten sich hier? Er konnte nicht mit White konkurrieren, eine so steile Karriere kam für ihn nie in Frage. Jedenfalls war *Kestrel* ein tüchtiges kleines Schiff. Das Schicksal hatte sie zusammengeführt, und dagegen wollte er sich nicht auflehnen. Außerdem hatte er bisher Glück gehabt. Sein Blick glitt über das Wandbord voller Folianten, darunter seine Bordbücher und die Aufzeichnungen, die ihm der selige Mr. Blackmore hinterlassen hatte, seinerzeit Segelmeister auf *Cyclops*. Dieses Vermächtnis hatte ihn gerührt. Der Mahagonikasten mit seinem Oktanten war in der Ecke festgelascht, und sein Dollond-Fernglas steckte in der Tasche seines Wachgängers, der neben dem französischen Degen an der Tür hing. Das war sein weltlicher Besitz: erbeutet, erworben und ererbt. Eigentlich nicht viel nach einem dreißigjährigen Leben, dachte er. Doch dann fiel sein Blick auf das Aquarell, das Elizabeth für ihn gemalt hatte: *Algonquin* vor dem Hintergrund von St. Mawes, seine Prise.

Ein Klopfen an der Tür riß ihn in die Gegenwart zurück.

»Was gibt's?«

»Ein Boot hält auf uns zu, Sir.«

Er schwenkte die Beine aus der Koje. »Mit Leutnant Griffiths?«

»Aye, Sir.«

»Gut, ich komme gleich.« Er schlüpfte in Schuhe und Mantel. Schon unter der Tür, setzte er den Hut auf und war mit einem Satz am Niedergang. Tief atmete er oben die rauhe, frostige Luft ein.

Griffiths brachte neue Befehle vom Hafenadmiral. Nachmittags verholte sich *Kestrel* mit der Tide in den Barn Pool und machte neben der Hulk *Chichester* fest. Am nächsten Morgen kamen die Werftarbeiter an Bord und besprachen sich mit Griffiths. Gegen Mittag, als die Besatzung zum Essen gepurrt wurde, war *Kestrel* schon halb abgetakelt, und bis zum Abend war auch ihr Untermast gezogen. Am nächsten Tag arbeiteten die Zimmerleute bereits an ihrem Kielschwein, das den neuen Mast aufnehmen sollte.

»Wir bekommen eine höhere Maststenge«, erläuterte Griffiths, »damit wir über dem Toppsegel noch ein Rahsegel fahren können.« Er nahm einen Schluck Madeira und sah Drinkwater an. »Ich glaube nicht, mein Sohn, daß wir abermals Katz und Maus spielen müssen. Nicht nach der Sache von Beaubigny. Wenn die Künstler da draußen fertig sind, werden wir aussehen wie ein richtiger Kriegskutter und für die Flotte Kindermädchen spielen müssen. Doch jetzt zu anderen Dingen: Der Zahlmeister will dafür sorgen, daß die Männer vor Weihnachten ihren Sold bekommen. Aber nur die Hälfte, wohlgemerkt, die andere Hälfte nach dem Fest. Falls sie alles auf einmal kriegen, saufen sie sich um den Verstand, und wir müssen sie von den Fußstreifen aus der Gosse holen lassen. Ich will aber nach Weihnachten eine komplette Crew auf diesem Kutter sehen.«

Drinkwater leuchtete der Sinn dieser drakonischen Maßnahme ein. Nach seinem hochroten Gesicht und seiner Gesprächigkeit zu urteilen, hatte auch der Kommandant schon in Vorfreude auf das Fest gebechert.

»Und verbreiten Sie unter den Pfandleihern, daß die Leute Sold bekommen haben. Auf diesem Umweg hören vielleicht ihre Frauen davon, dann wird nicht alles verpraßt.« Er trank einen Schluck und griff in seine Tasche. »Hier, das lag im Hafenamt für Sie.« Er reichte Drinkwater einen zerknitterten Brief, dessen Anschrift von vertrauter Hand stammte.

»Danke, Sir.« Drinkwater drehte und wendete den Brief und sehnte sich nach der Ungestörtheit seiner Kammer. Griffiths hievte sich aufs Sofa und schloß die Augen. Drinkwater ging zur Tür.

»Übrigens, Mr. Drinkwater –«, ein Auge öffnete sich halb, »der lästige Lümmel mit der unverdienten Kokarde, der mir den Brief aushändigte, sagte dazu, ich solle Ihnen über Weihnachten Urlaub geben.« Drinkwater blieb gespannt stehen, nur sein Blick wanderte von dem Brief zu Griffiths und wieder zurück. »Dieses unverschämte Ansinnen kann ich nicht unterstützen.« Lange Pause, das Auge schloß sich wieder. Verwirrt trat Drinkwater in den Vorraum.

»Sie bekommen Urlaub, wenn die neue Topprah aufgeriggt ist, Mr. Drinkwater, keine Sekunde früher.«

Mit einem Lächeln schloß Drinkwater die Tür und betrat sein eigenes kleines Sanktuarium. Hastig zerschnitt er das Siegel und begann zu lesen:

Mein liebster Nathaniel,
diese Zeilen schreibe ich in Eile, denn Richd. White kam gerade vorbei, auf dem Weg zu Sir S. Smiths Prisenagent in Portsmouth, und versprach, einen Brief an Dich mitzunehmen, wenn er heute abend zurückkommt. Soweit ich verstanden habe, wird er Dich in Plymouth treffen. Dank für Deine Zeilen vom 29. Die Nachricht, daß Du auf neue Order wartest, paßt zu den Neuigkeiten aus Frankreich, und ich mache mir große Sorgen. Wenn es stimmt, was Richd. sagt, nämlich, daß bald Krieg ausbrechen wird, dann kann ich mir nicht die Gelegenheit entgehen lassen, meinen Liebsten noch einmal zu sehen. Bitte hole mich am Heiligen Abend von der Postkutsche aus London ab.
Deine Dich liebende Frau

Elizabeth

Freudig überrascht lächelte Drinkwater in sich hinein. Vielleicht war sein ungünstiger Eindruck von White doch voreilig gewesen. Nur ein guter Freund konnte sich das ausdenken. Whites Fürsorge und die Freude auf Elizabeth wärmten ihm das Herz; er stürzte sich voll Elan auf die Neuausrüstung des Kutters. Zumindest vorübergehend war der Schatten des Krieges gebannt.

Die Topprah und das neue Segel wurden bis zum 23. Dezember angeschlagen. Vormittags war *Kestrel* fertig getakelt. Drinkwater benachrichtigte den Hafenzahlmeister, und der schickte ihm einen verhutzelten kleinen Kanzlisten mit einer Geldtruhe, einer Marine-Eskorte und einem Kassenbuch, so groß wie ein Hackbrett. Die Besatzung erhielt ihren Sold. Um die Mittagszeit war nur noch die Hafenwache an Bord, zumal viele in der Crew aus Plymouth stammten. Endlich ein freier Mann, eilte Drinkwater in seine Kammer, schnallte seinen Degen ab und zog sich für den Landgang um. Unterwegs traf er Tregembo, der sich trotz der Kälte festlich aufgeputzt hatte: Hut mit Band, blaue Monkijacke mit Messingknöpfen, schwarzes Halstuch und billige, ungewohnte Halbschuhe.

»Hab' bei Wilson's das Zimmer für Sie bestellt, Sir, wie befohlen, und halten zu Gnaden, aber die Kutsche aus London hat Verspätung.«

»Verdammt!« Drinkwater fischte ein Trinkgeld aus der Westentasche und merkte, daß Tregembo sich immer wieder nervös umblickte. Hinter ihm stand ein kräftig gebautes Mädchen von vielleicht zwanzig Jahren, in der Gegenwart des Offiziers ebenso verlegen wie trotzig; vielleicht ärgerte sie sich über die Unterwürfigkeit ihres Freundes. Das rote Band in ihrem Haar war neu, aber schlampig gebunden, mit mehr Eile als Schick. »Hier ...« Er fingerte nach einer zweiten Münze, aber Tregembo wurde rot und wehrte ab.

»Nicht doch, Sir – es ist nur ... Ich frage mich, ob Sie mir bis ...« Er verstummte und blickte zu Boden.

»Ich erwarte dich am 26. bei Hellwerden an Bord zurück, und wenn du nicht auftauchst, lasse ich jede Patrouille in Plymouth nach einem Deserteur fahnden.«

Tregembos Gesicht hellte sich auf. »Danke, Sir, vielen Dank! Und ein frohes Weihnachtsfest für Sie und Mrs. Drinkwater.«

Elizabeth traf schließlich ein, müde von der Reise und besorgt wegen der Kriegsgerüchte. Sie begrüßten einander so scheu und zurückhaltend wie zwei Fremde, die eine neue Befangenheit nicht zu ihrer alten, intimen Vertrautheit finden ließ. Doch nach einigen Gläsern Wein tauten sie auf, und ihre Zweisamkeit verdrängte endlich die Außenwelt so gründlich, daß Elizabeth erst beim Frühstück am Weihnachtsmorgen dazu kam, von ihren Sorgen zu sprechen.

»Glaubst auch du, daß es Krieg gibt, Nathaniel?«

Drinkwater hob den Blick zu ihrem Gesicht, betrachtete die schön geschwungenen, jetzt gerunzelten Brauen, die feucht glänzenden, braunen Augen und den vollen Mund, dessen Unterlippe besorgt zwischen die Zähne geklemmt war. Mitgefühl überschwemmte ihn, denn er wußte: Trotz seiner Schrecken mochte der Krieg für ihn auch Gutes bereithalten, Abenteuer und Beförderungschancen, aber für sie bedeutete er nur zermürbendes Warten – vielleicht für den Rest ihres Lebens. Deshalb wollte er ihr zunächst etwas vorlügen, sie trösten, ihre Furcht mit glatten Floskeln zerstreuen. Aber dafür hätte er sich selbst verachtet. Eine trügerische Hoffnung zu wecken, war gewiß schlimmer, als die Wahrheit zu sagen.

Also nickte er. »Nach allgemeiner Ansicht muß es zum Krieg kommen, falls die Franzosen in Holland einmarschieren. Was mich betrifft, Bess, so verspreche ich dir eines: Ich werde umsichtig sein und kein unnötiges Risiko eingehen. Und nun«, er griff nach der Kaffeekanne, »laß uns auf unsere Zukunft trinken. Ich will um meine Bestallung nachsuchen, und wenn es mit den Beförderungen so schnell weitergeht wie bisher, pensionieren sie mich mit dem Halbsold eines Kapitäns, damit ich dich im hohen Alter mit Geschichten aus meinem aufregenden Leben langweilen kann ...« Er sah, daß sie leicht den Mund verzog. Seine großartige Frau hatte ihn durchschaut und machte sich heimlich über ihn lustig.

Er grinste zurück. »Ich bin doch kein Draufgänger, Bess. Das weißt du.«

»Ja, das weiß ich.« Sie nahm die Kaffeetasse von ihm entgegen, und als er die Hand zurückzog, fiel ihr Blick auf die frische Narbe in seiner Handfläche.

»Das ist *Hannibal,* Sir, unter Kapitän Colpoys. Kommt gerade von Patrouille zurück. Zu spät für das Weihnachtsfest, die armen Teufel.« Beide Männer sahen zu, wie das Linienschiff auf der anderen Seite des Sunds ankerte.

Griffiths nickte. »Die dicken Brummer schütteln schon die Spinnweben aus ihren Toppsegeln, um das Feld unter sich aufzuteilen. Wird Zeit, daß wir auslaufen, Mr. Drinkwater. Jetzt braucht man kleine Vögel mit scharfen Augen. Die Elefanten können noch eine Weile warten ... Meine Gig in zehn Minuten, bitte.«

Auf und ab gehend erwartete Drinkwater Griffiths Rückkehr vom Hafenadmiral. Die Crew machte das Schiff klar zum Auslaufen, bis sie von einem Nieselregen unter Deck gescheucht wurde; Drinkwater aber blieb oben und bemerkte gar nicht die grauen Schauerwolken, die sundaufwärts zogen.

Abschiednehmen, fand er, war scheußlich.

Tregembo kam nach achtern und blieb unsicher in seiner Nähe stehen.

»Was gibt's, Tregembo?«

Der Seemann starrte verlegen auf seine Fußspitzen nieder. »Ich frage mich, Sir, ob Sie ...«

»Sag bloß nicht, du willst schon wieder Urlaub für dein Flittchen!« Zustimmend ließ Tregembo den Kopf hängen. »Du wirst ihr noch ein Kind machen oder dir die Pocken holen. Verdamt will ich sein, wenn ich dich dann verarzte!«

»Sie ist nicht so eine, Sir ... Und ich brauch' auch nur ein Viertelstündchen.«

Drinkwater mußte an Elizabeth denken. »Verflucht, Tregembo, aber keine Minute länger.«

»Danke, Sir, danke.« Drinkwater sah dem Davoneilenden nach und fragte sich müßig, was die Zukunft wohl für sie alle bereithielt. Der Schußwechsel vor Beaubigny hätte einen Vorwand zum Krieg liefern können, denn *Kestrels* Breitseite war ein Akt der Aggression gewesen, dem zumindest einer der Franzosen zum Opfer fiel. Aber Pitt predigte immer noch Frieden, und es konnte ja auch nicht angehen, daß ein so unbedeutender kleiner Kutter wie *Kestrel* zum casus belli wurde. Auf diesem Standpunkt beharrten jedenfalls die Briten und zogen *Kestrel* aus dem Verkehr, bis sich die Wogen wieder geglättet hatten. Dennoch – es war schon seltsam, daß die Franzosen aus der Verletzung ihrer Hoheitsrechte kein Kapital schlugen.

Drinkwater verbat sich das Grübeln. Jetzt sollte der Kutter zu der wachsenden Zahl von Briggs und bewaffneten Slups stoßen, die Frankreichs Küsten unter Beobachtung hielten. Seit Lord Hood im Sommer mit Fregatten und Linienschiffen ausgelaufen war, hatte die Werft stets viel Arbeit gehabt. Wegen der Krisen mit Spanien und Rußland war die Flotte seit drei Jahren in relativ gutem Zustand. Jenseits des Kanals hatte der Mob von Paris die Schweizergarde massakriert, und im September waren die Franzosen in Savoyen eingefallen. In England wußte man außerdem, daß Konteradmiral Truguet mit neun Linienschiffen auf See beordert worden war. Im November wurden die österreichischen Niederlande überrannt, womit sich die Franzosen in den Besitz der gut schiffbaren Schelde brachten. Damit wurden Informationen über den Verbleib aller französischen Kampfgeschwader für Englands Verteidigung lebenswichtig. Man wußte, daß in Brest neununddreißig Linienschiffe lagen, zehn in Lorient und dreizehn in Rochefort. Von Beginn des Jahres 1793 an hielt die Admiralität ein scharfes Auge auf diese Seestreitkräfte.

Am Samstag, dem 29. Dezember 1792, war der Himmel den ganzen Tag mit bleiernem Grau bezogen; erst gegen Abend krimpte der Wind auf Nordwest, die Regenschauer ließen nach, und die Wolkendecke begann aufzureißen. Griffiths und Drinkwater standen an der Reling und sahen einer Brigg nach, die den Sund hinunterlief, der offenen See zu.

»Die *Childers* unter Commander Robert Barlow«, murmelte Drinkwater halb zu sich selbst.

Griffiths nickte. »Mit dem Auftrag, die Reede von Brest zu rekognoszieren«, ergänzte er vertraulich.

Am letzten Tag des alten Jahres drehte der Wind auf Nord und blies den Himmel blank. Um die Mittagszeit brachte ein Wachboot Griffiths die schon erwartete Order. Und bis Sonnenuntergang hatte *Kestrel* Smeatons Leuchtfeuer auf dem Eddystone Rock achteraus gelassen und lief nach Süden, mit dem Auftrag, die Brigg *Childers* zu unterstützen.

Während der Nacht wuchs sich der Nordwind zu einem schweren

Sturm aus, und *Kestrel* mußte beidrehen; der Bugspriet wurde eingezogen, Maststenge und Rahen wurden an Deck gefiert und die Kanonen mit doppelten Brooken gesichert. Bei Tagesanbruch sichteten sie Segel in Nordwest: die Brigg *Childers,* wie der Signalwechsel ergab. Griffiths übernahm selbst die Pinne, steuerte *Kestrel* in die Abdeckung der Brigg und luvte an. Barlow stand in Ölzeug an Deck und brüllte herüber: »Von der französischen Batterie in St. Matthew unter Feuer genommen . . . Ehrenschuß abgegeben, laufen zurück . . . Wahrscheinlich nach Fowey . . .« Der Sturm verwehte seine Worte.

»Der hält sich wohl für den ersten Menschen, den die Franzosen beschossen haben«, knurrte Griffiths und warf seinem Ersten unter weißen, triefenden Brauen einen bösen Blick zu.

»Aye, Sir, und jetzt rennt er nach Hause und macht ein Riesengeschrei.«

Griffiths schmunzelte. Barlows Empörung war über das kochende, gischtweiße Wasser bis zu ihnen spürbar gewesen. »Ich wette, der sitzt in der Postkutsche, noch ehe sein Anker gefallen ist«, sagte Griffiths. Er legte Ruder und ließ sich ablösen.

Die beiden leichten Schiffe trennten sich, strebten gischtverhüllt auf der weißmarmorierten, hochgehenden See so weit wie möglich nach Luv. Hin und wieder verhielt ein Eissturmvogel mit reglosen Sichelschwingen über ihnen und spähte herab: das einzige Lebenszeichen in der sturmgepeitschten, monotonen Wasserwüste.

Drei Wochen später wurde Ludwig der Sechzehnte enthauptet, und am 1. Februar erklärte der Französische Nationalkonvent dem Niederländischen Statthalter und seiner Majestät König Georg dem Dritten von England den Krieg.

Viertes Kapitel

März – September 1793

Jagd auf den Jäger

»Empfehlung des Kommandanten, Sir, und ob Sie ihn bitte in seiner Kajüte aufsuchen würden?« Seltsam, daß sich auf einem so kleinen Kutter ein so diplomatischer Steward hielt, dachte Drinkwater. Er nickte Merrick dankend zu, übergab das Deck an Jessup und stieg rücklings den Niedergang hinunter.

»Nichts in Sicht, Sir«, meldete er und nahm den Hut ab. »Außer *Flora* natürlich.«

Griffiths nickte, ohne von den Befehlen aufzublicken, die ihm die Fregatte *Flora* gerade überbracht hatte. »Nehmen Sie Platz, Mr. Drinkwater.«

Drinkwater sank auf das Sofa und streckte sich. Wortlos schob Griffiths ihm Weinkaraffe und Glas hin. Es war Rotwein, den sie mit ihrer letzten Prise erbeutet hatten, einem schwerfälligen kleinen *bugalet,* das von Bordeaux in die Seinemündung bestimmt gewesen war. Aber der Wein schmeckte gut, und der Verkauf hatte ein erkleckliches Sümmchen gebracht. Drinkwater trank zufrieden und beobachtete dabei seinen Kommandanten.

In den Monaten, seit *Kestrel* als Aufklärer und Handelsstörer eingesetzt war, wobei sie Nachrichten über den Feind sammelte oder ihn mit blitzschnellen Überfällen aus dem Hinterhalt demoralisierte, hatte sich zwischen Drinkwater und Griffiths ein kameradschaftliches Verhältnis entwickelt. Der Leutnant hatte bald begriffen, daß sie beide von dem gleichen Hang zur Perfektion und dem gleichen Ehrgeiz besessen waren, aus dem kleinen Schiff das Letzte herauszuholen.

Schließlich faltete Griffiths die Papiere zusammen und griff nach der Weinkaraffe. Er blickte auf. »Unsere Order, Mr. Drinkwater«, sagte er, »unsere neue Order. Noch ein Gläschen?«

Drinkwater wartete geduldig.

»Sir John Warren«, fuhr Griffiths schließlich fort, wobei er sich auf den Kommandanten der Fregatte *Flora* bezog, »hat mich wissen lassen, daß er eine Eingabe gemacht hat, wonach wir seinem schnellen Eingreifgeschwader zugeteilt werden sollen, sobald es steht.«

Drinkwater bedachte die Neuigkeit. Im Verbund mit Fregatten zu operieren, mochte sich für ihn als vorteilhaft erweisen. Aber alles hing davon ab, wie viele junge Leutnants mit guten Beziehungen auf die Offiziersstellen spekulierten. Und Kommandanten von Kriegsschiffen, die im Kanal operierten, konnten sich die Besten auswählen. Vielleicht standen seine Chancen doch nicht so günstig.

»Wann wäre das, Sir?« fragte er.

Griffiths zuckte die Achseln. »Wer weiß das schon, mein Sohn? Gottes Mühlen mahlen genauso langsam wie die der Admiralität.«

Offenbar war Griffiths nicht beglückt über den bevorstehenden Verlust seiner Unabhängigkeit. Er blickte hoch. »Bis es soweit ist, haben wir noch eine Kleinigkeit zu erledigen. Ein gemeinsamer Freund möchte Frankreich verlassen.«

»Ein gemeinsamer Freund, Sir?«

»Sie kennen ihn, Mr. Drinkwater: der Mann, den wir in Criel angelandet haben. Für Sie und mich heißt er Major Brown. Er ist Offizier der Leibgarde, obwohl ich bezweifle, daß er jemals auf einem Gardepferd gesessen hat. Soweit ich weiß, hat er sich drüben im letzten Krieg mit den Irokesen einen Namen gemacht. Jedenfalls wird er seither für ›Spezialaufgaben‹ eingesetzt«, sagte Griffiths mit Betonung.

Drinkwater erinnerte sich an den jovialen Dicken, den sie bei seinem ersten Einsatz vor nun einem Jahr nach Frankreich gebracht hatten. Einen Offizier der Leibgarde Seiner Majestät stellte er sich wirklich anders vor.

Griffiths bemerkte seine Verwirrung. »Der Duke of York reserviert einige wenige Offiziersstellen für verdiente Männer, Mr. Drinkwater«, erläuterte er lächelnd, »auch wenn sie nie mit einem Steigbügel in Berührung gekommen sind. Aber sie müssen sich diese Ehre hart verdienen.«

»Verstehe, Sir. Wo holen wir ihn ab?«

»Bringen Sie mir die Mappe mit den Seekarten, Sohn, dann werden wir das gleich sehen.«

»So ein gottverdammtes Sauwetter!« Griffiths starrte etwa zum tausendsten Mal an diesem Vormittag suchend nach Westen, aber die erhoffte Aufhellung ließ auf sich warten.

»Wir müssen noch ein Reff einbinden und den Klüver wechseln . . .« Drinkwater ließ den Satz unvollendet, denn mittschiffs war wieder eine See eingestiegen, peitschte bis zum Achterdeck mit ihren Gischtflagen und drohte, die beiden Gigs von den Klampen zu reißen.

»Und dabei haben wir August, Mr. Drinkwater, August!« Griffiths' verzweifelter Appell an die Elemente verhallte unerhört.

Drinkwater wandte sich ab. »Mr. Jessup – alle Mann! Klar zum Reffen und Klüverwechsel! Backbordwache nach vorn – setzt Sturmklüver! Steuerbordwache – noch ein Reff ins Großsegel!« Zufrieden sah Drinkwater die Männer durch das knietiefe Wasser auf ihre Stationen hasten.

»Klar bei Klüver!« Das war Jessups Stimme.

Drinkwater sah Griffiths nicken und beobachtete die Seen. Dann: »Anluven!«

Als der Kutter in den Wind drehte, erübrigten sich alle weiteren Kommandos; schließlich war *Kestrel* kein schwerfälliges Linienschiff; ihre kleine Besatzung bewegte sich mit der Sicherheit langer Übung. Die Segel schlugen knatternd im Wind, daß der Kutter bis zum Kiel erbebte, während die Crew fieberhaft arbeitete. Piek- und Klaufall wurden gefiert, die Großschot wurde dichtgesetzt, damit der Baum nicht schlug, während die Reffkausch am Achterliek niedergeholt wurde; auch die vordere Reffkausch wurde festgelascht, dann verteilten sich die Männer über die ganze Länge des Großbaums, um das widerspenstige, nasse Tuch einzurollen und mit den Reffbändseln zu sichern.

Vorn holten die Männer den Laufring am Bugspriet herein, während andere am Mast das Klüverfall fierten; auf Leeseite bis zu den Hüften im Wasser stehend, zerrte Jessup das schlagende Segel binnen. Minutenschnell war der Kopf des Sturmklüvers ans Fall und sein Hals an den Laufring geschäkelt, die Ausholertalje bemannt, und als der schwere Eisenring wieder auf den Bugspriet hinausglitt, straffte sich das Fall. Der Klüver knallte, sein Vorliek hing weit nach Lee durch, als *Kestrel* in ein Wellental fiel, doch dann setzten die Männer mit letzter Kraft das Fall noch etwas dichter, und der Klüver stand. »Belegen, alles belegen!«

»Sturmklüver gesetzt!« meldete Jessup.

Drinkwater erspähte die vierschrötige Gestalt im Bug, der sich einmal hoch über den Horizont erhob, dann wieder tief in ein Wellental sackte; der Ölmantel peitschte um Jessups Beine: eine

Vogelscheuche im Sturm, dachte Drinkwater und unterdrückte ein albernes Kichern; er rief zurück: »Aye, aye, Mr. Jessup!«

Dann wandte er sich an den Rudergänger. »Vollhalten!« Er nickte Poll an der Großschot zu. *Kestrel* fiel etwas ab und nahm Fahrt auf, ihre Gaffel wies wieder kess aufwärts, und das Großsegel füllte sich mit Wind.

»Anluven!« Als hart Ruder gelegt wurde, schoß der Bugspriet förmlich in den Wind. Wieder bebte der Kutter in allen Verbänden, als die plötzlich leeren Segel ihren schmetternden Protest auf den Rumpf übertrugen. »An die Vorsegelschoten!«

»Voll und bei auf Backbordbug!«

»Ist voll und bei«, bestätigte der vorderste der beiden Rudergänger.

»Geht sie jetzt besser?«

»Aye, Sir, viel besser.« Der Mann schob den Priem in die Backbordwange, in unbewußtem Einklang mit dem Schiff.

Mit unverminderter Fahrt, aber weicheren Bewegungen preschte *Kestrel* weiter.

»Segelfläche vermindert«, meldete der Erste dem Kommandanten.

»Gut gemacht, Mr. Drinkwater.«

Der Sturm ließ etwas nach, als die Sonne hinter einer Wolkenbank versank, deren Ränder bis in den späten Abend hinein rosarot leuchteten. Im letzten Tageslicht hatte Griffiths lange die südliche Kimm studiert; als er die drei winzigen Zacken in ihrer sonst glatten Linie bemerkte, informierte er Griffiths.

»Einer davon könnte ein bewaffneter Lugger sein, Sir. Ich bin mir nicht sicher, aber er hält ohnedies nach Westen. Geht uns aus dem Weg, Sir.«

Nachdenklich rieb Griffiths sich den Bart. »Mmm. Der verdammte Strand ist gefährlich, Mr. Drinkwater. Sehr gefährlich. Nach dem Sturm muß noch ein oder zwei Tage lang eine hohe Brandung stehen.« Er schwieg, aber Drinkwater ahnte, was er dachte. Mittlerweile hatte Griffiths kaum noch Geheimnisse vor ihm, und Nat wußte auch, daß der Befehl von *Flora* die Worte »unbedingt erforderlich« enthielt.

»Daraus folgert«, erläuterte Griffiths, »daß Brown London wissen ließ, er könne sich nicht länger in Frankreich aufhalten; oder er hat unserer Regierung etwas sehr Wichtiges mitzuteilen.«

Drinkwater fielen die Brieftauben ein.

»Und wenn das Wetter so schlecht ist, daß wir ihn nicht abholen können, Sir?« fragte er.

Griffiths sah hoch. »Das darf nicht passieren, verstehen Sie?« Er schwieg. »Mit der Zeit bekommt man eine Nase für derlei Dinge. Brown hat lange allein in Frankreich operiert. Wenn er jetzt heraus will, ist es dringend.«

Drinkwater dachte an den Seegang vor ihrem Landeplatz und atmete langsam und vorsichtig aus. Der Wind war immer noch stürmisch, eine hohe See drückte von Westen in den Kanal herein. Doch Griffiths' Stimme riß ihn aus seinem Grübeln.

»Kommen Sie mit nach unten, Mr. Drinkwater, mir ist etwas eingefallen, das ich mit Ihnen besprechen möchte.«

»Laß fallen.« Leise wurde der Befehl von Mann zu Mann weitergegeben und der Kabelstopper gelöst. *Kestrels* Anker sank auf den sandigen Grund der kleinen Bucht, der Kutter verfiel nach Lee; ein Teil der Besatzung versorgte die Segel, wobei sie das Groß ausrefften und den Arbeitsklüver anschäkelten. *Kestrel* hatte sich gleich nach Anbruch der Nacht vorsichtig dem Land genähert, um ihr Rendezvous einzuhalten. Nun stampfte sie in der kleinen Bucht, die der Schwell mit Macht bestürmte, bis er sich in weißschäumender Wut am Halbrund des schmalen Sandstrandes brach; dahinter ragte ein Steilufer empor.

»Aufstoppen!« Das Rumpeln der ausrauschenden Ankertrosse wurde leiser, sie glitt langsamer durch die Klüse, als der Stopper biß. Der Bugspriet schwang herum, zeigte jetzt in den Wind und gegen die anrollenden Seen. »Anker hält«, kam die Meldung vom Vorschiff.

»Alles klar, Mr. Drinkwater?« Der Erste sah sich um. Seine beiden Freiwilligen grunzten bestätigend, und Drinkwater erkannte erleichtert Tregembos Stimme. Der andere war Poll, ein heißblütiger, rothaariger Bursche, der an Bord als Raufbold galt. »Aye, Sir, wir sind klar – kommt, Leute«, sagte Drinkwater.

Die drei Männer gingen nach achtern, wo Jessup im richtigen Moment, als *Kestrels* Bug von einer Welle angehoben wurde, das kleine Beiboot aussetzte. Als es in die See klatschte, wurden die Bootstaljen losgeworfen, die Jolle trieb achteraus, bis ihre Vorleine steifkam. Daran wurde sie Hand über Hand vorsichtig längsseits geholt, und Drinkwater, Tregembo und Poll sprangen hinein.

Vorn packte Tregembo das Auge einer zweizölligen Hanftrosse und belegte sie an der vorderen Ducht. Mittschiffs sicherte Poll die Blendlaterne und löste die Riemenlaschings, während Drinkwater sich vergewisserte, daß die aufgeschossene Achterleine klar zum

Ausrauschen war, ebenso die zweite, dünnere Leine mit dem Draggen. Bei all dem Tauwerk an Bord würden sie aufpassen müssen, wohin sie traten.

»Alles klar, Leute?« Tregembo und Poll bestätigten, worauf Drinkwater gedämpft zu Jessup hinauf rief: »Wirf die Vorleine los und fier die Trosse, aber sinnig!«

»Aye, aye, Sir.« Drinkwater sah oben Köpfe mit dem Schanzkleid auf und nieder wippen. »Viel Glück, Mr. Drinkwater.« Das war Griffiths' halblaute Stimme. Jessup ließ die Jolle an der Trosse abtreiben.

Grüßend hob Drinkwater im bockenden Heck den Arm und konzentrierte sich dann auf den vorausliegenden Strand. Tregembo berührte ihn an der Schulter. »Laterne ist klar, Sir.«

»Gut.« Die Jolle tanzte jetzt wild in den steiler werdenden Seen; immer wieder riß die Trosse sie herum, dann bekam sie Lose und verfiel wieder ein Stück Richtung Strand. Sowie die Wellenkämme schärfer wurden, kurz bevor sie sich zu Brechern aufbauten, ließ Drinkwater die Blendlaterne einmal Richtung Kutter signalisieren. Fast sofort kam die Trosse steif, die Jolle drehte den Bug in die Seen und blieb so liegen. Tregembo kam nach achtern.

»Wir sind ständig, Sir.«

»Gut.« Drinkwater hatte sich schon bis aufs Hemd entkleidet, nun streifte er auch die Schuhe ab. Als er sich erhob, um die eine Leine um seine Mitte zu knoten, sagte Tregembo: »Lassen Sie lieber *mich* gehen, Sir, das ist nicht Ihre Sache, halten zu Gnaden, Sir.«

Drinkwater grinste ins Dunkel. »Doch, Tregembo, es ist *meine* Sache. Nimm du nur die Leinen wahr, darauf muß ich mich unbedingt verlassen können . . . Poll, gib mir den Draggen, dann sichere ich auch das Heck.«

Zum Glück war es wirklich August, dachte Drinkwater, als er übers Dollbord glitt und sich Richtung Land abstieß, den leichten Draggen an seiner Leine über der Schulter.

Ein Brecher überspülte ihn, wirbelndes Wasser schob ihn vorwärts, wobei ihn das Donnern der Brandung halb betäubte und seine Beine sich in den beiden Leinen verfingen. Verzweifelt warf er sich auf die Seite, versuchte sich freizustrampeln und schlug mit dem freien Arm um sich. Doch die Widersee zog ihn zurück, seine haltsuchende Hand pflügte hilflos durch Sand. Wieder krachte ein Brecher über ihn, raubte ihm den Atem und rollte ihn herum, wobei ihn erneut die Leinen umschlangen. Er spürte Sand und krallte sich fest, vergeblich.

Heiß durchzuckte ihn Panik.

Dann plötzlich lag er oben auf dem Sand, ein schlaffes Bündel aus Gliedmaßen und Hanf, an dem das zurückflutende Wasser zerrte; voller Angst schob er sich höher.

Wieder wusch eine Welle über ihn hinweg, und als er mühsam auf die Füße torkelte, kam schon die nächste. Nach Atem ringend, klarierte er die beiden Leinen, wußte, daß es ihm Tregembo und Poll, jeder an seinem Ende, im Boot nachtaten. Der Zwang zur Konzentration half gegen die Angst. Er bohrte den Draggen in den Sand und riß kräftig an seiner Leine. Sofort kam sie steif und hob sich tropfend und kerzengerade aus dem Wasser. Als Drinkwater nach vorn watete, konnte er jenseits der weißen Brandungslinie gerade noch die grauen Umrisse der dümpelnden Jolle erkennen. Er löste seine Sicherungsleine und belegte sie an einer freien Flunke des Draggen. Das Boot war jetzt an Bug und Heck gesichert, er konnte sich hinsetzen und warten. Bald zitterte er vor Kälte.

Eine Stunde später begann er zu bereuen, daß er Tregembos Vorschlag zurückgewiesen hatte. Er fror bis ins Mark, und außerdem schien der Wind wieder aufzufrischen. Drinkwater spähte in die Richtung, in der er *Kestrel* vermutete, und lauerte auf das Lichtsignal am Mast, das ihn zurückrufen würde. Aber er wußte, Griffiths wartete bestimmt bis zum letzten Augenblick. Wahrscheinlich hatte er Jessup und seine Leute mühsam eine Spring ans Ankerkabel stecken lassen, damit der Kutter notfalls gedreht werden und, seinen Anker zurücklassend, davonsegeln konnte. Für jedes andere Manöver lag er viel zu dicht unter Land. Mit diesen Überlegungen lenkte sich Drinkwater so gründlich ab, daß er die ersten Schüsse fast überhört hätte. Als er aufblickte, sah er Mündungsfeuer oben auf dem Steilufer und knapp darunter, wo offenbar ein Pfad zum Strand herunterführte. Er sprang hinter seinem Windschutz hervor und rannte zum Draggen, wobei er sich suchend umblickte.

Und da stürzte der Mann auch schon aus dem Schatten am Fuß der Klippen. Drinkwater sah ihn stolpern, sich wieder fangen und Sandfontänen um seine Füße aufspritzen, wo Musketenkugeln einschlugen.

»Hierher!« schrie Drinkwater und bückte sich zum Draggen. Schnell löste er die Sicherungsleine und legte sie sich in einem Palstek so um die Taille, daß ein sechs Meter langes Ende übrigblieb. Der Mann kam keuchend angerannt.

»Major Brown?«

»Eben der, eben der!« Der Mann hielt den Atem an, als Drinkwater das freie Ende der Sicherungsleine um seinen Bauch schlang.

»Ein Falke . . .«

». . . für den Ritter.« Das war das Losungswort. Drinkwater packte Browns Arm und zog ihn zum Wasser. Hinter ihnen hatten die Soldaten schon den Strand erreicht. Entschlossen wandte sich Drinkwater um und brüllte: »Holt ein!«

Er sah Tregembos Zeichen und spürte gleich darauf einen Ruck an der Leine. Alle Luft entwich aus seinen Lungen, als er durch eine brechende See gerissen wurde. Er mußte den Agenten loslassen. Dann kam er wieder an die Oberfläche und erhaschte einen Blick in den Nachthimmel, während sein schlaffer Körper wie ein Sack zum Boot gezogen wurde. Verzweifelt rang er nach Atem, als die nächste Welle ihn unter Wasser drückte. Und dann hing er neben der Jolle, tastete nach der Fußschlinge, die Poll hatte ausbringen sollen. Er fand sie, schob den rechten Fuß hinein und wandte sich nach Major Brown um, der in seinem schweren Mantel wie ein Ertrunkener im Wasser hing.

»Ihn zuerst, Tregembo«, keuchte er, »er ist bewußtlos.«

Irgendwie holten sie den Dicken längsseits, und Drinkwater half, ihn mit dem Rücken zur Bordwand zu drehen. »Halten Sie sich frei, Mr. Drinkwater«, warnte Tregembo, und Drinkwater sah verschwommen, daß die beiden den Major an den Schultern packten, ihn anhoben, hoch, noch höher, und ihn dann plötzlich unter Wasser stießen, so daß er ganz verschwand, schließlich wie ein Korken wieder hochschoß, so daß er von den wartenden Fäusten grob ins Boot gezerrt werden konnte. Drinkwater spürte den Ruck an der Leine, als Brown auf die Bilgenbretter fiel. Müde schob er seinen Fuß wieder in die Schlinge und wollte sich übers Dollbord hieven, aber seine überanstrengten Muskeln verkrampften sich. Tregembo griff zu, und im nächsten Augenblick lag er auf Browns Bauch in einer Wuling von Leinen, was jetzt aber nichts mehr schadete.

»Pardon, Sir.« Tregembo schob ihn mit einer Hand beiseite, griff sich mit der anderen das Beil und kappte die Heckleine. Im Bug signalisierte Poll mit der Blendlaterne, und auf *Kestrel* begannen alle Mann, mit der Trosse nach vorn zu stampfen. Musketenkugeln pfiffen den Männern im Boot um die Ohren. Zwei oder drei Treffer rissen Splitter aus dem Dollbord.

Müde hob Drinkwater den Kopf, er konnte es kaum erwarten, *Kestrels* vertraute Umrisse über sich aufragen zu sehen. Noch zehn

füllte sein Glas zum xten Male nach.

»Konnten Sie Barrallier rausholen?« Browns Frage richtete sich an Drinkwater.

»Jawohl, Sir, wir haben ihn am Strand von Beaubigny aufgelesen.«

»Beaubigny?« Brown schien unangenehm überrascht. »Wo, zum Teufel, ist das? Ich hatte ein Rendezvous vor Criel vereinbart.« Fragend sah er Griffiths an.

Dieser schilderte ihm die örtlichen Verhältnisse. »Ich habe protestiert, Major, aber zwei Aristokraten lagen Dungarth in den Ohren, verstehen Sie?«

Brown nickte mit zusammengekniffenen Augen, was in dem fülligen, runden Gesicht ziemlich häßlich aussah.

»War einer davon ein – äh – menschenfeindlicher Sonderling?«

Sowohl Griffiths wie Drinkwater nickten.

»Und wurde Barrallier von Tocqueville begleitet?«

»Ja«, sagte Griffiths. »Außerdem hatte er allerhand Penunze dabei.«

Brown nickte und verfiel in Nachdenken. »Beaubigny«, murmelte er. Schließlich blickte er leicht verwirrt auf und fragte gespannt: »War auch eine junge Frau dabei? Eine Frau mit kastanienrotem Haar?«

»Das stimmt, Sir«, antwortete Drinkwater. »Und ihr Bruder Etienne.«

Brown hob die Augenbrauen. »Sie wissen ihre Namen?«

»Aye, Sir, sie nannten sich Montholon.« Es wunderte ihn, daß Brown, der doch so viele Geheimnisse kannte, über Dinge, die in Plymouth in aller Munde waren, nichts wußte. »Barrallier hat uns die Namen gesagt«, schloß er, »sie schienen kein Geheimnis zu sein.«

»Ha!« Brown warf den Kopf zurück und stieß ein kurzes, bellendes Lachen aus – wie ein Fuchs. »Guter alter Barralier«, sagte er mehr zu sich selbst. »Nein, ein Geheimnis sind sie nicht, aber ich bin doch überrascht, daß Hortense Frankreich verlassen hat ...«

Die drei Männer verfielen in Schweigen. Brown grübelte über die Teile eines Puzzles, das langsam Gestalt annahm. Er hatte nicht gewußt, daß der Zwischenfall bei Carteret von *Kestrel* ausgelöst worden war, aber er hatte sich in Paris glücklicherweise nahe genug am Zentrum der Ereignisse aufgehalten, um beurteilen zu können, daß sie beinahe schon damals zum Kriegsausbruch geführt hätten. Der Major schloß die Augen und rief sich einige der faszinierenden Details ins Gedächtnis. Fregattenkapitän Edouard Santhonax hatte eine wichtige Rolle bei der Besänftigung des empörten Konvents gespielt. Und als ihn Brown – abgesehen von der vergangenen Nacht – zum letzten Mal gesehen hatte, war die Dame am Arm des attraktiven jungen Offiziers keine andere gewesen als Hortense Montholon. Wie ein gehetztes Opfer der Revolution hatte sie dabei nicht gewirkt.

Kapitänleutnant Griffiths beobachtete seinen Passagier und spürte, daß ein Geheimnis in der Luft lag. Er rief sich ihr Gespräch in Erinnerung, um ihm auf die Spur zu kommen; Drinkwater aber beunruhigte nur die Erinnerung an kastanienrotes Haar und große graue Augen.

FÜNFTES KAPITEL

Oktober – Dezember 1793

Zwischenfall bei Ouessant

In den nun folgenden Wochen vergaß Drinkwater allmählich die Schießerei vor Beaubigny, die Rettung von Major Brown und das anschließende Scharmützel mit dem französischen Lugger. Nur manchmal, wenn in dunklen Nächten die Kajüte vom tanzenden Schein der pendelnden Öllampe erhellt wurde, beunruhigte ihn eine wunderschöne Erscheinung mit langem, kastanienrotem Haar. Und gelegentlich fiel ihm das Einschlafen schwer, wenn er sich an das beklemmende Gefühl des Ertrinkens erinnerte, als Tregembo ihn an der Leine durch die Brandung gezogen hatte, während Browns totes Gewicht ihn unter Wasser zerrte. Aber all diese Erinnerungen verblaßten, wurden bewußt in die Tiefen seines Gedächtnisses abgedrängt, wo schon das Bild des Gemetzels in den Sümpfen von Carolina und sein Haß auf Morris ruhten, den abartigen Tyrannen der Fähnrichsmesse der Fregatte *Cyclops*.

Nur einmal nahm die Erinnerung an die Flüchtlinge von Beaubigny konkretere Formen an, und da wurde sie von Griffiths heraufbeschworen. Er zeigte ihm den kurzen Artikel in einer schon vergilbten englischen Zeitung, der vom gewaltsamen Tod eines französischen Edelmannes berichtete; man hatte seine Leiche in einer Gosse von St. James gefunden. Die Polizei glaubte an einen Raubmord, weil die Geldbörse des Grafen fehlte und er am selben Abend hoch beim Glücksspiel gewonnen hatte. Doch sein Name war de Tocqueville, und Griffiths hob skeptisch die Augenbrauen, um den Verdacht anzudeuten, daß der Graf eher einem politischen Mord zum Opfer gefallen sei.

Doch der Dienst fegte alle Spekulationen beiseite. Schon wimmelte es im Kanal von französischen Korsaren, ob nun Lugger oder Fregatten, die sich mit Feuereifer in den Handelskrieg stürzten. In das Gerangel französischer Handelsstörer und britischer Frachtschiffe mischten sich einzelne britische Fregatten mit mehr Lärm als Erfolg. Doch dann erbeutete Pellew am 18. Juni vor dem Start Point mit seiner *Nymphe* die französische *Cleopatre* und wurde dafür geadelt – eine Auszeichnung, die in der Kriegsmarine viele ehrgeizige Gemüter vor Tatendrang vibrieren ließ.

Kestrel jedoch war mit profaneren Aufträgen beschäftigt, brachte Depeschen, frisches Gemüse, Post und Klatsch zu den draußen operierenden Kriegsschiffen – ein Mädchen für alles, das stärkere Gegner mied und schwächere beutelte. Pellew holte sich, ungeachtet der Proteste des Kommandanten, einige Männer aus Griffith's Besatzung, um seine Crew aufzubessern, die aus unerfahrenen kornischen Bergleuten bestand. Aber es kam nur zweimal zu solchen Aderlässen; *Kestrels* Crew, überwiegend Freiwillige, blieb eine verschworene, kompetente Gemeinschaft, die auch dem Flaggschiff des anspruchsvollsten Admirals zur Ehre gereicht hätte.

»Besser als die Angeber der Cumberland-Flotte«, behauptete Jessup stolz und spielte damit auf die Themse-Yachten an, wo aus solchen Feinheiten wie dem Segelstand fast ein Glaubensbekenntnis gemacht wurde. Auch Griffiths hatte immer ein wohlwollendes Augenzwinkern dafür übrig, wenn *Kestrels* Crew vor der Nase eines neidischen Fregattenkapitäns, der mit seinen Landratten schier verzweifelte, ein smartes Manöver gelang. Im Geist hörte er dann wohl die Bemerkungen drüben auf dem Achterdeck über die »verdammte Frechheit unverschämter Zivilisten«.

Bei aller Betriebsamkeit war Drinkwater sich bewußt, daß er auf einem vom Glück begünstigten Schiff segelte, daß Griffiths selten die Prügelstrafe verhängte, sie auch gar nicht brauchte, und daß er eine glorreiche Zeit erlebte.

Falls er sich um seine Zukunft Sorgen machte, so ließ er sich das an Deck nicht anmerken. Das anstrengende Wache-um-Wache-Gehen, die Aufregungen einer Verfolgungsjagd oder Flucht und der bescheidene Profit, den sie mit gelegentlichen Prisen erzielten, entschädigten ihn zum Teil für seine trüben Zukunftsaussichten.

Im Dezember kreuzten sie vor der flachen Insel Ouessant. Sie suchten Kommodore Warren, um ihm die Nachricht zu überbringen, daß sich sein neues Geschwader nach vielen Verzögerungen und Streitereien mit der Werft zu Beginn des neuen Jahres endlich unter seinem Befehl vor Falmouth sammeln sollte.

Es war ein Tag mit frischem Ostwind, der den nassen Herbst mit seinen dauernden Westlagen endgültig vertrieb. Bis jetzt hatte ihnen der Atlantik einen Sturm nach dem anderen geschickt, acht Wochen lang, in denen *Kestrel* ihre Aufträge nur unter größter Anstrengung erfüllen konnte – mit einer geschundenen Crew, die nie aus den nassen Sachen herauskam, mit steinharten, triefenden Segeln und einem Kombüsenherd, der nie brannte.

Jetzt hüllte heller Sonnenschein den kleinen Kutter in Zuversicht, die Stimmung an Bord besserte sich, und die nassen Kleider, die in Luv zum Trocknen ins Rigg gehängt wurden, gaben dem Schiff etwas zigeunerhaft Unbekümmertes.

Die flache Insel an der Nordwestspitze Frankreichs lag an Backbord achteraus; von Zeit zu Zeit nahm Drinkwater eine Peilung zum Leuchtturm auf dem höheren Kap Stiff. Dabei wurde er plötzlich von einem Anruf aus dem Mastkorb unterbrochen: »An Deck: Segel in Luv!«

»Verständigt den Kommandanten.«

»Aye, aye, Sir.«

Griffiths kam schleunigst an Deck, warf einen Blick zur Insel hinüber, einen zweiten hinauf zur langen, im Ostwind nach Steuerbord auswehenden Windfahne, und befahl: »Hinauf mit Ihnen, Mr. Drinkwater.«

Behende kletterte Drinkwater in den Mast und hakte oben ein Bein über die Topprah. Er mußte nur einmal hinsehen, um festzustellen, daß es sich bei dem Neuankömmling nicht um Warrens *Flora* handelte; sein Verdacht, der auf dem Ostwind beruhte und den er unausgesprochen mit Griffiths teilte, wurde bestätigt. Die große Marinebasis Brest lag in der Nähe, und die Segelpyramide, die er da vor sich sah, mußte morgens den Goulet herabgeglitten sein. Schon erkannte er hinter der ersten eine zweite.

»Zwei Fregatten, Sir«, meldete er, sowie er das Deck erreichte. »Halten direkt auf uns zu und setzen mehr Segel.«

Griffiths nickte, er war nicht überrascht. »Mr. Jessup!«

Der Bootsmann kam an Deck gestürzt, den Wachmantel nur halb übergeworfen. »Sir?«

»Wir gehen vor den Wind; ich will Preventer gesetzt haben und so viel Tuch, wie sie nur tragen kann. Mr. Drinkwater, einen Kurs, der uns gut freihält von den Pierres Vertes und zur Einfahrt in die Fromveur-Passage führt...« Er deckte die herbeihastende Crew mit weiteren Befehlen ein, doch Drinkwater stürzte schon unter Deck an seine Seekarten.

Die Insel Ouessant – oder Ushant für viele Generationen britischer Seeleute – liegt etwa dreizehn Seemeilen westlich der bretonischen Küste. Zwischen Ouessant und der Landspitze von St. Matthew zeigte *Kestrels* Karte ein mit punktierter Linie eingekreistes Gebiet, in dem Felsen, Riffe und Inselchen die Schiffahrt erschwerten: »Viele gefährliche Untiefen, Felsen u.ä., zwischen denen unberechenbare Tidenströmungen auftreten«, warnte die Karte. Selbst bei ruhigstem Wetter stand hier stets eine hohe Atlantikdünung herein, dazu kam das ewige Auf und Ab von Ebbe und Flut; bei Springtide konnte der Strom sechs bis sieben Knoten erreichen. Falls dann noch Wind gegen Tide stand, baute sich eine hohe, steile und heimtückische See auf; jedenfalls war auch unter günstigsten Bedingungen hier ein exaktes Navigieren unmöglich.

Das Gebiet war so berüchtigt, daß England und Frankreich ein Abkommen getroffen hatten, wonach letzteres sich verpflichtete, auf der Stiff-Huk einen Leuchtturm zu errichten und zu unterhalten, »im Krieg wie im Frieden, zum allgemeinen Wohle der Menschheit«. Dieser Turm war nach Entwürfen von Vauban auf dem höchsten Punkt der Insel errichtet worden, und zwar schon vor einem Jahrhundert.

Zwei Fahrrinnen gab es durch die Untiefen zwischen Ouessant und dem Festland: den Chenal du Four, eine gewundene Passage zwischen St. Matthew und den Le-Four-Felsen, und den Fromveur auf der landwärtigen Seite der Insel; letzteren studierte Drinkwater.

Als er über die Karte gebeugt stand, spürte er die plötzliche Beschleunigung, die dem Lärm und der Unruhe der Halse folgte. *Kestrel* reagierte gehorsam auf die drängende Besorgnis ihres Kommandanten und preschte vor dem Wind davon. Drinkwater hangelte sich schnell in seine eigene Kammer und holte ein fleckiges Notizbuch vom Bord. Einst hatte es Master Blackmore gehört, dem Navigator auf der Fregatte *Cyclops*. Hastig blätterte er darin, fand das Gesuchte und las mit konzentriert gerunzelter Stirn. Dann verglich er Blackmores Notizen mit der von französischen Unterlagen kopierten Karte. Vor den gefährlichen Untiefen schauderte ihn, aber der Fromveur-Kanal selbst schien tief zu sein und gerade zu verlaufen. Wieder einmal verfluchte Drinkwater die Gleichgültigkeit der Admiralität, die es jedem Kommandanten selbst überließ, sich die notwendigen Karten zu besorgen. Auch *Kestrel* mit ihren Geheimaufträgen bekam nur einen Kleckerbetrag, so daß Griffiths lediglich über so viele Karten verfügte, wie er sich leisten konnte.

Drinkwater sprang wieder an Deck. Ouessant lag jetzt an Steuerbord voraus, und als er sich umblickte, sah er, daß die erste Fregatte schnell zu ihnen aufschloß. Je eher sie den Fromveur erreichten und sie abschütteln konnten, desto besser. Drinkwater erinnerte sich, wie arrogant Barrallier die Überlegenheit französischer Fregatten gerühmt hatte und wie erstaunt er gewesen war, daß Griffiths an der französischen Küste mit derart unzureichenden Karten navigierte. Nach seinen Worten hatte die alte französische Regierung schon vor siebzig Jahren eine Kanzlei eingerichtet, die sich nur mit der Erstellung neuester Karten befaßte.

Ungeduld drängte ihn zum Handeln, als Drinkwater sich über den Kompaß beugte; er stürzte wieder unter Deck, um die Werte einzutragen. Schon hatte der Kanalstrom sie zu weit nach Norden versetzt, schob sie erbarmungslos auf die Felsen und Riffe an Steuerbord. Er eilte wieder nach oben und wollte Griffiths schon zu einem Ausweichen nach Süden raten, als der Ausguck erschrocken herabrief: »Brecher an Steuerbord voraus!«

Jessup stürzte an die Großschot. »Klar zur Halse!« schrie er. Wenn sie schnell halsten, konnte *Kestrel* noch gegen den Strom von den Felsen freikommen und nach Süden anluven. Die Männer waren bereits auf ihren Manöverstationen und erwarteten Griffiths' Befehle.

Doch: »Belege das«, widerrief Griffiths Jessups Anweisung. »Sind das die Pierres Vertes, Mr. Drinkwater?«

»Ja, Sir.«

Griffiths sah zu der Stelle hinüber, wo das Wasser weiß kochte und ab und zu einen dunklen Fleck freigab: die Felsen. Aber wenn sie sich nach Süden wandten, würde die Fregatte sie noch schneller einholen.

»Kurs Nordwest«, befahl Griffiths. »Die Schoten dichter, Mr. Jessup ... Mr. Drinkwater, wir segeln innen durch ...« Er sprach so ruhig und selbstsicher, als sei keinerlei lebenswichtige Entscheidung gefallen. Doch Drinkwater blieb keine Zeit zum Nachdenken, denn eine Kugel durchschlug oben das Rahsegel, eine andere krachte ins Schanzkleid und überschüttete das Deck mit einem Splitterhagel; einer der langen Pechkiefer-Speere traf einen Seemann und riß eine furchtbare Wunde. Sie hatten keinen Arzt an Bord, der sich seiner hätte annehmen können.

Um den Riffen nicht zu nahe zu kommen, hatte die Fregatte leicht nach Backbord gehalten; ihr Kurs verlief jetzt in spitzem Winkel zu dem des Kutters, so daß die Franzosen die vorderste Kanone abfeuern konnten. Eine Rauchwolke hing vor ihrem Bug, vom achterlichen Wind getragen.

»Sauber Kurs halten, verdammt noch mal«, knurrte Griffiths den Rudergänger an. Wie Drinkwater war offenbar auch er im Geiste mit Dreiecksberechnungen beschäftigt. Sie mußten *Kestrel* dicht an den Pierres Vertes halten, wenn sie nicht von der Strömung nach Norden auf den Roche du Loup, den Roche du Reynard und die dazwischenliegenden Riffe versetzt werden wollten; und sie mußten der Versuchung widerstehen, scheinbar ruhiges Wasser anzulaufen, wo die Gefahr im verborgenen lauerte.

Die Pierre Vertes lagen jetzt fast vor ihrem Bug. Sie spürten den Sog, sahen die Tidenwirbel um die Felsen spielen. *Kestrel* schien im Vorwärtsstürmen kurz zu stolpern, und dann lagen die Felsen plötzlich achteraus. Vereinzelte Hochrufe klangen auf, als die Besatzung begriff, daß ihr Schiff gerade knapp dem Verderben entronnen war.

Doch die Freude dauerte nicht lange.

»An Deck! Segel voraus – sechs Strich an Steuerbord!«

Selbst von Deck konnte Drinkwater das fremde Schiff klar erkennen: eine leichte Fregatte oder Korvette, die aus dem Canal du Fromveur kam und ihnen den Fluchtweg versperrte; sie war unbemerkt herangekommen, weil sich die *Kestrels* alle auf die Untiefe konzentriert hatten.

»Mr. Drinkwater, notieren Sie den Namen des Ausguckpostens! Ich lasse ihm für seine Schlamperei das Fell gerben.«

Wieder ein Segeltreffer oben und mehrere Wasserfontänen längsseits. Ein Abpraller krachte mit halber Kraft ins Überwasserschiff.

Sie saßen in der Falle.

Drinkwater warf Griffiths einen Blick zu. Der alte Waliser strahlte stoische Resignation aus, die Drinkwater als Eingeständnis der Niederlage interpretierte. Gewiß, *Kestrel* konnte sich noch eine Zeitlang wehren, aber das war nur noch Formsache, eine Frage der Ehre. Entkommen konnte sie kaum. Griffiths war ein alter Mann, der seine Entschlußkraft eingebüßt hatte. Ihre Glückssträhne war gerissen. Offenbar war er sich dessen auch bewußt und benahm sich jetzt wie ein verwundetes Tier, das sich zum Sterben verkroch. Dieser Übermacht einen Zwölf-Kanonen-Kutter zu übergeben, war aber bestimmt keine Schande.

Als sollten sie noch schneller zur Kapitulation getrieben werden, zerplatzte achtern plötzlich ihre neue Jolle in einem Splitterhagel. Die Kugel durchschlug die Heckspiegelplanken, prallte mit hellem Klang gegen Kanone Nr. 11 und stürzte sie um, ehe sie deformiert über die Steuerbordreling davonheulte.

Griffiths raffte sich zu einem Befehl auf: »Steuerbordbatterie klar zum Schuß! – Mr. Drinkwater, nach der Breitseite streichen Sie die Flagge. – Mr. Jessup, wir luven an, und Sie lassen das Rahsegel aufgeien...«

Eine Welle dumpfer Resignation lief über das Deck. Sie stachelte Drinkwater plötzlich zu heißer Wut auf. Ein langer Krieg, hatte Appleby gesagt, und lange würde er ihm werden, wenn er eingesperrt in einer französischen Gefängnishulk saß und von Elizabeth träumte. Die Vorstellung war ihm einfach unerträglich. Griffiths würden sie ja vielleicht austauschen, aber wer gab auch nur einen Penny für einen kleinen Steuermann? Trotzdem, sie mußten jetzt anluven, eine Ehrensalve abfeuern und sich dann der großen Fregatte ergeben, die mit schäumender Bugwelle von achtern aufkam.

Bitter, daß sie dafür in den Wind drehen mußten, in die einzige Richtung, die eine Fluchtmöglichkeit bot. Oder geboten hätte, wären da nicht die Felsen gewesen.

Plötzlich durchzuckte Drinkwater eine Idee – so simpel war sie, aber so riskant, daß ihm klar wurde: Sie hatte schon längere Zeit an der Grenze seines Bewußtseins gelauert, schon seit er Blackmores Notizen studiert hatte. Aber alles war besser als eine schändliche Kapitulation.

»Mr. Griffiths!« Der Kommandant wandte sich um. »Mr. Griffiths, ich glaube, wir können durch die Riffe entkommen, Sir. Es gibt eine Durchfahrt zwischen diesen beiden Inseln...« Drinkwater deutete nach Steuerbord querab auf die Inselchen Bannec und Balanec. Unsicher folgte Griffiths seinem Blick. Dann sah er achteraus. Drinkwater nutzte seine Unentschlossenheit. »Unsere Karte ist alt, Sir. Ich habe Aufzeichnungen neueren Datums in einem Notizbuch...«

»Dann holen Sie es!« bellte Griffiths und schien mit seiner Resignation auch die Last der Jahre abzuschütteln. Drinkwater ließ es sich nicht zweimal sagen. Er stürzte nach unten in seine Kammer, riß Blackmores altes, fleckiges Journal an sich und hastete wieder an Deck, wo ihn blasse Gesichter, die noch nicht zu hoffen wagten, gespannt erwarteten. Jessups Leute waren schon oben und geiten das Rahsegel auf. Andere laschten sorgsam den umgestürzten Vierpfünder fest. Griffiths starrte prüfend zu der Lücke zwischen den beiden Inseln hinüber und schien vergessen zu haben, daß ihn zwei feindliche Schiffe in die Zange nahmen.

»Hier, Sir...« Drinkwater knallte das offene Journal aufs Niedergangsluk. Beide Männer beugten sich über die Zeichnung, und

Drinkwater fuhr die Passage mit dem Finger nach. Er hörte Griffiths etwas Walisisches murmeln und verstand die Worte: »Zwischen den Men ar Reste und dem Carrec ar Morlean...« Er sprach die alten Namen walisisch, nicht bretonisch aus und starrte in die angegebene Richtung; wie Raubtierfänge lauerten dort trockengefallene Felsen auf *Kestrels* empfindlichen Kiel.

»Kriegen Sie uns da durch?« fragte Griffiths knapp.

»Ich will's versuchen, Sir. Mit Peilungen und einem Ausguck auf der Saling.«

Griffiths kam zu einem Entschluß. »Markieren Sie in der Skizze unsere Position.« Er rief einen Seemann heran, der das Journal aufgeklappt festhalten mußte. Drinkwater beugte sich mit klopfendem Herzen über den Kompaß, während ein völlig verwandelter Griffiths hinter ihm Befehle bellte.

»Mr. Jessup, wir gehen durch die Felsen. Sie achten mir auf den Segelstand und holen alles heraus...«

»Aye, aye, Sir.« Eifrig rannte Jessup nach vorn, seine Energie wirkte ansteckend auf die Umstehenden. Die Männer eilten an die Nagelbänke, standen erwartungsvoll an Schoten und Taljen, während die Rudergänger keinen Blick von ihrem Kommandanten ließen und sich bereithielten, auf das kleinste Zeichen mit ihrem ganzen Gewicht gegen die geschwungene Eschenpinne zu drücken.

Mittschiffs ein Krachen, dann flog das Lenzpumpenhaus in Stücke, der gußeiserne Schwengel blieb grotesk verbogen zurück. Die nächste Kugel schlug in den Rumpf ein, und als Drinkwater sich umsah, ragte die Fregatte dicht und drohend hinter ihnen auf. Weniger als zwei Meilen voraus stand die Korvette, hatte bereits das Großsegel aufgegeit und versperrte ihnen den Weg. Drinkwater richtete sich auf.

»Kurs Ostnordost, Sir, und zwar auf der Stelle...«

Griffiths nickte. »Anluven! Voll und bei halten! Vorsegelschoten dicht! – Du da...« Er zeigte auf einen Mann bei Kanone zwölf. »Nimm dein Messer und kapp den Preventer dort.«

Kestrel ging an den Wind, Gischt hüllte jetzt ihr Luv-Vorschiff ein. Drinkwater warf einen Blick auf den Kompaß und nickte, dann rannte er nach vorn. »Tregembo! Hinauf mit dir und melde mir Felsen, Kabbelwasser und Wirbel...« Tregembos Augen leuchteten auf und erinnerten Drinkwater daran, daß der Mann in seiner Jugend hier Schmuggelfahrten unternommen hatte. Also fügte er hinzu: »Die Tide läuft mit – ich muß verdammt schnell Bescheid wissen.«

»Aye, aye, Sir!« Tregembo enterte in den straffen Luvwanten auf, und Drinkwater folgte ihm bis zur halben Höhe. Der Wind war zwar frisch, konnte sich hier aber nicht voll einwehen, deshalb sollten sich eigentlich die meisten Gefahrenstellen an der Wasseroberfläche gut erkennbar abzeichnen. Nervös biß er sich auf die Lippen. Niedrigwasser war lange vorbei, die Flut schob *Kestrel* schnell nach Nordost.

»Wirbel, Sir, an Steuerbord voraus...« Tregembo deutete hin. »Und noch einer an Backbord...«

Drinkwater sprang an Deck und beugte sich über Blackmores Karte. Viereinhalb Faden Wasser über der Basse Blanche an Steuerbord und nur knapp ein Faden über dem Melbian an Backbord.

»Geht's noch ein bißchen höher, Sir?« Griffiths nickte mit schmalem Mund. Drinkwater lief wieder nach vorn und enterte auf. Als er sich gerade mit baumelnden Beinen neben Tregembo auf die Saling zog, zerriß ein gewaltiges Aufbrüllen die Luft. Sein Glas – das Dollond-Teleskop, das er eben aus der Tasche gezogen hatte – wurde ihm aus der Hand geschlagen, sein Körper wurde herumgewirbelt wie damals in der Brandung. Er sah das Glas noch einmal im Sonnenlicht aufblitzen, dann kippte er hilflos wie eine Stoffpuppe nach unten weg. Doch eine harte Faust packte ihn am Oberarm. Tregembo zog ihn auf die Saling zurück, während tief unter ihren Füßen das kleine Teleskop von einer Jungfer abprallte und im weißen Wasser verschwand.

Drinkwater holte tief Atem. Beim Umsehen stellte er fest, daß die große Fregatte nach Süden abgedreht hatte, weg von der ihr knapp entronnenen Beute, der Rauch ihrer Breitseite trieb nach Steuerbord davon. An ihrem Heck konnte Drinkwater den Namen entziffern: *Sirène*. Sie würde sich mit einer zweiten Breitseite verabschieden, ehe sie sich endgültig nach Südost trollte.

Drinkwater wandte sich wieder Tregembo zu. »Dank für deine Hilfe«, murmelte er, verärgert über den Verlust seines kostbaren Fernglases. Er starrte nach vorn, verdrängte den Gedanken an die halb vom brettharten Großsegel verdeckte Korvette und an *Sirènes* letzte Breitseite.

Sie waren jetzt rings von weißem Wasser umgeben. Vor ihrem Bug öffnete sich rapide die Lücke zwischen den beiden graugrünen Inselchen Bannec und Balanec. Der Tidensog legte überall schwarze Felsen frei, an denen sich die See schäumend brach. Immer noch war nirgends eine Fahrrinne zu erkennen.

Hoch am Wind preschte *Kestrel* weiter, und die steigende Flut schob erbarmungslos mit. Plötzlich erkannte Drinkwater voraus einen schwarzen Granitblock: Der Ar Veoe lag genau vor ihrem Bug. Er zwang sich zur Ruhe und brachte das Vorsteg in eine Linie mit dem Felsen. Wenn dieser nun nach links auswanderte, dann würde er an Backbord bleiben; nach rechts bedeutete, daß sie ihn an Steuerbord lassen, aber dahinter in Gefahr geraten würden. Und wenn die Peilung stand, mußten sie ihn rammen.

Die dunklen Buckel der Men ar Reste tauchten querab auf und blieben achteraus zurück.

Aber die Peilung zum Ar Veoe stand nach wie vor. Auf beiden Seiten rückten die vorgelagerten Riffe der Inseln schnell näher, scheinbar beschleunigt durch *Kestrels* hohe Fahrt.

Drinkwater drehte sich um und rief hinunter: »Sie kommt nicht am Ar Veoe vorbei, Sir!« Er sah, daß Griffiths einen Blick auf die Skizze warf. Sie *mußten* östlich von diesem Granitblock bleiben, durften nicht nach Lee abfallen, sonst trieben sie auf die Riffe der Ile de Bannec und waren rettungslos verloren.

Die Entfernung schrumpfte, doch der Felsen wanderte immer noch nicht aus. Sie mußten wenden! Drinkwater packte eine Pardune und rutschte daran hinunter. Ohne Rücksicht auf seine verbrannten Handflächen hangelte er sich nach achtern und fuhr Griffiths an: »Wir werden nach Lee versetzt! Wir *müssen* wenden, Sir, sofort . . . Uns bleibt keine Wahl.«

Griffiths nahm von seinem Untergebenen keine Notiz, riß jedoch den Kopf hoch und brüllte: »Klar zur Wende! Lebhaft!«

Die Männer begriffen, worum es ging, und gehorchten wie der Blitz. »Mein Gott, hoffentlich wissen Sie, was Sie tun«, grollte Griffiths. »Entern Sie wieder auf, und wenn wir genug Luv gemacht haben, heben Sie den rechten Arm . . .« Die unterdrückte Spannung dämpfte seine Stimme; alle Resignation war verschwunden, ersetzt durch das Vertrauen in seinen Ersten. Kurz trafen sich ihre Blicke, und jeder erkannte, daß sich beim anderen in dieser Extremsituation Todesangst und seemännische Erfahrung die Waage hielten.

Als Drinkwater die Saling erreicht hatte, wurden die Wanten, die eben noch in Luv gewesen waren, schlaff: *Kestrel* hatte rasant gewendet. Jetzt zeigte ihr Bugspriet nach Südost, sie querte die schmale Rinne nach Luv, wurde aber vom Flutstrom immer noch in nordöstliche Richtung versetzt. Drinkwater hatte sich kaum orientiert, als ihn ein Instinkt drängte, den rechten Arm zu heben. Prompt wurde Ruder gelegt, und die Spiere unter ihm bebte wie der ganze Mast, als der Kutter abermals durch den Wind ging.

Kaum hatte sich *Kestrel* auf Backbordbug gelegt, da rauschte der bucklige, schrundige Klotz des Ar Veoe an ihnen vorbei. Die Tide zerrte am Tang zu seinen Füßen, von seiner Schulter erhoben sich zwei Kormorane und zogen mit langsamem Flügelschlag tief über dem Wasser davon. Auf beiden Seiten sahen die Männer ihr Verderben lauern: Der Carrec ar Morlean dräute querab an Steuerbord, die Riffe von Bannec lagen an Backbord voraus. *Kestrel* hielt mit nickendem Bugspriet mutig auf die Lücke zu. Dann zogen die Felsen auf beiden Seiten vorbei, und Drinkwater glitt wieder an Deck, um ihre neue Position auf Blackmores Karte einzutragen. Griffiths spähte ihm dabei über die Schulter. Sie waren fast durch, mußten nur noch eine letzte Engstelle bei den Gourgant Rocks bewältigen, die sich jetzt an Steuerbord öffneten. Die französische Fregatte hatte das Feuer längst eingestellt, auf dem Kutter dachte keiner mehr an den Feind, als sich Erleichterung auf den Gesichtern abzuzeichnen begann. Die Gourgants fielen zurück und verschwammen mit der scheinbar undurchdringlichen Barriere aus weißem Wasser und schwarzem Fels, die sie hinter sich gelassen hatten.

»An Deck!« Das war Tregembo, oben noch auf Posten. »Fels direkt voraus und nahe!«

Griffiths reagierte instinktiv. »Abfallen!«

Drinkwater war bis zur halben Höhe der Steuerbordwanten gekommen, da sah er es. *Kestrel* war zwar schon einen Strich abgefallen, aber immer noch viel zu nahe. Während ihr Bugspriet vom Felsen wegschwang, drückte der Tidenstrom ihr Heck darauf zu. Durch Drinkwaters Geist zuckte das Schreckensbild splitternder Planken, einer steuerlosen Hulk ... Er fuhr herum und schrie nach achtern: »Anluven!«

Einen Augenblick dachte er, Griffiths würde ihn ignorieren; war diese Unbotmäßigkeit zu viel für den Alten? Doch dann sah er wie erlöst, daß sich der Kommandant nach vorn warf und die Pinne nach Backbord drückte.

Der Kutter begann aufzudrehen, während der halb überspülte Felsen auf sein Achterschiff zuschoß. Aber es war zu spät. Drinkwater flog jetzt am ganzen Körper wie eine Fliege im Netz und starrte fasziniert außenbords. Er wußte, daß die Wanten, an die er sich klammerte, in zehn, fünfzehn Sekunden wie Spinnweb reißen würden, wenn der Steuerbordrumpf barst, daß der Mast wie ein Strohhalm geknickt und *Kestrel* auf die Seite gerollt werden mußte, ein hilflos kenterndes Wrack. Unter ihm stürzten Männer an die Reling. Da erfaßte der Sog das Schiff. *Kestrel* zitterte kurz, ihr Heck wurde von der Welle angehoben, die sich in Stromluv des Felsens aufbaute, dann rutschte es nach Stromlee, ins Wellental, von der See verächtlich beiseite gewaschen. Sie sahen Blasentang, rochen Vogelmist, und dann waren sie vorbei, nach Norden ausgespuckt wie ein Stück Treibholz. Kurz darauf lag Basse Pengloch, die Nordspitze der Ile de Bannec, hinter ihnen.

Mit weichen Knien sprang Drinkwater an Deck. »Wir sind durch, Sir.« Er grinste erleichtert, aber eine blutig zerbissene Lippe strafte sein Grinsen Lügen.

»Aye, Mr. Drinkwater, wir sind durch. Und ich ersuche Sie, dafür zu sorgen, daß Grog ausgegeben wird.«

»An Deck!« Wieder erstarrten alle vor Schreck, fürchteten eine neue Untiefe vor ihrem Bug. Aber Tregembo deutete achteraus.

Drinkwater enterte auf, und als er wiederkam und Griffiths das geliehene Teleskop zurückgab, sagte er: »Die beiden Fregatten und die Korvette sind immer noch vor der Kimm; aber dahinter kommen eine Menge Bramsegel auf. Sieht aus, als wären wir gerade einer ganzen Flotte entkommen, Sir.«

Griffiths hob eine weiße Braue. »Tatsächlich? Na, dann wollen wir mal *Flora* vergessen, Mr. Drinkwater, und mit diesen Neuigkeiten nach Hause segeln. Geben Sie mir den Kurs für Plymouth.«

»Aye, aye, Sir.« Drinkwater wandte sich ab. Schon legte sich die Erregung der letzten beiden Stunden und wich dem nagenden Verdruß über den Verlust seines geliebten Dollond-Glases.

Sechstes Kapitel

Januar – Dezember 1794

Nachtangriff

Weder Griffiths noch Drinkwater wußten, daß die Fregatten, denen sie bei Ouessant entkommen waren, zu Admiral Vanstabels Flotte gehörten. Der Admiral war unterwegs nach Amerika, um dort ein französisches Geschwader zu verstärken und einen Getreidekonvoi sicher nach Frankreich zu geleiten. Die Bedeutung der Getreidelieferungen für die ruinierte republikanische Volkswirtschaft und für das Überleben der französischen Regierung hatte Major Brown den Briten klargemacht.

Vanstabel entging der Verfolgung, aber im Frühjahr 1794 schickte die britische Admiralität endlich die langerwarteten schnellen Eingreifgeschwader auf See. *Kestrel* gehörte zum Geschwader von Sir John Borlase Warren, der seinen Kommandowimpel auf der 42-Kanonen-Fregatte *Flora* gehißt hatte. Warrens Fregatten operierten in den westlichen Zufahrtswegen zum Kanal, manchmal einzeln, manchmal im Verband. *Kestrels* Rolle dabei war in ihrem Logbuch trocken so charakterisiert: »Fahrzeug für unterschiedliche Aufgaben«. Sie brachte Befehle von *Flora* zu einer anderen Fregatte und kehrte mit Geheiminformationen zurück. Oder sie wurde mit Depeschen nach Falmouth geschickt und hatte auf dem Rückweg Post, neue Befehle oder einen neuen Offizier für das Geschwader an Bord; alle Beiboote und der Raum unter den Kanonen waren dann mit Kohlköpfen und Säcken voller Kartoffeln und Zwiebeln vollgepackt.

Die Besatzung kam nicht zur Ruhe. Jedesmal, wenn sie Falmouth anliefen, mußte Drinkwater an Elizabeth denken, der er hier im Jahre 1780 zum ersten Mal begegnet war. Deshalb wurde er auf der Reede von Carrick immer schwermütig. Trotzdem war ihm keine Pause gegönnt, denn das kalte Januarwetter hatte bei Griffiths einen Fieber-Anfall ausgelöst; während der Kommandant klaglos, schwitzend und phantasierend in seiner Koje lag, führte Drinkwater auf seinen ausdrücklichen Befehl hin das Schiff, ohne daß ihre Vorgesetzten darüber informiert wurden.

Griffiths erholte sich nur langsam und erlitt immer wieder Rückfälle. Praktisch hatte Drinkwater das Kommando, was ihm auch niemand streitig machte. Jessup und die Besatzung respektierten ihn vorbehaltlos, seit er sie vor Vanstabels Fregatten gerettet hatte. »Mr. Drinkwater ist schon in Ordnung«, sagte Jessup zu Johnson, dem Zimmermann, und Tregembo erzählte von seiner Rückeroberung der *Algonquin* im Krieg mit Amerika, womit er die Drinkwater-Fama noch ausschmückte. Tregembos Treue war ebenso rührend wie ansteckend.

Ohne Warrens Wissen befehligte Drinkwater den Kutter auch beim Gefecht am St. Georgstag. Fünfzehn Meilen westlich der Roches Douvres stellte Warrens Geschwader eine etwa gleich starke Streitmacht unter Kommodore Desgaraux. Zu der Zeit verfügte Warren über die Yacht *Arethusa* unter Sir Edward Pellew, über die Fregatten *Concorde* und *Melampus* und die schwerfällige *Nymphe,* die aber zu weit abstand und nicht mehr rechtzeitig herankreuzen konnte.

Während des Gefechts fungierte *Kestrel* als Warrens Wiederholungsschiff, was von Drinkwater höchste Aufmerksamkeit verlangte, sowohl beim Manövrieren des Kutters wie bei der Weitergabe der Signale. Daß Drinkwater das ohne Griffiths schaffte, blieb Warren unbekannt. *Kestrels* Rolle wurde in dem Bericht über das Seetreffen, den die »Gazette« veröffentlichte, nicht einmal erwähnt. Warren allerdings triumphierte: Kommodore Desgareaux' *Engageante* wurde erobert, wenn auch als zusammengeschossenes Wrack, dessen Reparatur nicht mehr lohnte, wogegen die Korvette *Babet* und die stattliche Fregatte *Pomone* beide von der Royal Navy gegen Prisengeld angekauft wurden. Nur die *Resolue* konnte sich retten, indem sie der Verfolgung, bei der auch *Kestrel* eine Nebenrolle spielte, nach Morlaix hinein entkam.

»Kein Wort über uns«, stellte Drinkwater niedergeschlagen fest, nachdem er Warrens Depesche in der »Gazette« vorgelesen hatte.

»Und damit auch keine Chance für Sie, zu Ihrer Bestallung zu kommen, wie?« In Griffiths' Ton lag ehrliches Mitgefühl. Sie teilten sich die Zeitung und eine Flasche Wein. »Grämen Sie sich nicht, Mr. Drinkwater«, fuhr der Kommandant fort, »auch Ihre Chance wird kommen. Ich habe Sir Sydney Smith in der Werft getroffen, zumindest *er* hat gehört, daß wir der *Resolue* den Fluchtweg abzuschneiden versuchten.« Griffiths nahm einen Schluck Wein und wechselte das

Thema: »Seine *Diamond* wird endlich zum Geschwader stoßen. Damit haben wir dann einen exzentrischen Kopf als Ausgleich für den nüchternen des Kommodore. Was halten Sie davon?«

Drinkwater hob unschlüssig die Schultern. Ihn bedrückte es, Elizabeth nicht weit entfernt von ihrem Liegeplatz in der Haslar-Bucht zu wissen, ohne sie erreichen zu können; auch deprimierte es ihn, daß sich Richard White auf der *Diamond* nun abermals neue Aufstiegschancen boten. »Ich weiß nicht, Sir«, antwortete er. »Was wird es Ihrer Meinung nach geben?«

»Winkelzüge.« Griffiths sprach mit übertriebenem englischem Akzent, worüber Drinkwater lächeln mußte. »Tricks und Winkelzüge. Sir Sydney ist eine Spielernatur.«

»Also, meine Herren?« Warren hob den Kopf mit den kräftigen Zügen, die das Lampenlicht noch schärfer hervorhob, und blickte von der Seekarte auf. Ihm zur Seite standen Pellew, Nagle von der *Artois* und Sir Sydney Smith, neben dem wie immer alle anderen verblaßten; seine hellen Augen wanderten ruhelos über die niedrigeren Chargen in der Kajüte: *Floras* Ersten Offizier und ihren Navigator, dann den Leutnant der Seesoldaten und seinen eigenen Zweiten, der gerade einem etwas älteren Mann im Schatten verschwörerisch zublinzelte. »Haben Sie noch Fragen?« Warren war stets bemüht, die Form zu wahren, doch die drei Kommandanten schüttelten die Köpfe.

»Also gut. Demnach wird Sir Edward hier den Angriff führen ... Kapitän Nagle hält sich auf See in meiner Nähe. Das einzige Problem ist *Kestrel* ...« Aller Blicke wandten sich dem Mann im Schatten zu. Nicht mehr jung, dachte Sir Sydney, und ein Gesicht, aus dem Erfahrung sprach. Eine Hand legte sich auf seinen Arm, er neigte lauschend den Kopf. Leutnant Richard White flüsterte ihm etwas zu, worauf Sir Sydney abermals den Leutnant im einfachen blauen Rock musterte. Warren fuhr fort: »Ich denke, einer meiner Offiziere sollte Griffiths ablösen ...« Sir Sydney sah, daß der Mann drüben den Mund zusammenpreßte, und mußte an eine lebende Auster denken.

»Nicht doch, Sir John«, unterbrach er den Kommodore. »Ich bin ganz sicher, daß Mr. Drinkwater Ihren Befehlen vollauf gerecht werden kann. Wie ich höre, hat er sich bei Ihrem Gefecht im April bestens bewährt. Also wollen wir ihm doch eine Chance geben, ja?« Der dankbare Blick der grauen Augen entging ihm.

Warren wandte sich an seinen Nebenmann. »Was halten Sie davon, Sir Edward?«

Pellew war dafür bekannt, daß er Tüchtige gern beförderte, aber auch vor schamloser Begünstigung nicht zurückschreckte, wenn sie ihm in den Kram paßte. »Ach, geben Sie ihm doch Leine, John, dann kann er sich entweder selbst daran aufknüpfen oder zu unser aller Freude eine hübsche Schuhbandschleife daraus drehen.« Pellew wandte sich an Drinkwater. »Der gute Griffiths – wie geht's ihm denn so?«

»Schon besser, Sir Edward. Sir John war so freundlich, durch seinen Arzt unseren Chinin-Vorrat ergänzen zu lassen.«

Doch diese diplomatische Antwort konnte Warren nicht besänftigen, der Drinkwater weiterhin scheel ansah. Denn er wußte nur zu gut, daß sowohl Smith wie Pellew ihre eigenen Günstlinge hatten, und argwöhnte, daß sie mit der Unterstützung eines Neutralen nur die Beförderung seines eigenen Kandidaten blockieren wollten. Doch schließlich seufzte er: »Also gut.«

Sir John Warrens westliches Geschwader war den ganzen Sommer über fast ununterbrochen im Einsatz, während Admiral Howes halbherzige Blockade, ausgehend von den bequemen Heimatreeden vor Spithead oder Torbay, von vielen kritisiert wurde. Trotzdem konnten die Befürworter einer engeren Blockade nicht anders als sich beeindruckt zeigen von der Schnelligkeit und dem Kampfgeist der Howeschen Fregatten, die sich immer wieder hervortaten, obwohl sie den Verlauf des Krieges mit ihren Bravourstückchen nicht beeinflussen konnten. Es war auch zu einem Flottentreffen gekommen, bei dem Earl Howe nach tagelangem Aufmarsch am »glorreichen ersten Juni« Villaret Joyeuse im mittleren Atlantik schlug und mehrere ansehnliche Prisen aus der französischen Schlachtlinie erbeutete. Trotz dieses scheinbar strahlenden Erfolgs mußten sich realistische Köpfe in der Kriegsmarine eingestehen, daß der Sieg in Wirklichkeit eine strategische Niederlage war. Denn der Getreidekonvoi, den Villaret Joyeuses Geleit schützen sollte, traf unbehelligt in Frankreich ein.

Gleichzeitig waren die taktischen Erfolge im Kanal von relativ geringer Bedeutung, obwohl sich die schneidigen Berichte in den Gazetten prächtig ausnahmen. Neid fraß an Drinkwaters Herz, wenn er die Artikel über sein eigenes Geschwader las. Leutnant White wurde zweimal namentlich erwähnt, wahrscheinlich dank Smiths Fürsprache, denn Warren war bekannt dafür, daß er mit Lob geizte. Drinkwater machte sich klar, daß er einen ähnlichen Gönner brauchte, wenn seine schließliche Bestallung zum Leutnant nicht zu spät kommen sollte; wenn er nicht als genau der überalterte Deckoffizier enden wollte, über den er mit Elizabeth seinerzeit gescherzt hatte.

So brannte er förmlich auf den Angriff, der an diesem Abend auf *Flora* besprochen worden war, denn er mußte jede Gelegenheit wahrnehmen, um sich auszuzeichnen. Schuldbewußte Dankbarkeit für White erfüllte ihn, weil er Smith rechtzeitig präpariert hatte, um Warrens Absichten zu durchkreuzen.

Es war bekanntgeworden, daß sich Villaret Joyeuse wieder einmal – sechs Monate nach seiner Niederlage – darauf vorbereitete, heimlich aus Brest auszulaufen. Beim Aufkreuzen westlich von St. Malo hatte *Diamond* einen Konvoi aus zwei Frachtschiffen entdeckt, die von einer Korvette und einem bewaffneten Lugger begleitet wurden. Da die Franzosen wußten, daß Warrens Geschwader draußen lauerte, waren sie nur nachts gesegelt und hatten tagsüber im Schutz französischer Landbatterien geankert.

In der Nacht des Angriffs blieb das Wetter ruhig, obwohl der Himmel bedeckt war und die Wolken knapp über den Masttoppen hingen, tief und bauchig wie eine voll Wasser gesogene Decke. Der Südwestwind war leicht, wehte aber mit einer Stetigkeit, die auf einen bevorstehenden Sturm schließen ließ; unter der mäßigen Windsee stand eine niedrige, verdächtige Restdünung und kündete von einer stärkeren Störung fern im Westen.

Durch den Ausfall des Kommandanten waren Drinkwater und Jessup empfindlich knapp an Führungskräften, doch mußten sie bei der Ansteuerung des französischen Konvois lediglich ihre Station hinter *Diamond* halten; Sir Sydney ließ zu diesem Zweck in seiner Kajüte eine einsame Lampe brennen. Im Westen stand, gerade noch erkennbar, der dunkle Umriß von *Arethusa*.

Drinkwater ging unter Deck. Die Luft in der Kajüte war abgestanden und roch nach Schweiß. Griffiths lag, von mehreren Kissen gestützt, in seiner Koje und beobachtete Nat aus den Augenwinkeln. Der Leutnant beugte sich gedankenverloren über die Seekarte und massierte seine Narbe. Nach einer Weile trafen sich ihre Blicke.

»Ah, Sie sind wach, Sir ... Ein Glas Wasser?« Er brachte es ihm und bemerkte dabei, daß Griffiths' Hand kaum noch zitterte, als er das Glas an die Lippen führte.

»Wie steht's, Mr. Drinkwater?«

»Tja, wir nähern uns einem kleinen Konvoi, Sir, bestehend aus einer Korvette, zwei Frachtschiffen und einem Lugger ... Mit uns segeln *Arethusa* und *Diamond.*«

»Und der Angriffsplan?«

»*Arethusa* wird die Korvette angreifen, *Diamond* die beiden Frachter – als Prisenkommando hat sie schon die Seesoldaten von *Arethusa* an Bord –, und wir nehmen uns den Lugger vor.«

»Ist es ein bewaffneter Lugger, eine *chasse marée?«*

»Ich glaube, ja, Sir. Jedenfalls war mein Freund Leutnant White dieser Ansicht. Seine *Diamond* hat den Feind ausgekundschaftet...« Er verstummte, denn er fühlte, daß Griffiths' nicht viel von White hielt – ein verständliches Vorurteil.

»Die einzigen Ansichten, welche dieser junge Mann mit einiger Berechtigung vertreten kann, sind nur für modebewußte junge Damen interessant...« Drinkwater lächelte, ohne zu widersprechen. Doch es wunderte ihn, daß ein so weiser alter Mann wie Griffiths sich mit seiner Beurteilung derart irrte. White war nur typisch für seinen Stand, ein tüchtiger Offizier, manchmal taktlos und arrogant, aber tapfer und rücksichtslos, auch gegen sich selbst.

Griffiths' Stimme rief ihn in die Gegenwart zurück. »Der Lugger wird bis zum Dollbord voller Männer sein, Nathaniel, Sie sollten verdammt umsichtig vorgehen. So unterbemannt unsere Schiffe fahren, so überbemannt sind die französischen... Wie sieht Ihr Plan aus?« Griffiths richtete sich mühsam auf einen Ellbogen auf. »Hoffentlich ist er überzeugend, sonst gebe ich nicht meine Erlaubnis dazu.«

Drinkwater mußte schlucken. Der alte Mann hatte sich zum denkbar ungünstigsten Zeitpunkt erholt. »Tja, Sir John hat folgendes genehmigt, Sir...«

»Zur Hölle mit Sir John, Nathaniel. Machen Sie nur keine Ausflüchte. Die Frage ist, ob *ich* den Plan genehmige?«

Sechs Schritte vorwärts, sechs zurück. Auf und ab, auf und ab, während *Diamonds* Glocke jede halbe Stunde glaste, bis das Läuten einmal mehrere Minuten auf sich warten ließ. »Das Licht in *Diamonds* Kajüte ist erloschen, Sir.« Das war Nichols, der beklagenswerte Ausguckposten, der nach achtern kam und Drinkwaters Gedankenfluß unterbrach.

Sobald *Diamonds* Offiziere dank der größeren Höhe ihrer Masten den Feind gesichtet hatten, wollte Smith signalisieren, an welcher Seite *Kestrel* die Fregatte zu passieren hatte.

»Alle Mann an Deck«, befahl Drinkwater, »alle Mann an Deck und auf Gefechtsstationen!«

Einige Minuten vergingen, dann: »Zwei Lichter, Sir!«

Also sollten sie nach Backbord halten, nach Osten. Er gab die entsprechenden Befehle, der Kurs wurde geändert, die Schoten wurden neu getrimmt. *Kestrel* begann, sich abzusetzen und mit ausgeschütteltem Reff die Fregatte zu überholen, die ihre Segelfläche verkleinerte. Drinkwater überließ die Leute ihren Vorbereitungen und ging ein letztes Mal unter Deck.

»Der Feind ist in Sicht, Sir.«

Griffiths öffnete die Augen, im Lampenlicht wirkte sein Gesicht eingefallen, die Haut vergilbt wie altes Pergament. Aber seine Stimme klang voll. »Sei vorsichtig, Junge«, sagte er mit fast väterlicher Zuneigung und hob eine abgezehrte Hand über den Kojenrand. Drinkwater schüttelte sie verlegen. »Nimm dir meine Pistolen dort auf dem Sofa...« Und als Drinkwater die Zündpfannen prüfte: »Sie sind schußbereit, Nathaniel, immer gespannt und schußbereit.« Drinkwater schob die beiden Waffen unter den Gürtel und verließ die Kajüte. An Deck schnallte er sich noch den Degen um und ging dann seine Runde. Die Leute arbeiteten konzentriert, machten ihm Platz und murmelten: »Viel Glück, Sir«, wobei sie ihm versicherten, sie wüßten, was sie zu tun hätten. Als er wieder auf dem Achterschiff stand, hob sich seine Stimmung. Jetzt beneidete er White nicht länger. Er hatte eine gute Besatzung, Männer, die er genau kannte und die seine Autorität akzeptierten. Eine Welle der Begeisterung überschwemmte ihn, so intensiv, daß er sich abwenden und achteraus starren mußte, wo sich ihr weißes Kielwasser im Dunkel verlor. Elizabeth fiel ihm ein, wie sie ihn zum Abschied geküßt und gefleht hatte: »Sei vorsichtig, Liebster...« Ähnlich wie Griffiths und jetzt doppelt wichtig. Denn er war dabeigewesen, sein Versprechen zu brechen, die Vorsicht einem verwegenen Leichtsinn zu opfern. Ohne sein Zutun wurden Gesprächsfetzen von den Wirbeln seines Bewußtseins nach oben gespült. »Man sagt«, hörte er Appleby dozieren, »daß ein Mann, der keine Angst empfindet, bevor er ins Gefecht geht, meist verwundet wird – als könne leidenschaftlicher Kampfeseifer irgendwie den Selbsterhaltungstrieb der Nerven ausschalten, wodurch das Unheil geradezu heraufbeschworen wird...«

Drinkwater schluckte krampfhaft und schritt nach vorn. Vorsichtig – wegen seines Degens und der geladenen Pistolen im Gürtel – enterte er in den Wanten auf und hielt Ausschau nach dem Feind.

»Macht euch fertig!« Der Befehl wurde in drängendem Flüsterton weitergegeben. »Rudergänger – zwei Strich nach Backbord! Backbordkanonen nach vorn ausrichten, so weit es nur geht.«

Und dann mußten sie nicht mehr auf Lautlosigkeit achten, denn eine Meile weiter westlich zerriß eine zuckende Lichterkette die Nacht: Eine der Fregatten hatte eine Breitseite abgefeuert. Der Wind trug den rollenden Donner der Abschüsse bis zu ihnen.

Drinkwater hatte den Lugger jetzt klar in Sicht. Er knüppelte nach Luv, um eine Barke zu decken, wahrscheinlich eines der Frachtschiffe. Noch einmal ließ er Kurs ändern und beobachtete, wie die Schoten dichter geholt wurden.

Auf dreihundert Meter Entfernung eröffnete der Lugger das Feuer und gab sich damit als gutgeführte *chasse marée* von zehn Kanonen zu erkennen. Drinkwater wartete noch.

»Wenn eure Kanonen das Ziel auffassen, dann feuert«, wies er seine Leute an und sah, wie sie sich im Dunkeln strafften. »Anluven!«

Mit killenden Segeln ging *Kestrel* hoch an den Wind. Dann lief das Krachen der Salve und Poltern der Rückstöße die Backbordseite entlang. Vorn hatte ein Bootsmannsgehilfe den Klüver backgestellt und zwang den Kutter damit auf den alten Bug zurück. Während sie zum Lugger aufschlossen, suchte Drinkwater drüben nach Schäden, die ihre speziell präparierten Ladungen angerichtet haben mochten.

Unmöglich, das genau festzustellen, aber er hörte Schreie und Gebrüll. Schon meldeten sich seine eigenen Stückmeister wieder schußbereit. Er wartete auf Jessups Ruf: »Backbordbatterie feuerklar, Mr. Drinkwater!«

»Anluven!«

Jetzt betrug die Distanz nur noch hundert Meter. Ein Aufblitzen, ein ohrenbetäubendes Krachen, dann Geschrei und herumwirbelnde Körper, wo die Breitseite des Franzosen einschlug. Sofort feuerte *Kestrel* zurück und richtete dann den Bug wieder direkt auf den Feind. Auf den letzten paar Metern wurde sich Drinkwater des wütenden Schußwechsels zwischen *Arethusa* und der französischen Korvette bewußt. Dann glitten sie heran, und er rief: »Klar zum Entern!«

Der Kutter beschleunigte auf den Lugger zu. Aber der französische Kommandant war kein Anfänger, er versuchte, sie noch einmal zu bestreichen. Ein Kugelhagel peitschte *Kestrels* Deck, Schrapnell und Kartätschen zischten heiß vorbei und ließen Drinkwater unwillkürlich die Augen schließen. Aber Schmerzensschreie und dumpfe Aufschläge zwangen ihn, sie wieder aufzureißen. Jetzt mußten sie den Lugger doch gleich rammen – wollte sich die Lücke denn niemals schließen?

Er hörte französische Warnschreie, dann zitterte das Deck unter seinen Füßen, als *Kestrels* Bugspriet mit klirrendem Wasserstag über die Reling des Luggers scheuerte. Krachend bohrte sich ihr Steven in die Rüsten des Luggers, das Deck legte sich über, das Heck schwang herum. Noch einmal feuerten die Kanonen, dann schor der Kutter knirschend an die Bordwand des Franzosen.

»Entern!«

Das Geschrei vorn wechselte die Tonlage, als die *Kestrels* von den Kanonen weg ans Schanzkleid rannten. Vorn und achtern wurden Laschings um die Reling des Luggers gelegt, bis die beiden Schiffe fest verbunden im Seegang aneinanderscheuerten.

Drinkwater sprang über den schmalen Spalt, stieß sich von der Reling ab und landete an Deck des Franzosen. Zwei Männer, die Gesichter nur helle, verwischte Flecken, warfen sich ihm entgegen. In seinem Rücken wußte er die beiden Rudergänger, deren Gesichter wie sein eigenes mit Ruß aus dem Kombüsenschornstein geschwärzt waren.

Mit einem wilden, gepreßten Schrei feuerte er eine Pistole auf den nächsten Franzosen ab und stach mit dem Degen nach dem anderen. Die hellen Flecke verschwanden, aber dahinter stieß jetzt ein dritter mit der Enterpike nach ihm. Er parierte ungeschickt, weil er ausglitt, und die Pike bohrte sich in seinen Ärmel; da rammte er dem anderen den Lauf der abgefeuerten Pistole in den ungeschützten Bauch. Als der Mann sich krümmte, hieb ihm Drinkwater mit aller Kraft den Degengriff in den Nacken. Irgend etwas brach unter der Wucht des Schlages, und der Franzose stürzte wie eine leblose Gliederpuppe ins konturenlose Dunkel.

Drinkwater drängte weiter und sah sich erst drei, dann vier Feinden gegenüber. Er stieß nach dem einen mit dem Degen, warf die Pistole nach dem anderen und riß die zweite Waffe aus dem Gürtel. Als er durchzog, brannte das Schießpulver ab, doch der Schuß löste sich nicht. Mit einem Triumphschrei sprang sein Gegner ihn an. Drinkwater war jetzt jenseits der rotglühenden Schwelle zu mörderischem Wahnsinn, sein Verstand arbeitete kühl, blitzschnell und völlig gefühllos. Instinktiv krümmte er sich in die Fötuslage und wandte in scheinbarer Todesangst den Kopf ab, doch seine Unterwerfung war eine Finte, von seinem Degen in eine tödliche Falle verwandelt. Er drückte den Griff in seinen Bauch, während die Schneide zwischen Ohr und rechter Schulter senkrecht nach oben ragte. Er spürte den Luftzug, als der Franzose dort zuhieb, wo er eben noch gewesen war, fühlte ihn stolpern und gegen die wartende Degenspitze taumeln. Da schnellte Drinkwater wie eine Feder in die Höhe und bohrte den von

Bauch-, Arm- und Schultermuskeln unterstützten Degen tief in die Eingeweide des Franzosen. Als er halb geduckt dastand, das schwere Gewicht des Sterbenden auf dem Rücken, ritzte ihm die Schneide das Ohr. Er schüttelte die leblose Last ab und riß gleichzeitig den blutigen Degen mit beiden Händen nach oben. Da zielte ein neuer Gegner auf Drinkwaters exponierte linke Seite. Seine Degenschneide kam im selben Augenblick frei, als der Schuß krachte, und sauste in einem blitzenden Halbkreis nieder.

Drinkwater hatte keine Ahnung, wo die Kugel einschlug. Vielleicht hatte der Bursche in der Aufregung schlecht geladen. Sein Gesicht sprenkelten jedenfalls dunkelblaue Pulverspuren, der Mündungsblitz und die Druckwelle machten ihn auf dem linken Auge blind, doch er stach auf den Schützen ein, bis dieser leblos an Deck lag.

Drinkwater dröhnte der Kopf von dem nahen Pistolenschuß, benommen blickte er sich um. Die Fremden waren verschwunden. Die Gesichter ringsum kamen ihm irgendwie bekannt vor, außerdem hatte er nicht mehr die Kraft, den Arm zu heben und sie anzugreifen. Es war still um ihn geworden, seltsam still. Und dann tauchte Jessup auf, während Drinkwater sich plötzlich fallen fühlte. Arme griffen stützend nach ihm, er hörte Glückwünsche, aber die Stimmen waren weit weg und bedeutungslos, nur Elizabeth musterte ihn mit so seltsam prüfendem Blick . . .

Als er erwachte, lag er in *Kestrels* Kajüte, und fahles Tageslicht fiel durchs Skylight. Er fühlte sich steif und zerschlagen, voller Beulen und Prellungen, und sein Kopf drohte zu zerspringen. Eine helle Gestalt huschte im Raum zwischen Männern herum, die ebenso hilflos dalagen wie er selbst. Jemand wand sich auf dem Kajüttisch, blaß, zitternd und blutverschmiert, und der Schemen in Weiß beugte sich über ihn. Drinkwater sah den Körper bogenförmig hochschnellen und hörte ein dünnes hohes Wimmern, das in einem Gurgeln endete, als der Körper erschlaffte. Eine Sekunde lang erwartete er, Hortense Montholon zu sehen, die sich, eine metzelnde Medusa, als nächstes auf ihn stürzen würde, und er stöhnte vor animalischer Angst. Aber es war nur Griffiths, der einen Verwundeten untersuchte und sich jetzt ihm zuwandte, das Nachthemd vorn ganz steif vor Blut. Drinkwater merkte, daß er nur auf einem Auge sehen konnte, daß getrocknetes Blut sein rechtes Ohr füllte. Er versuchte, sich aufzurichten, obwohl sich in seinem Kopf alles drehte.

»Ah, Mr. Drinkwater, das sind Sie ja wieder . . .« Drinkwater schob sich in sitzende Stellung. Griffiths deutete mit dem Kopf auf ein Faß, das auf dem Schränkchen stand. »Nehmen Sie sich Zwieback und einen Schluck Cognac... In einer Stunde sind Sie wieder auf den Beinen.« Drinkwater gehorchte mühsam und vermied es dabei, die keuchenden, stöhnenden Verwundeten auf dem Kajütboden genauer anzusehen.

»Ein hoher Blutzoll, Mr. Drinkwater.« In Griffiths' Ton lag gelinder Tadel. »*Diamond* schickt uns ihren Chirurgen herüber. Wir haben acht Tote und fünfzehn Schwerverwundete...«

»Aber der Lugger, Sir?« fragte Drinkwater krächzend, was ihn daran erinnerte, daß er im Kampf wie ein Besessener geschrien hatte.

»Beruhigen Sie sich, Sie haben den Lugger erobert.« Griffiths war mit dem Beinverband fertig und winkte einem Helfer, den reglosen Körper vom Tisch zu heben. »Sowie Sie sich erholt haben, übernehmen Sie ihn. Jessup ist drüben und repariert die ärgsten Schäden. Ich möchte aus bestimmten Gründen vermeiden, daß eine Fregatte dafür einen Maat herüberschickt.«

An Deck sah Drinkwater sich um. Es war inzwischen heller Tag geworden, der Wind hatte aufgefrischt. Das Geschwader lag beigedreht, im Süden war als blaugrauer Streifen die französische Küste zu erkennen. *Arethusa* und *Diamond* wirkten ebenso unversehrt wie die beiden Frachtschiffe. Doch die französische Korvette, über deren Trikolore stolz die britische Nationale auswehte, hatte eine Maststenge verloren, und an der Stelle einiger Stückpforten klaffte eine große Lücke. Gebrochenes Tauwerk hing wie Lianengewirr herunter, das Schanzkleid war zerhackt, und das ganze Schiff wirkte hoffnungslos und verloren.

Auch *Kestrel* hatte Wunden davongetragen. Eine Reihe starrer, in Hängematten gehüllter Bündel lag mitschiffs, acht im ganzen. Das Schanzkleid war übersät mit Splitternarben, die Maststenge beschädigt, und die Topprah hing in zwei Stücken herunter, die im Seegang gegen den Untermast schlugen. Eine Gang war dabei, die Bruchstükke an Deck abzufieren.

Tregembo trottete grinsend herbei. »Denen haben wir's tüchtig gegeben, Sir.« Vergnügt deutete er auchteraus, wo in etwa fünfzig Metern Entfernung der zusammengeschossene Lugger dümpelte. Von seiner Reling standen nur noch Reste. Ihre erste, mit Doppelkugeln geladene Breitseite mußte gut gesessen haben. Denn mit der Reling waren auch die Rüsten gebrochen, worauf offenbar die Maststengen von oben gekommen waren. Dünne Blutrinnsale aus den Speigatten überzogen das Freibord.

»O mein Gott«, flüsterte Drinkwater.

»Aye, Sir, in St. Malo gibt's seit heute nacht ein paar Witwen mehr, sollte man meinen.«

»Wie viele sind auf dem Lugger gefallen, Tregembo, weißt du das?« fragte Drinkwater, der sich der Übereinstimmung von kornischer und bretonischer Mentalität bewußt war.

»Wie ich hörte, hatten sie 94 Seelen an Bord, und wir haben vier Dutzend gezählt, die noch auf den Beinen stehen konnten. Mr. Jessup ist mit seinem Gehilfen Short drüben, die beiden werden sie schon in Schach halten.« Wieder grinste Tregembo. Short war der rücksichtslosere von den beiden Bootsmannsgehilfen und hätte sich in einer größeren Crew bestimmt zum brutalen Leuteschinder entwickelt. »Nur bis Sie soweit sind, das Kommando zu übernehmen, Sir«, schloß Tregembo mit Genugtuung und dachte daran, daß Drinkwater wie das Schwert Gottes zwischen die Franzosen gefahren war. Mit der gleichen Wut wie im letzten Krieg, hatte er seinen Kumpels verraten. Fürchterlich in seinem Zorn, wenn er erst zur Weißglut gereizt war.

Ein Beiboot von *Diamond* brachte Appleby herüber, der müde an Deck kletterte. Er starrte Drinkwater nur an und schüttelte in gemessenem Abscheu den Kopf, als er das blutbefleckte Deck sah.

»Teufelswerk, Nathaniel, nichts als Teufelswerk.« Mehr sagte er nicht zur Begrüßung, und Drinkwater war zu erschöpft, um mit ihm zu streiten. Nachdem auch Applebys Arzttasche hochgehievt war, stieg Drinkwater in *Diamonds* Beiboot und ließ sich zum Lugger pullen.

Die Verheerungen auf dem Lugger, die von *Kestrel* aus schon schlimm ausgesehen hatten, erwiesen sich in der Nähe als katastrophal. Völlig erschöpft stolperte Drinkwater an Deck herum, sicherte lose Ausrüstung, schätzte den Schaden ab und versuchte, den Lugger wieder in einen Zustand zu versetzen, in dem er nach England segeln konnte. Dabei mied er die trüben Blicke der gefangenen Crew und merkte, daß er einen kleinen Leinwandball anstarrte. Er hing an der Flaggleine des Großmastes und rührte eine Erinnerung in ihm auf, doch dann lenkte ihn das Eintreffen neuer Befehle von *Flora* ab: *Kestrel* sollte alle Prisen nach Portsmouth eskortieren. Mittags segelten die britischen Fregatten schon mit Westkurs davon, *Kestrel* und ihre Schützlinge hielten nach Nordnordost.

Am späten Nachmittag erwachte Drinkwater aus einem kurzen, aber tiefen Erschöpfungsschlaf. Er fand sich in einem Sessel lehnen, inmitten einer ihm fremden Umgebung, die ihn stutzen ließ und sein Gedächtnis auf Hochtouren brachte. Sobald er bei vollem Bewußtsein war, erinnerte er sich an einen Umstand, den er sofort aufklären mußte. Er stürzte an Deck, ignorierte die verblüfften Blicke der beiden Rudergänger und ging zum Großmast. Dort fand er, was er suchte: den kleinen Tuchball, den er entrollte und in den Wind hielt. Der weiche schwarze Wollstoff entfaltete sich und erregte die Aufmerksamkeit dreier Bretonen, die weiter vorn ihren Deckspaziergang machten.

Es war der schwarze, gegabelte Wimpel.

»Mr. Short!«

»Sir?« Short kam angerannt.

»Wie heißt dieser Lugger?«

Short kratzte sich den Kopf. »Äh – *Cityee-en Jean, glaub' ich.«*

»Citoyenne Janine?«

»Richtig, Sir, so war's.« Shorts Krauskopf nickte eifrig.

»Wo ist der Kommandant? Wer hatte den Befehl, als wir sie eroberten? Gehört Tregembo mit zum Prisenkommando?«

Das Trommelfeuer der Fragen verwirrte Short. »Na ja, Sir, befehligt hat sie dieser Lump dort...« Er deutete auf eine Gestalt neben der vordersten Kanone. »Und Tregembo, tja, der ist nicht mehr an Bord, Sir.«

»Verdammt. Bringen Sie den Mann zu mir.« Drinkwater löste die schwarze Flagge von ihrer Leine, während Short den Mann nach achtern schob. Er trug einen einfachen blauen Rock und schien ein Offizier zu sein, wenn auch nicht hohen Ranges.

»Ou est vôtre capitaine?« fragte Drinkwater in seinem barbarischen Französisch.

Der Mann begriff nicht sofort, Drinkwater mußte seine Frage wiederholen. Als er schließlich verstand, trat ein verschlagener Ausdruck in sein Gesicht. *»Mon capitaine?«* antwortete er mit Würde. *»M'sieur, je suis le capitaine.«*

Drinkwater hielt ihm die schwarze Flagge unter die Nase. »Und was ist das?« Ihre Blicke kreuzten sich, und Drinkwater starrte dem Franzosen lange genug in die Augen, um zu spüren, daß er mit seinem Verdacht recht hatte. Noch während der andere die Schultern zuckte, wandte sich Drinkwater ab.

Ihm fiel erst jetzt auf, daß die beiden achtersten Kanonen binnenbords gerichtet waren und daneben ein Seemann mit brennender Lunte stand, jederzeit bereit, einen Schuß auszulösen. Drinkwater erinnerte sich nicht, einen entsprechenden Befehl gegeben zu haben, aber Short schien Herr der Lage zu sein und das auch zu genießen.

Kestrels Anblick, die querab in Luv segelte, war trotzdem beruhigend. »Machen Sie weiter«, sagte er über die Schulter zu dem Bootsmannsgehilfen, der ihm offenen Mundes nachstarrte. Der Franzose ging mit besorgt gerunzelter Stirn wieder nach vorn.

Unten begann Drinkwater, die Kajüte auseinanderzunehmen. Von den beiden Kojen war nur eine benutzt. Er riß eine Schranktür auf und sah seine Neugier teilweise belohnt. Denn wozu benötigte ein einfacher Luggerkapitän eine mit Goldtressen überladene Uniform nebst mehreren Mänteln mit modisch hohen Krägen?

Mit wachsender Sicherheit zog Drinkwater Schubladen auf und riß die Matratzen aus den Kojen. Sein Herz klopfte vor Erregung, dennoch war er nicht überrascht, als er unter der Heckbank eine Stahlkassette fand, die sorgsam mit Segeltuch und Werg getarnt gewesen war. Ohne zu zögern, riß er seine Pistole heraus und zerschoß das Vorhängeschloß. Noch ehe er den Deckel hochklappen konnte, stand Short in der Tür, keuchend und mit rauflustig glitzernden Augen. Drinkwater mußte lächeln, dennoch war er ihm dankbar.

»Schon gut, Mr. Short, kein Grund zur Sorge. Ich schieße nur das Schloß von dem Schatzkästlein hier.« Short grinste. »Wenn was drin ist, bekommen Sie einen gerechten Anteil.«

»Aye, aye, Sir.« Short schloß die Tür, und Drinkwater atmete auf. Doch dieser Irre an Bord war wenigstens eine gewisse Garantie dafür, daß die Franzosen nicht einen überraschenden Gegenangriff starten konnten, um den Lugger zurückzuerobern. Ihm fiel ein, wie ähnlich die Lage auf seiner Prise *Algonquin* gewesen war. Wer hoch segelte, schoß eben gelegentlich in den Wind; kein Problem – vorausgesetzt, der Mast ging dabei nicht zu Bruch.

Er öffnete die Kassette und fand Geld darin, englisches Geld: Sovereigns, Guineen und kleine Münzen. Außerdem eine Reihe gerollter und eingebundener Karten der englischen Küste, sorgsam auf Papier mit Leinenrücken gemalt und mit einer Legende des französischen Marineministeriums versehen. Zwischen einem Bündel Briefe steckte ein kleines Signalbuch mit gekritzeltem Kode. Für letzteres hatte Drinkwater nur einen flüchtigen Blick, denn etwas anderes fesselte seine Aufmerksamkeit, etwas, mit dem er eigentlich hätte rechnen müssen, wenn es nicht so fehl am Platz gewirkt hätte.

Es war ein einzelner Brief, von einer Frauenhand auf Reispapier geschrieben und mit einer Haarsträhne zusammengebunden.

Die Haarfarbe war ein leuchtendes Kastanienrot.

Siebtes Kapitel

Dezember 1794 – August 1795

Ein unwichtiger Kutter

An Weihnachten entkam Villaret Joyeuse, gehetzt von Warrens Fregatten, doch noch aus Brest. *Kestrel* lag in Portsmouth neben der *Citoyenne Janine* und wartete auf den Spruch des Prisengerichts. Doch rechnete man nicht vor Beginn des neuen Jahres mit einer Entscheidung; und da auch die Werft wenig geneigt schien, mit der Reparatur des Kutters noch im alten Jahr zu beginnen, wurde *Kestrels* Besatzung entlassen und bezog Quartier auf der *Royal Williams,* einem Wachschiff. Drinkwater nahm Urlaub und verbrachte das Weihnachtsfest bei Elizabeth. Einmal stattete ihnen Madoc Griffiths einen Besuch ab. Es war amüsant, aber auch ein bißchen traurig zu beobachten, wie unbehaglich sich der alte Mann an Land fühlte. Erst gegen Abend schien er in Elizabeths Gegenwart etwas aufzutauen.

Am Ende der ersten Januarwoche entschied das Prisengericht, daß die beiden Frachtschiffe anderweitig verkauft und Korvette wie Lugger in die Kriegsmarine übernommen werden sollten. Griffiths frohlockte.

»Jetzt haben die sich selbst ein Bein gestellt, Mr. Drinkwater, und verdammt will ich sein, wenn ich ihnen nicht aus ihrem eigenen Hanf einen Strick drehe!« Er las den in der Zeitung abgedruckten Urteilsspruch laut vor und grinste Drinkwater über den Resten ihres Pflaumenpuddings breit an. Dabei wedelte er mit der von Weinflecken übersäten Zeitung.

»Tut mir leid, Sir, aber ich verstehe nicht ...«

»Wie ich ihnen einen Strick daraus drehen will? Also: Die Fregattenkapitäne hatten eine Übereinkunft, wonach eventuelles Prisengeld in einen Topf geworfen werden sollte, damit alle davon profitierten, wenn ein einzeln operierendes Schiff eine Prise erbeutete. Da ich aber nur ein kleiner Leutnant bin, der einen kleinen Kutter befehligt, wurde ich weder gefragt noch mit einbezogen. Folglich haben wir –

abgesehen vom Anteil des Kommodore – das alleinige Recht auf das Prisengeld für die *Citoyenne Janine.* Dabei werden Sie ganz gut abschneiden, Nat, sehr gut sogar.«

»Deshalb bestanden Sie darauf, daß ich die Prise übernehmen sollte?«

»Sehr richtig.« Griffiths musterte seinen Untergebenen, weil er ein gebührendes Echo auf diese Freudenbotschaft vermißte; es ärgerte ihn, daß sein Triumph getrübt werden sollte, und gereizt schrieb er Drinkwaters mangelnde Begeisterung niedrigen Motiven zu.

»Schockschwerenot, Mr. Drinkwater, Sie wollen doch nicht andeuten, daß Ihnen der Löwenanteil zusteht, weil ich krank war?« fragte der Kommandant mit zornrotem Kopf. Drinkwater merkte plötzlich, daß er in seiner Zerstreutheit eine Taktlosigkeit begangen hatte.

»Wie meinen Sie, Sir? Um Gottes willen, nicht doch! Bei meiner Ehre, Sir...« Er riß sich zusammen. »Nein, Sir, ich habe mich nur gefragt, was wohl aus den Briefen und Karten geworden ist, die ich konfiszierte.«

Griffiths runzelte die Stirn. »Ich habe sie an Lord Dungarth geschickt, in Umgehung von Kommodore Warren, was unter den Umständen zu rechtfertigen ist. Warum fragen Sie?«

Drinkwater seufzte. »Na ja, Sir, zuerst war es nur so eine Ahnung. Ich hatte ja auch keine schlüssigen Beweise...« Er verstummte unsicher.

»Kommen Sie, mein Sohn, wenn Sie etwas bedrückt, sollten Sie besser reinen Tisch machen.«

»Also gut: Bei den Papieren war auch ein Privatbrief. Ich habe ihn nicht an Sie weitergegeben, obwohl ich das besser getan hätte, Sir, das weiß ich jetzt. Aber aus irgendeinem Grund unterblieb es, obwohl mich der Brief mißtrauisch machte...«

»Inwiefern?« fragte Griffiths ruhig, aber nachdrücklich.

»Weil er mit einer Haarlocke zusammengebunden war. Kastanienrotes Haar, Sir...« Drinkwater kam sich wie ein Narr vor, weil ihm sein Verdacht plötzlich arg weit hergeholt schien. »Verdammt noch mal, Sir, aber ich glaube eben, daß der Franzose, der sich des Luggers bediente und den wir für einen Geheimagenten halten, in irgendeiner Beziehung zu der rothaarigen Frau steht, die wir vor Beaubigny aufgenommen haben.«

»Daß Hortense Montholon eine Verbündete, gleich welcher Art, dieses Santhonax ist?«

Drinkwater nickte.

»Und der Brief?«

Drinkwater räusperte sich verlegen. »Den habe ich hier, Sir. Ich hatte ihn mit nach Hause genommen, um ihn meiner Frau zum Übersetzen zu geben. Sie wollte zunächst nicht, aber ich habe darauf bestanden.«

»Und hat er Ihren Verdacht erhärtet, dieser Brief?«

»Nur insofern, als die Schreiberin und dieser Santhonax ein Liebespaar sind.« Drinkwater schluckte, weil Griffiths fragend die Brauen hob. »Zweck des Briefes war es, den Empfänger darüber zu informieren, daß ein gemeinsamer Widersacher in London gestorben sei. Der Schreiberin schien sehr daran gelegen, die ganze Bedeutung dieses Umstands im Brief zum Ausdruck zu bringen, weil damit eine völlig neue Lage gegeben sei...«

»Wer ist die Absenderin?« fragte Griffiths leise.

Drinkwater rieb seine Narbe. »Sie unterschreibt nur mit einem H, Sir«, mußte er zugeben.

»Sagten Sie eben: ›ein Liebespaar *sind*‹?«

Drinkwater runzelte die Stirn. »Jawohl, Sir. Der Brief ist neueren Datums, wenn auch nicht adressiert.«

»Falls Sie also recht hätten und er wirklich von jener Frau stammt, die sich jetzt in England aufhält, dann würden Santhonax und sie zumindest eine Korrespondenz unterhalten, wenn nicht mehr?«

»Der Brief läßt auf eine engere Beziehung schließen, Sir.«

Griffiths unterdrückte ein Lächeln. Da er Elizabeth inzwischen kennengelernt hatte, konnte er sich gut vorstellen, wie sie den Inhalt des Briefes derart umschrieb. »Verstehe.« Und nach einer nachdenklichen Pause: »Weshalb sind Sie so sicher, daß diese Miss H. und die junge Frau von Beaubigny ein und dieselbe Person sind? Und wer ist mit dem ›gemeinsamen Widersacher‹ gemeint?«

Diese Fragen hatte Drinkwater gefürchtet, aber für einen Rückzieher hatte er sich schon zu weit vorgewagt; außerdem ermutigte ihn Griffiths' Interesse. »Ich bin gar nicht so sicher, Sir. Es ist nur ein Gefühl, das mich schon länger plagt... Na ja, Sie kennen doch mein mangelhaftes Französisch, ich beherrsche nur ein paar einfache Redensarten; aber seit der Nacht damals hat sich bei mir der Eindruck festgesetzt, daß sie gar nicht mitkommen wollte – daß sie es nur notgedrungen tat. Ich weiß noch, wie sie aufstand, als wir uns vom Strand absetzten und die Franzosen das Feuer auf uns eröffneten. Da schrie sie etwas, das so klang wie: ›Nicht schießen, nicht schießen, ich gehöre doch zu euch!‹« Drinkwater versuchte, sich genauer an die

Ereignisse jener Nacht zu erinnern. »Das sind keine konkreten Anhaltspunkte, ich weiß, Sir. Wir waren damals auch viel zu müde.« Er hielt inne und suchte in Griffiths' Gesicht nach Anzeichen für verächtlichen Unglauben; doch der Alte schien nur in Nachdenken versunken. »Und was den ›Widersacher‹ betrifft«, Drinkwater gab sich einen Stoß, »so hatte ich immer den Verdacht, daß es sich dabei um den Grafen Tocqueville handelt...« Er räusperte sich und fuhr mit festerer Stimme fort: »Ehrlich gesagt, Sir, das sind alles nur Spekulationen, und ich entschuldige mich für das Zurückhalten des Briefes.« Er merkte, daß seine Handflächen feucht waren, fühlte sich aber trotzdem erleichtert, weil er sich alles von der Seele geredet hatte.

Griffiths hob eine Hand. »Keine Entschuldigungen, mein Sohn, möglicherweise haben Ihre Spekulationen durchaus eine Berechtigung. Als wir Major Brown gegenüber die Geschwister Montholon und Beaubigny erwähnten, fiel ihm irgend etwas Wichtiges ein. Was, weiß ich nicht, aber ich weiß sehr wohl, daß dieser Kapitän Santhonax nicht nur ein wagemutiger Offizier ist, sondern auch an höherer Stelle so viel Einfluß besitzt, daß er in der französischen Politik mitmischen kann.« Er machte eine Pause. »Und ich habe mich immer gefragt, warum nach unserer Breitseite vor Beaubigny keinerlei Protest der Franzosen erfolgte. Man kann nur annehmen, daß der Zwischenfall heruntergespielt wurde.« Wieder hob Griffiths die Brauen. »Dabei haben die Franzosen ein paar Wochen später bei Barlow mit seiner *Childers* verdammt empfindlich reagiert...«

»Dieser Widerspruch ist mir ebenfalls aufgefallen, Sir.«

»Dann sind wir ja einer Meinung, Mr. Drinkwater«, beendete Griffiths lächelnd das Thema. Drinkwater entspannte sich und dachte daran, was Dungarth damals vor langer Zeit gesagt hatte. Allmählich begann er zu verstehen, weshalb der Alte einen so legendären Ruf genoß. Auch er selbst hätte bei keinem anderen den Mut gefunden, seinen Verdacht zu äußern. Nun saß der weißhaarige Waliser schweigend da und starrte die Weinringe auf dem Tischtuch an. Dann blickte er auf. »Geben Sie mir nun also den Brief zurück, Mr. Drinkwater. Ich werde ihn an Lord Dungarth weiterleiten. Die Sache dürfte näherer Untersuchung wert sein.«

Erleichtert ging Drinkwater in seine Kammer und kehrte mit dem Brief zurück.

»Danke«, sagte der alte Kapitänleutnant und musterte neugierig die dünne Strähne kastanienroten Haares. »Tja, Mr. Drinkwater, ich glaube, aus Ihrem Prisengeld sollten Sie sich nun einen neuen Mantel kaufen. Der Flicken auf Ihrer Steuerbordschulter mag ja im Seedienst noch angehen, aber sonst...« Griffiths deutete auf die ausgebesserte Stelle, für die ihn schon Elizabeth gescholten hatte. »Verholen Sie sich zu Morgan's gegenüber dem Brunnen vor dem Haus Nummer 85. Dort können Sie sich mit allem Nötigen eindecken, sogar mit einem neuen Dollond-Teleskop, damit Sie nicht mehr Ihrem guten Stück nachjammern, das Sie vor Ushant verloren haben.« Beide lachten, und dann rief Griffiths nach Steward Merrick, damit dieser den Tisch abräumte.

Die Tricks und Winkelzüge, die Leutnant Griffiths von Sir Sydneys Einfallsreichtum erwartete, sollten sich drastisch auf *Kestrels* Geschick auswirken, wenn auch nicht in dem Sinne, wie der alte Waliser geglaubt hatte. Sir Sydney war zu der Überzeugung gelangt, daß ein in Frankreich gebauter Lugger von großem Nutzen sein konnte, um den Feind zu täuschen, seine Küstenfrachter zu plündern und Aufklärung zu betreiben. Natürlich als *seinem* Geschwader unterstelltes Schiff. Kommandant des Luggers sollte sein eigener Protegé Leutnant Richard White werden; *Kestrel* mit ihrem weithin kenntlichen englischen Rigg wurde damit frei für andere Aufgaben.

Auguste Barrallier, der jetzt für den Royal Dockyard, die Werft der Kriegsmarine, arbeitete, gewährleistete durch persönliche Anwesenheit, daß die Reparaturen am Lugger echt französisch ausgeführt wurden, und war sehr freundlich zu Drinkwater, der den Arbeiten von seinem längsseits liegenden Kutter aus zusah. Nat bemühte sich, seine Verstimmung zu unterdrücken, als White mit einer Schar Freiwilliger von Warrens Fregatten erschien. Und er mußte es White auch hoch anrechnen, daß dieser keinen Versuch machte, seinen alten Freund herablassend zu behandeln. Er brachte Briefe von Appleby mit und strahlte ein lässiges Selbstvertrauen aus, wie es nur an Bord einer erfolgreichen Fregatte unter einem unternehmungslustigen Kommandanten gedieh. Nur Appleby schien dem Fregattenkapitän nicht grün zu sein und wurde auch von White mit verächtlicher Arroganz abgetan. Trotzdem war Drinkwater erleichtert, als der Lugger endlich hinter Fort Blockhouse außer Sicht verschwand.

Da sie als Warrens Kurierschiff nicht mehr benötigt wurde, lag *Kestrel* den ganzen kalten, grauen und windstillen Januar lang faulenzend im Haslar Creek; nur die Nachricht, daß sich England jetzt auch im Krieg mit Holland befand, verursachte vorübergehend Aufregung.

Auch der Februar verging noch geruhsam, und dann waren schon die Äquinoktialstürme des März vorüber. Halbherzig war versucht worden, *Kestrels* Narben aus dem letzten Gefecht zu beseitigen, aber dabei wurde schlechte Arbeit geleistet und bald wieder aufgegeben. Griffiths war erst wütend, dann verzweifelt, bekam einen neuen Tropenfieber-Anfall und mußte ins Marinelazarett geschafft werden. Jessup suchte Trost in der Flasche, und sogar Drinkwater wurde lust- und mutlos, sympathisierte mit dem Bootsmann und ignorierte seine immer häufigeren Schlampereien.

Drinkwaters Laxheit beruhte zum Teil auf einer geistigen Erschöpfung nach dem Gefecht bei der Ile Vierge, wozu noch ein Bewußtsein der Hilflosigkeit kam, daß er die Verbindung zwischen dem mysteriösen Santhonax und Hortense Montholon, von der er fest überzeugt war, nicht beweisen konnte. Er hatte Griffiths diesen Verdacht in der Hoffnung mitgeteilt, daß der alte Marineoffizier irgendeine Patentlösung wüßte. Aber diese Hoffnung hatte getrogen: Griffiths lag krank im Lazarett, die Obrigkeit zeigte keinerlei Interesse an seinem Kutter, und es bedrückte Drinkwater, daß er so hilflos war, gestrandet im Brackwasser der Marinepolitik, ohne Aussicht auf eine befreiende Flut, die ihnen allen wieder Oberwasser geben konnte.

Bis zu einem gewissen Grad war auch Elizabeths Nähe daran schuld. *Kestrel* erforderte nur zwei- bis dreimal in der Woche seine Anwesenheit an Bord, und er verbrachte soviel Zeit wie möglich zu Hause bei seiner Frau. Das friedliche, fast ungestörte Familienleben war eine Wohltat, die er lange entbehrt hatte; jetzt konnte er seinen Verlockungen nicht widerstehen. Aber er bekam die Quittung für seine mangelnde Wachsamkeit: Sechs Mann desertierten von *Kestrel,* und Drinkwater wartete sehnlichst auf neue Einsatzbefehle, hin- und hergerissen zwischen seiner Liebe zu Elizabeth und seinem Pflichtbewußtsein.

An einem frischen, sonnigen Aprilmorgen, unter dessen klarem Licht die Dächer von Portsea wie reingewaschen glänzten, erschien ein Kapitän unangemeldet an Bord, in unauffälliger Zivilkleidung und begleitet von einem modisch aufgeputzten, exzentrisch wirkenden Mann, der sich auf *Kestrel* gut auszukennen schien. Die beiden kamen in einem Skiff der Werft längsseits und kletterten einfach über die Reling.

Der treue Tregembo warnte Drinkwater gerade noch rechtzeitig, daß es sich um wichtigen Besuch handelte, was er von der grinsenden Besatzung des Werftboots erfahren hatte. Sogar um sehr wichtigen

Besuch. Drinkwater dankte der Vorsehung, daß er an diesem Tag zufällig an Bord war, und eilte schuldbewußt an Deck, wo die Fremden jedoch nirgends zu sehen waren.

Dann steckte ein Matrose empört den Kopf aus der Ladeluke.

»He, Sir, hier unten sind zwei Vögel und stochern in den Bilgen herum. Einer davon ist ein vermaledeiter Frosch*, darauf fresse ich einen Besen, Sir . . .«

Entschuldigungen hervorsprudelnd, hastete Drinkwater in den Laderaum, um seine Aufwartung zu machen. Im Halbdunkel konnte er gerade noch erkennen, daß die Eindringlinge ein paar Bilgenbretter hochgehoben hatten und in das Loch spähten.

»Guten Morgen, meine Herren, und meine aufrichtigsten . . . Gütiger Heiland! Ist das nicht M'sieur Barrallier?«

»Ah! In der Tat, mein junger Freund. Einen schönen guten Tag. Leider kann ich Ihnen noch nicht die versprochene Fregatte bauen, aber dies ist Kapitän Schank, und wir sind hier, um Ihren tüchtigen Kutter zu – wie sagt man? – zu modifizieren.«

Drinkwater wandte sich dem Fremden zu, der sich jetzt von den Knien erhob und seine Hose abklopfte. Mit einer Handbewegung schnitt er Drinkwaters verlegene Erklärungen ab und hatte innerhalb von fünf Minuten seinen Kampfgeist und seinen Enthusiasmus wiederhergestellt.

Später am Tag schilderte Drinkwater Griffiths im Lazarett die geplanten Baumaßnahmen.

»Was er vorhat, ist folgendes, Sir: Er bolzt beidseitig des Kiels Verstärkungen an, dann schneidet er Schlitze in den Kiel, durch die er schmale Platten hinunterläßt. Er nennt sie ›Steckbretter‹. Die Idee kommt aus Amerika, dort hat man damit gute Erfahrungen gemacht. Kapitän Schank hat sie drüben gesehen, als er Steuermann war, aber«, Drinkwater grinste schief, »Steuerleute haben eben nicht viel Einfluß auf technische Neuerungen.«

Griffiths runzelte nachdenklich die Stirn. »So eine Art Mittelschwert etwa?«

»Aye, Sir, genau.« Drinkwater nickte eifrig. »Offenbar kann man damit höher am Wind segeln und die Abdrift nach Lee stark verringern.«

»Moment mal«, sinnierte Griffiths. »Jetzt erinnere ich mich an den Namen: *Trial.* Das war ein Kutter, den Schank konstruiert hat, im

* Frog – verächtlicher Spitzname für Franzosen (frog eaters = Froschesser)

Jahr 90 oder 91. Mit ganz ähnlichen Linien wie *Kestrel.* Doch, das ist der Mann. *Trial* wurde mit drei von diesen – äh – Mittelschwertern ausgerüstet ...« Eine Weile erörterten sie die Vorteile des neuen Prinzips, dann fragte Griffiths: »Und wenn sie so viel vorhaben, gibt's dann auch neue Einsatzorder für uns?«

Drinkwater grinste. »Na ja, Sir, nichts Offizielles, aber es geht das Gerücht, daß wir in der Nordsee stationiert werden sollen, bei Admiral MacBrides Geschwader.«

Als Nat das Lazarett verließ, hatte er den Eindruck, daß die Neuigkeiten Griffiths schneller wieder gesund machen würden als alle ärztliche Kunst.

Die auf dem Kajüttisch ausgebreiteten Konstruktionszeichnungen fielen zu Boden, wo sie der Schiffbaumeister wieder einsammelte, mühsam beherrschte Ungeduld im Gesicht. Kapitän Schank kannte er, mit ihm fand er sich ab, auch geziemte seinem Rang gebührender Respekt. Aber dieser Grünschnabel, der es lediglich bis zum Steuermann gebracht hatte: Vor ihm und anderen halbgaren, neunmalklugen Amateuren sollte die Vorsehung einen vielgeprüften, alterfahrenen Schiffbaumeister eigentlich bewahren.

»Aber wenn, wie Sie sagen, der Tiefgang entscheidend ist, Sir«, beharrte Drinkwater, »der Kutter andererseits in flachen Gewässern operieren soll, dann könnte ein senkrecht aufgehängtes Schwert sehr gefährlich werden.« Drinkwater sah im Geiste, wie sich *Kestrels* neuer tiefer Kiel in eine Sandbank grub, sie zum Kentern brachte oder ihr den ganzen Unterboden herausriß. Die Vision erschreckte ihn so, daß er dem Meister Paroli bot. »Würden wir die Schwerter jedoch hier vorn«, er deutete auf die Zeichnungen, »um einen Bolzen drehbar aufhängen, könnten sie aufgeholt und in ihr Gehäuse geklappt werden, ohne daß der Kutter gefährdet würde.« Beschwörend sah er Kapitän Schank an.

»Was halten Sie davon, Mr. Atwood?« fragte dieser.

Voller Skepsis musterte der Schiffbaumeister die Bleistiftmarkierung auf seinen Plänen.

Drinkwater seufzte gequält. Alles, was von der Werft kam, wurde allmählich ein rotes Tuch für ihn. »Barrallier könnte das schaffen, Sir«, sagte er leise zu Schank und glaubte, in dessen Gesicht ein halb unterdrücktes Lächeln zu sehen.

Atwoods Rücken versteifte sich. Er konzentrierte sich einige Sekunden lang ernsthaft auf die Zeichnung, dann richtete er sich auf.

»Zu machen wäre es schon, Sir«, sagte er zu Schank, Drinkwater absichtlich übersehend. »Aber nur, wenn Sie mich mit diesem französischen Scharlatan verschonen. Ich will nicht, daß mir der affige Geck die ganze Arbeit versaut...«

Tags darauf wurde *Kestrels* Mast gezogen und der Kutter aufgeslippt. Die Arbeiten gingen zügig voran, und nach einer Woche kehrte Griffiths zurück, mit fröhlichem Gesicht und leichtem Schritt; niemand sah ihm mehr sein Alter oder seine kürzliche Indisposition an.

Er gab Drinkwater den guten Rat, seinen neuen Uniformmantel zu lüften, die Neuerwerbung von Morgan's. »Wir sind nämlich zum Dinner mit Lord Dungarth eingeladen, Mr. Drinkwater, im ›George‹... He, Merrick! Sapperlot, ich muß alt werden! Aber warum lassen die verdammten Handwerker auch ihre Arbeit immer halbfertig liegen, schlagen die Niedergangstreppen ab und riggen dafür wacklige Leitern auf? Ah, Merrick, bürste meine beste Uniform aus und lüfte auch Mr. Drinkwaters. Dann wienerst du sein bestes Paar Schuhe und besorgst ein Stück Haifischleder für diesen mörderischen französischen Fleischspieß, den er Degen nennt...« Er wandte sich an Drinkwater; die Furchen, die das Fieber in sein Gesicht gegraben hatte, waren spurlos verschwunden. »Mir schwant, daß es bei dem Dinner heute abend um mehr geht als um eine bloße Höflichkeitsgeste.«

Drinkwater nickte. Er war sich bewußt, daß der Alte manchmal hellseherische Fähigkeiten entwickeln konnte. Außerdem freute er sich, ihn wieder an Bord zu haben.

Der George Inn von Portsmouth war seit alters her ein Treffpunkt von Kapitänen und Admiralen. Leutnants wie Griffiths verkehrten in der ›Fountain‹, Steuerleute und Fähnriche im ›Blue Posts‹ neben der Postkutschenstation. Deshalb hoben sich irritiert einige Augenbrauen, als Griffiths und Drinkwater einem gar nicht frühlingshaften Windstoß und Regenschauer die Tür öffneten und sich nach dem Ablegen ihrer Mäntel als ältlicher Kapitänleutnant und bei der Beförderung offenbar übergangener Steuermann entpuppten.

Aber ihre Anwesenheit wurde durch die Herzlichkeit gerechtfertigt, mit der Lord Dungarth seine Gäste begrüßte.

»Ah, da sind Sie ja, meine Herren. Bitte, nehmen Sie Platz. Na, Madoc, wie schmeckt es, Fregattenkapitänen in den Arsch kriechen zu müssen, nachdem Sie so lange unabhängig waren?«

Griffiths grinste säuerlich. »Es läßt sich ertragen, Mylord«, antwortete er diplomatisch. Am Nachbartisch wurde ein älterer Kapitän so dunkelrot, daß ihm der Gehirnschlag ins Gesicht geschrieben stand, und murmelte etwas, wonach »der George auch schon vor die Hunde gehe«.

Doch Dungarth ließ sich nicht stören und fuhr augenzwinkernd fort: »Und Sie, Nathaniel? Wie ich hörte, haben Sie diesen Lugger praktisch einhand erobert. Eine Übertreibung, nehme ich an?«

»Aye, Mylord, eine gewaltige Übertreibung, fürchte ich.«

Dungarth kam zur Sache. »Und jetzt hält sich die Werft wie üblich an den paar kleinen Reparaturen tagelang fest, eh?«

Griffiths nickte. »Stimmt, Mylord. Ich glaube, in der Werft hält man uns für zu unwichtig, als daß man sich viel mit uns beschäftigt«, sagte er mit einem Funkeln in den Augen. Drinkwater bemerkte, daß Dungarth eine Gruppe anderer Offiziere vielsagend ansah, unter denen er einige Werftbeamte erkannte.

»Unwichtig!« rief Ihre Lordschaft aus. »Von wegen! Höchstens für diesen verdammten Haufen hinterfotziger Faulenzer. Der schlimmste Landesverrat wird in Seiner Majestät Marinewerften begangen. Von Zeit zu Zeit hängen sie einen Brandstifter, um der Admiralität ihre Treue zu beweisen ...« Dungarth verteilte die Gläser. »Auf Ihr Wohl, meine Herren! Aber hören Sie auf meine Worte – eines Tages wird sie der gerechte Lohn ereilen. Sie erinnern sich doch bestimmt noch an die *Royal George,* Nathaniel, haben ja auch allen Grund dazu ... Also, meine Herren, wenn Sie sich von diesem scheußlichen Wetter erholt haben, dann erwartet Sie geschmorter Hase und ein schöner Lammrücken.« Sie leerten ihre Gläser und folgten Dungarth in ein Séparée. Drinkwater war sich bewußt, daß ihr Abgang allseits mit Erleichterung aufgenommen wurde.

Beim Essen beschränkte sich die Unterhaltung auf leichtere Themen. Dungarth hatte seine Diener entlassen, sie versorgten sich selbst. Als sie mit dem geschmorten Hasen fertig waren, kündigte er noch einen vierten Gast an. »Deshalb wollen wir die Geschäfte bis zu seiner Ankunft ruhen lassen. Es ist lange her, daß ich bei einem guten Essen auch nur ein Royalsegel gesetzt hätte ...«

Sie gingen den Lammrücken an, als es an die Tür klopfte.

»Ah, da sind Sie ja, Brown. Nehmen Sie Platz, die Anwesenden kennen Sie alle.«

Major Brown strich sich das Haar glatt und murmelte etwas von Winterwetter im Juni, dann nickte er den beiden Seeleuten zu. »Ihr Diener, Mylord. Meine Herren ...«

»Setzen Sie sich, das Lamm ist hervorragend. Madoc, würden Sie dem Major freundlicherweise helfen? Gut ...« Dungarth reichte eine Schüssel weiter. Drinkwater sagte sich, daß Griffiths mit seiner Ahnung, weshalb sie zu diesem Dinner eingeladen worden waren, wahrscheinlich wieder einmal recht gehabt hatte. Denn Major Brown hatte mehr als einen Hauch des schlechten Wetters mitgebracht.

Schließlich ließ Dungarth alle Bonhommie fallen und wurde sachlich knapp. »Also? Haben Sie was herausgefunden?«

Brown starrte Dungarth in die Augen. »Nichts von Bedeutung. Und Sie, Mylord?«

»Auch nichts.« Dungarth blickte Griffiths und Drinkwater abschätzend an und hatte offenbar völlig vergessen, daß sie die letzte Stunde in freundschaftlichem Gespräch verbracht hatten. Er bat Drinkwater, noch eine Flasche Wein auf den Tisch zu stellen, und sagte dann zu Griffiths: »Die Informationen, die Nathaniel an Bord des Luggers fand und die Sie an mich weitergeleitet haben, bestätigten einen schon länger gehegten Verdacht: daß Capitaine Santhonax ein Geheimagent der französischen Regierung ist und in unserem Land ausgezeichnete Verbindungen unterhält. Der spätere Hinweis über eine von Nathaniel vermutete Beziehung zwischen ihm und Hortense Montholon scheint jedoch nicht ganz so ...«

Drinkwater schluckte. »Es war auch kein schlüssiger Beweis, Mylord, doch ich hielt es trotzdem für meine Pflicht ...«

»Daran haben Sie ganz recht getan, machen Sie sich nur keine Vorwürfe. Wir haben Ihren Hinweis immerhin ernst genug genommen, um Brown auf Miss Montholon anzusetzen. Er sollte sie beobachten, denn es lagen auch noch andere Anzeichen dafür vor, daß Ihre Theorie gar nicht so abwegig war, wie sie zunächst schien.« Lord Dungarth nahm einen Schluck Wein, tupfte sich die Lippen ab, und Drinkwater wartete geduldig, obwohl sich sein Puls merklich beschleunigt hatte.

»Als Graf Tocqueville in London starb, wurde sein Tod Straßenräubern zugeschrieben. Und er war auch beraubt worden, eine beträchtliche Summe fehlte – aber in seiner Wohnung, nicht an seiner Person. Außerdem war sein Quartier gründlich durchsucht worden. Der oder die Mörder hatten den Grafen mit einem Degen durchbohrt. Die Polizei fand in seiner Wohnung Papiere, die darauf schließen ließen, daß er eine Heirat mit Miss Montholon nicht nur vertraglich vorbereitet, sondern auch kirchlich aufgeboten hatte. Deshalb spürten wir die Frau auf und fanden sie bei der Mutter des Grafen in Tunbridge Wells wohnen. Obwohl die Todesnachricht einen Tränenstrom auslöste, weinte doch, wenn ich mich recht erinnere, hauptsächlich des Grafen Mutter... Major...«

Brown räusperte sich, um den Faden aufzunehmen. »Wie ich Ihnen vor einiger Zeit sagte, war mir Santhonax als Fregattenkapitän bekannt, auch wenn er nie ein eigenes Schiff kommandierte, sondern immer – wie ich – unabhängige Sonderaufträge ausführte. Inzwischen wissen wir, daß er der Sektion des französischen Geheimdienstes vorsteht, die sich auf den Ärmelkanal konzentriert, und daß er häufig mit schnellen Luggern, sogenannten *chasses marées,* operiert, wenn er Kontakt zu seinen Agenten in England aufnehmen will. Er ist sogar kühn genug, selbst Fuß auf englischen Boden zu setzen und sich längere Zeit hier im Lande aufzuhalten...«

Brown nahm einen Bissen Lamm und spülte ihn mit Wein hinunter. »Unserer Meinung nach ist er verantwortlich für den Tod des Grafen Tocqueville«, fuhr er fort, »und Ihr Hinweis, daß er vielleicht eine Beziehung zu Mlle. Montholon unterhält, war höchst interessant für uns.« Er zuckte auf typisch gallische Art die Schultern, was etwas deplaciert wirkte. »Andererseits – obwohl der Brief, den Sie fanden, einen Verdacht erhärtet, ist er noch kein Beweis. Die Überwachung hat bis dato kein anderes Resultat erbracht, als daß Mlle. Montholon die unglückliche Verlobte des verstorbenen Grafen ist und in ihrer augenblicklichen Notlage Aufnahme bei der Mutter des Grafen gefunden hat, die ihrerseits von der Guillotine zur Witwe gemacht wurde. Wie ich höre, soll der Kummer beider Damen ganz herzerweichend sein...« Die Ironie in Browns Worten brachte Drinkwater auf den Gedanken, daß der Argwohn des Majors bei weitem noch nicht ausgeräumt war.

»Aber ist es denn wahrscheinlich, daß Santhonax seine Unternehmungen hier in England fortsetzt, nachdem er doch seine Papiere mit dem Lugger verloren hat?« fragte Griffiths.

»Ich glaube nicht, daß sich ein Mann seines Kalibers so schnell entmutigen läßt«, antwortete Dungarth. »Außerdem hängt es davon ab, für wie kompromittierend er den Verlust hält. In unserer Branche sind wir alle Geiseln des Schicksals, aber die Chancen, daß jemand den Brief fand und richtig interpretieren konnte, standen doch sehr schlecht. Schließlich war der Lugger in dieser Nacht bestimmt nicht der einzige, der, mit genauen Karten der englischen Küste und viel Geld ausgestattet, im Kanal operierte...«

»Und die Paradeuniform im Schrank, Mylord?« warf Drinkwater ein.

Dungarth hob skeptisch die Schultern. »Ich glaube kaum, daß Santhonax ihretwegen seine Operation in England abbrechen wird, obwohl zweifellos der für die Abstellung des Luggers zum Konvoi Verantwortliche diesen Schritt mittlerweile bitter bereut haben muß. Nein, wir werden den Wohnsitz der Tocqueville dank Nathaniels Hinweis noch eine Weile überwachen. Und was Sie beide betrifft...«, der Earl beugte sich vor und holte aus seiner Rocktasche einen dicken, versiegelten Umschlag, »so habe ich hier für Sie die Order, im Kanal zu operieren, scheinbar um den Handelsverkehr der Feinde zu stören. In Wirklichkeit aber sollen Sie jeden Lugger, jede Punt, Smack oder Galley* zwischen dem North Foreland und den Owers anhalten und durchsuchen. Vielleicht können wir so diesem Teufel Santhonax das Handwerk legen, ehe er noch mehr Unheil anrichtet... Und jetzt, Nat, reichen Sie noch eine Flasche herüber, oder tun Sie's, Madoc. Seit Ihren Sklavenhändlerstagen wissen Sie ja einen guten Schluck zu schätzen...«

Wieder wechselte die Stimmung, wurde entspannter und fröhlicher, weil die Tischrunde mit sich zufrieden war.

»Mylord«, wagte sich Griffiths schließlich vor, »ich möchte gern Ihr Augenmerk auf eine Beförderung von Mr. Drinkwater hier lenken. Er hat sich wahrlich das Offizierspatent verdient. Sehen Sie keinen Weg, wie Ihre Lordschaften dazu gebracht werden könnten, seine Leistungen zu belohnen?«

Drinkwater tauchte aus einem Nebel auf, der nicht allein aus Tabakrauch bestand und in dessen Schutz er das Bild der schönen Hortense heraufbeschworen hatte.

Aber Dungarth schüttelte den Kopf und antwortete mit schon schwerer Zunge: »Mein lieber Madoc, nichts wäre mir lieber, als zu Nathaniels verdienter Beförderung beizutragen. Aber unglücklicherweise bin ich bei der Admiralität in Ungnade gefallen, weil ich Earl Howe dafür kritisiert habe, daß er den französischen Getreidekonvoi nicht aufhalten konnte. Die von Brown gesammelten Informationen wurden Ihren Lordschaften unterbreitet, sie waren also rechtzeitig

* *punt* = ursprünglich gestakter Prahm, Pünte oder Schauke, hier aber *Falmouth Quay punt,* ein Übersetz- und Frachtboot mit zwei relativ kurzen, gaffelgetakelten Masten (Yawlrigg).
Smack = Schmack (Fischkutter mit Bünn); hier *Essex smack,* ein rund zehn Meter langer, sehr breiter Kutter mit gaffelgetakeltem Mast und langem Bugspriet.
Galley = Galeere, Ruderboot

vorgewarnt und hätten den Konvoi um jeden Preis abfangen müssen. Vielleicht hätten wir Frankreich damit auf einen Schlag besiegen können.« Dungarth beugte sich vor, ein kaltes Feuer brannte in seinen hellbraunen Augen, und seine Stimme klang plötzlich scharf artikuliert. Aber dann lehnte er sich wieder zurück, sank in sich zusammen und fuhr sich mit müder Hand über die Stirn. »Doch diese Bande hirnverbrannter Narren hat meine Warnungen in den Wind geschlagen. Browns unter Lebensgefahr unternommener Abstecher nach Frankreich war umsonst...«

Spät in der Nacht, haltsuchend aneinandergeklammert, stolperten Griffiths und Drinkwater vom »George« zu ihrem Schiff zurück. Regenfluten gurgelten durch die Gosse oder sammelten sich in den Pfützen, durch die sie platschten, wobei ihre weißen Kniehosen von oben bis unten bespritzt wurden. Sie hatten viel gegessen und noch mehr getrunken, und Griffiths stammelte immer wieder sein Bedauern darüber, daß Lord Dungarth ihn mit Drinkwaters Beförderung enttäuscht hatte, worauf Nathaniel ebenso beharrlich versicherte, daß ihm alles schnurzegal sei. In seiner augenblicklichen Stimmung ließ er keine Enttäuschung an sich heran. Der Abend bedeutete für ihn einen kleinen persönlichen Sieg, und sein alkoholumflorter Verstand glaubte fest an eine ausgleichende Gerechtigkeit. Dank der Vorsehung fuhr er auf dem ruhmreichen Kutter *Kestrel,* und eben diese Vorsehung war damals vor Beaubigny auf seiner Seite gewesen. Nun würde sie auch dafür sorgen, daß er sein Offizierspatent bekam, wenn die Zeit reif war. Doch das Dröhnen in seinen Ohren sagte ihm, daß es damit noch gut' Weil hatte.

Erst als sie aus dem Schutz des Werfttors traten und Griffiths der Wache das Losungswort zubrüllte, begann Nathaniel zu dämmern, welch lächerliches Bild sie beide boten. Plötzlich wünschte er sich nichts sehnlicher, als neben Elizabeth in seinem warmen Bett zu liegen, statt seinem bleischweren Kommandanten durch die wind- und regengepeitschte Nacht an Bord helfen zu müssen.

Achtes Kapitel

September – Dezember 1795

Der schwarze Wimpel

Das Wachschiff *Royal William* war ein Veteran der Britischen Kriegsmarine. Sie hatte Wolfes Leiche* von Quebec heimgebracht und beherbergte nun jene Unglücklichen unter den britischen Matrosen, die ihre Abkommandierung auf ein neues Schiff erwarteten. Wie alle solche Hulks stank sie, und es war nicht der vertraute, von emsigem Leben zeugende Gestank eines aktiven Schiffes, sondern der schale, feuchte und faulige Gestank der Vernachlässigung, Untätigkeit und Verzweiflung. Als Drinkwater die *Royal William* besuchte, hausten an Bord nahezu dreihundert arme Seelen, aus denen er Ersatz für *Kestrels* Deserteure auswählen mußte. Es waren Gepreßte, Eingewanderte und Kriminelle und sogar von allen guten Geistern verlassene Freiwillige, eine isolierte Minderheit sozial Gescheiterter, die keinen anderen Schlupfwinkel gefunden hatten. Auch vom Pech verfolgte Handelsmatrosen waren darunter, die nach ihrer Heimkehr von langer Reise von den Preßgangs oder patrouillierenden Fregatten aufgegriffen und unter Bewachung nach Portsmouth gebracht worden waren. Die Gepreßten, Verfemten, Trunkenbolde oder nur Leichtsinnigen waren den Offizieren des Impress Service in die Hände gefallen und in Tendern auf die *Royal William* geschafft worden, wo man sie einsperrte, bis wieder ein Schiff zu bemannen war. Gesellschaft leisteten ihnen Dorftrottel und Taschendiebe, mit denen die Kriegsmarine großzügig von patriotischen Geistlichen versorgt wurde. Alle vierzehn Tage brachte der Tender vom Tower in London eine Ladung Bankrotteure, Betrüger, begnadigte Verbrecher und das ganze elende Strandgut einer Großstadt des achtzehnten Jahrhunderts. Folglich quollen auf der alten Hulk das Unglück, der Schmutz und das Laster aus allen Plankenstößen, und sie unterschied sich nur wenig von den

* James Wolfe, britischer General, am 13.9.1759 nach seinem Sieg gegen die Franzosen im kanadischen Quebec gefallen

Gefängnishulks mit ihren Patrouillenbooten, blutigen Grätings und Schildwachen, die weiter flußaufwärts lagen.

Der Personaloffizier des Impress Service empfing Drinkwater mit saurer Miene. Die offene Feindseligkeit des Kapitäns war ihm zunächst ein Rätsel – bis er in ihm ihren Tischnachbarn aus dem »George« erkannte, den Dungarths rüde Worte an den Rand eines Schlaganfalls gebracht hatten.

»Sechs Mann! Sechs! Woher soll ich wohl so schnell sechs Mann nehmen, daß Gott erbarm? Und wofür? Für ein Linienschiff? Eine Fregatte? Nein! Für einen schäbigen kleinen Kutter, dessen Offiziere sich die ganze Zeit an Land herumtreiben und ihre Vorgesetzten verhöhnen. Nein, Sir! Sie glauben vielleicht, weil mein Deck voller Hängematten ist, hätte ich Männer im Überfluß. Schlagen Sie sich das aus dem Kopf! Sechs Mann für einen nichtklassifizierten Kutter . . .«

Drinkwater wartete geduldig, bis der Strom von Flüchen und Beschimpfungen versiegte und der Kapitän endlich einen Schreibblock hervorzog, mit dem Finger an einer Namensreihe entlangfuhr, den Kopf schüttelte und den Block wieder zuschlug.

»Scratch!« schrie er.

Ein Schreiber mit krummem Rücken trat ein, einen Klumpfuß nachziehend. »Sir?«

»Unsere augenblickliche Mannschaftsstärke und die Spezifikationen, bitte.«

»Äh, gewiß, Sir.« Der Mann überlegte einen Moment, dann ratterte er los: »291 Mann an Bord, Sir. Darunter 62 Vollmatrosen, 85 mit Borderfahrung, 91 Sträflinge, 53 von der Kirche. Es sind drei Schneider dabei, vier Hufschmiede, ein Schlosser, vier Schuster und ein Apotheker, wegen Inzests verurteilt . . .« Die Augen des Schreibers funkelten und erinnerten Drinkwater an eine Raubmöwe, die sich von gestrandeten Halbtoten ernährte.

»Ja, ja, schon gut«, sagte der Personaloffizier gereizt und offenbar in Sorge, daß er von seinem eigenen Schreiber widerlegt werden könnte. »Und jetzt die Vorbestellungen.«

»Aha, Sir, sehr wohl: Die meisten sind für Kapitän Troubridge auf die *Culloden* bestimmt, dann gehen 38 nach Plymouth auf die *Engadine,* zwei Dutzend sind für *Pomone,* sechs müssen als untauglich entlassen werden, und der Rest soll die Lücken in der Kanalflotte auffüllen, womit nur eine Handvoll unsicherer Kantonisten übrigbleibt . . .«

»Die reichen uns«, sagte Drinkwater schnell, aber zur falschen Zeit, denn damit brachte er den Kapitän um seinen Triumph.

»Halten Sie Ihren vorlauten Mund!« bellte dieser und entließ den Schreiber mit einer Kopfbewegung. »Also, mein junger Naseweis, daraus geht eindeutig hervor, daß ich keinen einzigen Mann entbehren kann. Schon gar nicht für Ihren Kutter. Sagen Sie Ihrem hochmögenden Kommandanten, er kann sich seine Rekruten selbst beschaffen. Was mich angeht, so ist seine Forderung abgelehnt. Meine Leutnants sind draußen und kämmen die Dörfer nach Männern für die Flotte durch. Da kann Ihr verdammter Kutter von mir aus zur Hölle fahren!« Wieder war das Gesicht des Personaloffiziers dunkelrot angelaufen. Er winkte Drinkwater ungnädig zur Tür hinaus, und dieser folgte dem mißgestalteten kleinen Schreiber aus der Kajüte.

Wütend, aber begierig, das stinkende Schiff zu verlassen, strebte Drinkwater der Pforte zu, als er eine Hand auf seinem Arm spürte. »Nur nicht so ungeduldig, junger Mann«, hörte er den weinerlichen Singsang des Schreibers. »Bitte warten Sie noch. Für ein kleines Entgelt kann ich Ihnen vielleicht dienen, mit Verlaub, ich hätte da den einen oder anderen jungen Herrn ...«

Drinkwater fuhr herum, Empörung und Verachtung stiegen ihm wie Gallensaft in die Kehle. Aber dann dachte er an *Kestrel* und ihren verzweifelt unterbemannten Zustand, und er schluckte seine Abneigung herunter. Ihm fiel ein, daß er zwei Sovereigns bei sich hatte, und er reichte dem Schreiber einen davon, der ihn auf der offenen Handfläche liegen ließ und abschätzig betrachtete.

Drinkwater seufzte und gab dem Mann auch die zweite Münze. Wie eine Falle schloß sich die Kralle über dem Gold, und der Schreiber konstatierte von oben herab: »Nun also, junger Mann, jetzt können wir ins Geschäft kommen. Ihr Name?« Er knallte ein Hauptbuch auf sein Stehpult und las murmelnd eine Namensliste durch. Dann schrieb er sechs Namen auf einen Zettel, den er Drinkwater reichte. »Hier, junger Mann, das halbe Dutzend für Ihren Kutter.« Er kicherte boshaft. »Für den Apotheker werden Sie mir vielleicht noch dankbar sein ...«

»Lassen Sie sie morgen früh im Boot abholen«, sagte Griffiths, nahm seinen Hut ab und sank schwer auf einen Stuhl. Merrick brachte ihm eine Kanne Kaffee und einen Brief. Griffiths öffnete ihn grunzend. »Ha! Wurde auch Zeit. Es scheint, daß wir endlich in der Schiffsführung komplett sind und auslaufen können ...« Sein Gesicht wurde lang. »Oh ...«

»Was gibt's denn, Sir?«

»Sie – Sie sollen als Steuermann fahren, Ihre Interimsbestallung zum Leutnant wurde gestrichen. Da *Kestrel* nicht mehr mit Sonderauftrag segelt, wird nur *ein* Offizier an Bord benötigt.« Griffiths ließ das Schreiben sinken. »Tut mir aufrichtig leid für Sie.«

»Aber wir stehen doch unter Dungarths Befehl«, wandte Drinkwater verbittert ein.

Griffiths schüttelte den Kopf. »Inoffiziell. Nach außen hin gehören wir jetzt zu MacBrides Geschwader. Diese Bürokraten! Mr. Drinkwater, dieses ganze elende Jammertal wird von Bürokraten regiert.«

Drinkwaters Enttäuschung war grenzenlos. Gerade jetzt, da *Kestrels* Geschick sich nach dem langen Fegefeuer in der Werft zum Guten zu wenden schien, traf ihn dieser Schlag.

»Macht nichts, Sir. Wie setzt sich die Schiffsführung zusammen?« fragte er, um von dem schmerzlichen Thema abzulenken.

»Äh, aus mir als Kommandanten, Ihnen als Steuermann und Segelmeister, den Maaten Jessup und Johnson, dem Zimmermann, dazu ein Stückmeister namens Traveller, ein Zahlmeister namens Thompson und Appleby, ein Chirurg.«

»Was – Appleby?«

»Bei Gott, Mann, wir werden uns in der Messe auf die Füße treten.«

Die sechs Mann von der *Royal William* waren ein jämmerlicher Haufen und keinesfalls, auch beim besten Willen nicht, Seeleute. Selbst nach drei Tagen an Bord hatten Shorts Gerte und Jessups Rattanrohr sie nicht davon überzeugen können, daß sie jetzt der Kriegsmarine angehörten. Drinkwater hörte, wie die armen Teufel über seinem Kopf pausenlos verflucht wurden, während er mit Jessup das Verstauen von Proviant und Munition besprach. Der künftige Lauf der Ereignisse war ihm klar: Die Neuen würden so lange schikaniert werden, bis einer von ihnen auf die Provokationen mit einem ernsthaften Disziplinarverstoß reagierte. Darauf mußte unweigerlich eine Auspeitschung folgen, die alle an Bord verrohen würde. Drinkwater seufzte, denn auch er wußte keine Abhilfe.

»Also, Mr. Jessup, dann verfahren wir wie besprochen, auch wenn der Stückmeister uns noch nicht mit seiner Anwesenheit beehrt. Ich hoffe nur, daß er wenigstens rechtzeitig vor dem Auslaufen eintrifft.«

»Aye, Sir, der kommt schon noch. Ich habe ihn gestern abend auf der Gosportseite gesehen, aber Jemmy Traveller reißt sich immer als letzter von Land los. Seine Frau hat einen Pastetenladen neben dem

Zeugamt. Jemmy zählt den ganzen Tag Schillinge und Guineen...«

»Sie kennen ihn also?«

Jessup nickte. »Bin mit ihm auf der *Edgar* gefahren. Als wir Anno 80 mit Lord Rodney die Dons* verdroschen.«

»In der Mondscheinschlacht?«

»Aye, eben damals.«

»Ich erinnere mich, war als Kadett dabei**...« Doch ein Schrei oben an Deck riß Drinkwater rauh aus seinen Reminiszenzen.

»He, Sie! Was tun Sie da? Zeigen Sie dem Mann, wie man's richtig macht. Mit Schlägen erreichen Sie gar nichts!«

»Was, zum Teufel...« Drinkwater sprang auf und lief zum Niedergang. Als er an Deck kam, kletterte ein beleibter Mann gerade unbeholfen über die Reling. Und dann baute sich die vertraute Gestalt des Chirurgen Appleby empört vor Short auf.

»Ah, Nathaniel«, sagte er mit einem Seitenblick zu Drinkwater. »Ich bin als Arzt abkommandiert auf diesen, diesen...« Mit einer weitausholenden Handbewegung umfaßte er den Kutter und verzichtete auf eine nähere Beschreibung. Dann spießte er Short mit seinem Blick auf. »Wer ist dieser verdammte Leuteschinder?«

Der Bootsmannsgehilfe war wütend über die Einmischung, aber er beherrschte sich. Nur die hervortretenden Adern an seiner Stirn und das leise Vibrieren der Gerte, die er an einem Riemen am Handgelenk trug, verrieten die Anstrengung, die ihn sein Schweigen kostete.

»Das ist Short, Mr. Appleby, ein Bootsmannsgehilfe und ausgezeichneter Seemann.« Drinkwater hatte die Situation mit einem Blick erfaßt und wurde sich klar darüber, daß seine Reaktion entscheidend war für die Disziplin und das Klima an Bord, das bei dieser Enge schon vom kleinsten Zank getrübt werden konnte.

»Tja, Mr. Short«, sagte er, »wenn die Neuen noch nicht spleißen können, nehmen Sie's ihnen nicht übel. Es braucht eben seine Zeit, bis aus einer Landratte ein richtiger Seemann wird.« Er lächelte Short an, der zu begreifen begann, daß der Master ihm ein Kompliment gemacht hatte, und wandte sich dann an die neuen Männer, die in Appleby offenbar schon einen künftigen Bundesgenossen witterten. Scharf, aber nicht unfreundlich sagte er: »Ihr solltet euch endlich mit euren Pflichten anfreunden, sie sind einfach genug. Entweder macht ihr eure Arbeit ordentlich, oder ihr müßt die Folgen tragen. Und die könnten sehr viel schmerzhafter sein als Mr. Shorts Gerte oder Mr.

* Spitzname für Spanier

** Siehe Richard Woodman: *Die Augen der Flotte,* Ullstein Buch 20531

Jessups Stock.« Mehr sagte er nicht, denn die sechs sollten ihre eigenen Schlüsse ziehen. Er sah auf einigen Gesichtern Begreifen dämmern, nahm Applebys Ellbogen und dirigierte ihn nach achtern. Der Arzt sperrte sich erst, dann gab er nach. Am Niedergangsluk rief Drinkwater über die Schulter zurück: »Mr. Short! Die Leute da sollen Mr. Applebys Gepäck an Bord schaffen, aber lebhaft!«

Schon halb besänftigt, ließ Appleby sich unter Deck führen; sein umgängliches Naturell gewann die Oberhand, als Drinkwater ihn mit vielen neugierigen Fragen bombardierte.

»Wie ist es *Diamond* ergangen? Wie kommt das Geschwader ohne uns zurecht? Wieviel Prisengeld hat Richard White bekommen? Und überhaupt, was bringt Sie zu uns an Bord, Sie Unglücksrabe? Ich konnte mir einfach nicht vorstellen, daß Sie unseren kleinen Kutter freiwillig gegen eine Fregatte eintauschen.« Appleby merkte, daß er in eine winzige Kammer geschoben wurde, und hörte seinen Gastgeber nach Kaffee rufen. Drinkwater mußte über den Gesichtsausdruck seines Freundes lachen, mit dem dieser seine Umgebung erfaßte.

»Ich passe gerade so hinein«, grinste er. »Aber ein Mann Ihrer Statur könnte es hier ein wenig eng finden. Es ist meine Kammer, Ihre liegt gegenüber.« Drinkwater deutete auf die Tür, durch die gerade Applebys Gepäck bugsiert wurde. Der Arzt nickte enttäuscht. »Ist mir lieber als diese überfüllte Fregatte«, sagte er nicht ganz überzeugend. »Nicht alles, was glänzt, ist Gold, und so weiter, und so fort . . .« Doch der Scherz klang lahm.

Drinkwater hob die Brauen. »Jetzt überraschen Sie mich aber. Ich habe Sir Sydney immer für einen höchst wagemutigen Offizier gehalten.«

»Eher ist er ein verdammt exzentrischer Spinner, Nathaniel. Die Fregatte war schon in Ordnung, aber diese Pestbeule Sir William Sydney hatte eine Menge medizinischen Strohs im Kopf. Glaubte, er könnte einen Kranken besser behandeln als ich, und nannte mich einen Barbier. So eine vermaledeite Frechheit! Dabei war ich schon bestallter Schiffsarzt, bevor er sich noch als Kadett die Hosen naßmachte. Autsch! Dieser Kaffee ist ja glühend heiß!«

Wieder mußte Drinkwater lachen. »Ah, ich erinnere mich, Sie hassen jede Einmischung. Genau wie wir hier an Bord, Harry«, sagte er mit Betonung. Einen Augenblick starrte Appleby seinen Freund finster an, offenbar wollte er ihm den indirekten Rüffel übelnehmen. Doch Drinkwater fuhr schon fort, und Appleby vergaß seinen verletzten Stolz. »Ach, übrigens, erinnern Sie sich an unseren Passagier, den wir verwundet in Plymouth anlandeten?«

Appleby runzelte die Stirn. »Äh, nein... Doch, war er nicht Franzose? Davon habt ihr damals ein ganzes Nest herübergeholt, wenn ich mich recht erinnere, auch eine Frau.«

»Stimmt.« Drinkwater wartete, aber Appleby hielt Hortense keines weiteren Kommentars für würdig.

»Ich schließe aus Ihrem selbstgefälligen Ton, daß der Patient überlebt hat?«

»Wie bitte? Ach so, ja. Aber er kam bei einem Überfall in London ums Leben.«

»Ts, ts. Jetzt werden Sie meine Verzweiflung verstehen, wenn ich euereins praktisch mit meinem Herzblut kuriere, nur um zusehen zu müssen, wie ihr, kaum genesen, euch von neuem abzuschlachten beginnt.«

Genüßlich schlürften sie ihren Kaffee, aber Drinkwater war sich jetzt klar darüber, daß der arme alte Appleby einen höchst empfindlichen Bordgenossen abgeben würde.

»Und wie ist unser Kommandant?« erkundigte sich der Arzt brummig.

»Hervorragend, Harry, wirklich hervorragend. Hoffentlich werden Sie ihn mögen.« Appleby grunzte nur, und Drinkwater fuhr schlitzohrig fort: »Fairerweise muß ich Sie warnen, er ist durchaus imstande, mit eigener Hand in einer Wunde nach einem Splitter oder einer Kugel zu suchen.«

Appleby stieß einen resignierten Seufzer aus und wechselte klugerweise das Thema.

»Und Sie – ich meine, wir – werden nicht länger Mamsells von Frankreichs Küsten rauben, nehme ich an? Das schien jedenfalls eure Hauptbeschäftigung zu sein, wenn man dem Geschwätz im Geschwader glauben will.«

Wieder lachte Drinkwater auf. »Guter Gott, nein! Diesmal wird alles reine Routine. Wir gehören als Versorgungsschiff zu Admiral MacBrides Nordseegeschwader. Das heißt Konvoibegleitung, Kohl- und Kartoffelfahrten, Postsäcke, und hie und da, wenn wir Glück haben, mal ein Blick nach Boulogne hinein oder sonstwo. Verdammt langweiliges Geschäft, wenn Sie mich fragen.«

Von Lord Dungarths Geheimbefehl brauchte Appleby nicht zu erfahren, dachte Drinkwater. Schließlich war er gerade erst an Bord gekommen. Er konnte noch nicht zu *Kestrels* Kutterkorsaren gezählt werden.

»Sie müssen beim Trinity House hohes Ansehen genießen, Mr. Drinkwater«, sagte Griffiths. »Man hat dort der Ausfertigung Ihres Navigatorpatents zugestimmt, ohne auf einer nochmaligen Prüfung zu bestehen. Auch das Navy Board hat ungewöhnlich schnell reagiert«, fügte er mit vielsagendem Blick hinzu, wohl um anzudeuten, daß *Kestrels* Auslaufen jetzt keinesfalls länger verzögert werden dürfe. »Was gibt's, Mr. Appleby?«

»Diese Leute haben Ungeziefer, Sir«, klagte der Arzt und deutete auf die sechs Rekruten von der *Royal William*.

Griffiths antwortete mit einem gereizten Blick. »Aye, Mr. Appleby, und das dürfte noch nicht alles sein, was sie einschleppen. Was schlagen Sie vor? Soll ich sie etwa zurückschicken?«

»Nein, Sir. Wir werden sie in Salzwasser einweichen, ihre Kleider verbrennen und neue an sie ausgeben ...« Er verstummte.

»Also, Mr. Appleby, dann kümmern Sie sich um Ihre Arbeit, und ich kümmere mich um meine. Ihre Empörung macht Ihrer Gewissenhaftigkeit alle Ehre, nicht aber Ihrem Ruf als Arzt.«

Drinkwater sah Appleby in sich zusammenfallen wie einen Ballon, aus dem die Luft entwich. Nein, dachte er, Harry ist noch nicht einer von uns.

Die scharfe, frische Kanalbrise kam über den Backbordbug ein, als sie das Wachschiff am Warner passierten und danach die vor St. Helen's verankerten Kriegsschiffe, deren Nationalflaggen grüßend gedippt wurden. Gischt prasselte über die Luvreling und verlief sich mit munterem Zischen nach Lee. Drinkwater tat es von Herzen leid, daß er Elizabeth verlassen mußte, aber abgesehen davon war er froh, daß Portsmouth hinter ihnen lag, sehr froh sogar.

»Alles klar, Mr. Drinkwater...« Das war Jeremiah Traveller, Jessup wie aus dem Gesicht geschnitten, der sie beide von dem anstrengenden Wache-um-Wache-Gehen erlöste: vier Stunden an Deck, vier Stunden frei, rund um die Uhr. Jetzt waren sie endlich zu dritt. Die Wache wurde nach achtern gerufen und, als es acht Glasen schlug, abgelöst. Drinkwater ging unter Deck.

In seiner Kammer holte er sein Journal heraus und sah sich noch einmal die vielen Seiten mit Notizen und Zeichnungen aus Portsmouth an, die Angaben aus der Werft – alles sorgsam für ein späteres Nachschlagen aufgezeichnet. Darunter war auch eine Skizze ihrer neuen Mittelschwerter. Beim Kreuzen aus Portsmouth hatten sie ihre vorteilhafte Wirkung bereits gespürt. Um das zu notieren, schraubte er sein Tintenglas auf und griff nach der neuen Stahlfeder, die er sich bei Morgan's gekauft hatte. *Kestrel* kam ihm vor wie ein ganz neues Schiff. Seit sich die Kajüte zu jeder Mahlzeit mit Decksoffizieren füllte, war es um die alte Intimität geschehen. Außerdem hatte Appleby einen Keil zwischen Drinkwater und Griffiths getrieben, keinesfalls willentlich, einfach durch seine Anwesenheit. Seither schien sich Griffiths völlig in sich selbst zurückzuziehen, und die größere Anzahl der Decksoffiziere isolierte den Kommandanten noch mehr.

Drinkwater seufzte. Ihre schönste Zeit war vorbei, und er trauerte ihr nach.

Novembernebel und erste Fröste vertrieben das stille klare Herbstwetter; in fast ununterbrochener Folge zogen Weststürme den Kanal herauf und zwangen *Kestrel* immer wieder, hart wegzureffen und eilig den Schutz einer Landabdeckung zu suchen.

Bei der Erfüllung von Dungarths Auftrag hatten sie kein Glück, obwohl sie viele Küstenfahrzeuge anhielten und durchsuchten oder verfolgten. Allmählich begann sogar Drinkwater seine frühere Theorie für lächerliche Einbildung zu halten. Der schillernde Santhonax war offenbar verschwunden. Griffiths ging von Zeit zu Zeit an Land, und obwohl er Nathaniel nicht mehr so oft ins Vertrauen zog, unterließ er es doch nie, ihm die spärlichen Neuigkeiten mitzuteilen. Meist aber blieb es bei einem knappen Kopfschütteln, und Drinkwater wußte dann, daß ihre Beute noch immer nicht aufgespürt war.

Eines Nachmittags, während ein Südweststurm sich auswehte, der Wind allmählich auf Nordwest ausschoß und die aufreißende Bewölkung schon hier und da einen Sonnenstrahl durchließ, döste Drinkwater auf seiner Koje, als die Tür zu seiner Kammer aufgerissen wurde.

»Sir!« Es war Tregembo.

»Ja? Was gibt's?« Drinkwater richtete sich blinzelnd auf.

»Empfehlung des Kommandanten, Sir, und wir haben einen Lugger in Sicht. Einen großen, Sir, und Leutnant Griffiths läßt Ihnen sagen, falls es Sie interessiert, Sir, er fährt einen schwarzen Wimpel im Masttopp ...«

»Der Höllenhund!« Drinkwater schwenkte die Beine aus der Koje und angelte schon nach seinen Schuhen. Seine Schläfrigkeit war wie weggeblasen. Tregembo grinste breit.

Neuntes Kapitel

Dezember 1795

Der Stern des Teufels

Drinkwater stürzte an Deck. Griffiths stand an der Steuerbordreling, das weiße Haar vom Wind gezaust, das Gesicht mit dem Habichtsprofil eine Maske der Konzentration. Drinkwater stützte sich gegen die heftigen Schiffsbewegungen ab und richtete sein Glas nach Steuerbord.

Sowohl der Lugger wie auch der Kutter segelten mit raumem Wind, und *Kestrel* setzte für die Jagd gerade eilig mehr Tuch. Drinkwater beobachtete, wie der Lugger fast unmerklich größer wurde, als sie langsam aufholten. Fast automatisch stellte sein Kopf Kursberechnungen an, während sich seine Füße weit gespreizt an Deck verankerten, als *Kestrel* auf die zum Platzen vollen Segel reagierte und gehorsam voranpreschte.

Drinkwater sah Bewegung auf dem Achterschiff des Luggers und versuchte, den Grund dafür zu erraten, als Griffiths ihn ohne den Kopf zu wenden fragte: »Haben wir immer noch den schwarzen Wimpel von damals an Bord?«

»Jawohl, Sir, im Flaggenspind.«

»Dann heißen Sie ihn.«

Drinkwater gehorchte, auch wenn ihm der Sinn dieser Maßnahme schleierhaft blieb, »keltischer Schnickschnack«, wie Brown es genannt hatte. Aber für Griffiths verkörperte die schwarze Flagge des Bretonen eine Herausforderung. Jetzt hieß es: er oder Santhonax, und er wollte damit seine Bereitschaft zum Duell signalisieren.

Ein scharfes helles Krachen, als risse Kattun entzwei. Eine gut gezielte Kugel flog dicht an Steuerbord vorbei, und Drinkwater erkannte jetzt auch die Ursache für die Geschäftigkeit auf dem gegnerischen Achterschiff: Der Lugger war mit einer Heck-Kanone ausgerüstet, die jetzt auf den Kutter gerichtet war. Im Glas bemerkte er, daß die Mannschaft nachlud und ein hochgewachsener Mann in blauem Rock durch ein Teleskop zu ihnen herüberstarrte. Als er das Glas sinken ließ, um etwas zu seinem Nebenmann zu sagen, sah Drinkwater sein Profil: unverkennbar, selbst auf diese Distanz, die dunklen, gutgeschnittenen Züge und das krause Haar von Santhonax.

Neben ihm stieß Griffiths ein bekräftigendes Grunzen aus.

»Also, Mr. Traveller«, wandte er sich an ihren Stückmeister, »nun lassen Sie mal sehen, ob Ihre Anwesenheit an Bord unsere Treffsicherheit erhöht.«

Mit funkelnden Augen meldete Traveller sich nach vorne ab. Die Kestrels hatten seit dem ersten Sichten des Luggers gefechtsklar gemacht, und jeder einzelne Mann war jetzt so gespannt wie ein Luvbackstag. Auch wenn die Stückpforten gegen eindringendes Wasser noch geschlossen waren, die Stückmannschaften waren feuerbereit, ihre Zündruten glommen in den Luntenstöcken, und die Rohre waren mit der tödlichen Mischung aus feinstem Schwarzpulver und den ebenmäßigsten Kugeln geladen, welche die Stückführer auf ihren Gestellen finden konnten. Nun beobachteten sie, wie Traveller den Stückführer von Nummer 1 beiseite schob und sich bückte, um am Kanonenrohr entlangzuvisieren.

Drinkwater hob den Blick. Das riesige Großsegel wölbte sich weit und frei nach Backbord, die viereckigen Rahsegel an Bram und Royal zogen, daß ihre Spieren sich bogen, noch verbreitert durch die ausgebrachten Leesegel, und die mächtige Breitfock zerrte gewaltig an Schot und Hals. Mit ihrem frisch gesäuberten Unterwasserschiff war *Kestrel* nie besser gesegelt; ihr tiefer Vorfuß schnitt wie ein Messer durch die brechenden Seen.

Eine Bewegung auf dem Vorschiff erregte Drinkwaters Aufmerksamkeit. Die Zündrute in der Hand, richtete Traveller sich auf und wartete auf den rechten Moment. Schnell riß Drinkwater wieder das Glas ans Auge: Das Heck des Luggers glitt durch die Linse, mit den Goldlettern des Namens auf blauem, schneckenverziertem Brett: *Etoile du Diable*, Stern des Teufels.

Kestrels Bugkanone knallte, und Drinkwater sah im Besansegel des Luggers plötzlich ein großes Loch klaffen. Dann feuerte drüben die Heck-Kanone, und er spürte den Einschlag der Kugel unter seinen Füßen.

»*Myndiawl*!« knurrte Griffiths neben ihm.

»Wir holen schnell auf, Sir«, sagte Drinkwater zuversichtlich. Er wollte den Kommandanten beruhigen, denn er spürte, daß er sich sorgte, und ahnte auch den Grund dafür: Santhonax konnte blitzschnell höher an den Wind gehen, während *Kestrel* mit ihren zusätzlich gesetzten Rahsegeln viel länger brauchen würde.

Wieder feuerte Traveller, und Jubelgeschrei kündete von seinem Erfolg. Die Besanrah drüben knickte ab, das Segel fiel ein und schlug wild, aber Griffiths fluchte abermals. Der Triumph war voreilig. Der Verlust seines Besansegels würde Santhonax nur früher anluven lassen.

»Lassen Sie Breitfock und Leesegel wegnehmen, Mr. Drinkwater«, befahl Griffiths, und Drinkwater begann, die entsprechenden Kommandos zu rufen. Männer sprangen von den Kanonen und enterten auf, um die Segel aufzugeien und die Spieren einzuholen. Short machte ihnen noch mehr Dampf. Eine Gruppe sammelte sich um die Nagelbank am Mast, eine andere am Schanzkleid, um Fallen und Schoten aufzuschießen, bis Jessup schließlich Drinkwater zunicken konnte. *Kestrel* hatte ihre Segelfläche verkleinert. Vorne feuerte Traveller abermals, aber Drinkwater wandte den Blick nicht von dem bauchigen Royalsegel.

»Schön Kurs halten«, mahnte Griffiths leise die Rudergänger, denn wenn der Kutter jetzt querschlug und aus dem Ruder lief, mußte das katastrophale Folgen haben.

Mit halbem Bewußtsein nahm Drinkwater einen zweiten Treffer im Rumpf und ein blaues Loch im Toppsegel wahr. Doch konzentrierte er sich ganz aufs Bergen des Royalsegels.

»Da, jetzt luvt er an!« rief Griffiths, als die *Etoile du Diable* nach Steuerbord drehte und ihnen dabei kurz das Heck zeigte. »Feuer!« befahl er den Stückmeistern, die an ihren Kanonen zurückgeblieben waren, während ihre Mannschaften die Segel bargen.

Aber noch in der Drehung feuerte Santhonax abermals, und diesmal war die Heck-Kanone mit Doppelkugeln geladen. Sie prallten einmal von einem Wellenkamm ab, durchschlugen *Kestrels* Steuerbordschanzkleid und rissen die beiden Rudergänger in Stücke.

Griffiths warf sich mit seinem ganzen Gewicht auf die Pinne.

»Fiert die Luvbrassen!« schrie er. »Holt dicht in Lee! Bemannt die Schoten!« Er drückte die mächtige Pinne nach Lee und brachte den Bug im Kielwasser des Luggers höher an den Wind.

Das war ihr Glück, denn beim Passieren ließ Santhonax eine Steuerbord-Breitseite feuern. Nun klatschten die meisten Kugeln, ohne Schaden anzurichten, in das glatte grüne Wasser hinter *Kestrels* Ruder, und nur zwei fanden ihr Ziel. Eine zerfetzte den Mastkorb,die andere schlug ausgerechnet in die Mündung von Kanone 2 und ließ ihr Rohr wie eine groteske eiserne Blume aufplatzen.

Drinkwater hatte jetzt auch das Bramsegel aufgeien lassen; doch solange er das zerschossene Toppsegel stehen ließ, würde *Kestrel* nicht so hoch am Wind segeln können wie der Lugger. Schon hatte die Kursänderung die scheinbare Windgeschwindigkeit an Deck erhöht. Gischt peitschte übers Luvschanzkleid, während der Kutter bei der Verfolgung zurückzufallen begann und der Winkel zwischen den Kurslinien beider Schiffe immer breiter wurde.

Es schien eine Ewigkeit zu dauern, bis auf *Kestrel* alle Rahsegel weggenommen waren. Am Bug feuerten Traveller und der Stückführer der vordersten Kanone einen Schuß nach dem anderen ab. Johnson, der Schiffszimmermann, stand wartend in Griffiths' Nähe. »Er hat uns leckgeschossen, Sir«, meldete er, als er schließlich die Aufmerksamkeit des Kommandanten erregt hatte. »Ich stelle einen Mann an die Pumpe ...« Griffiths nickte.

»Alle Rahsegel geborgen, Sir.«

»Knallen Sie die anderen an und fieren Sie diese verdammten Mittelschwerter ab.«

»Aye, aye, Sir!«

Kestrel ging so hoch an den Wind, wie es ihr möglich war, und der Winkel zum Lugger verringerte sich wieder. Eine Stunde lang knüppelten Jäger und Wild nach Westen, während die Stückmeister beider Schiffe sorgsam ihre Kanonen ausrichteten und ihr Artillerieduell fortsetzten. Einige Male konnten die Kestrels noch jubeln, weil ihre Kugeln Splitter aus dem Schanzkleid des Franzosen rissen, aber sie waren nicht mehr mit ganzem Herzen bei der Sache.

Drinkwater konnte einen Blick auf das Deck der *Etoile du Diable* werfen, als sie sich in einer Bö nach Backbord überlegte. Obwohl die Franzosen alle Staukeile weggenommen hatten, konnten sie ihre Kanonen nur unter Schwierigkeiten tief genug richten, während die Kestrels ihre Keile alle hineingerammt hatten, um die Rohre so weit wie möglich zu erhöhen, und außerdem die Lafetten mühsam das krängende Deck hinaufziehen mußten.

Drei Männer waren mit Splitterwunden unter Deck zu Appleby gebracht worden, als ein Abpraller der Franzosen von unten *Kestrels* Steuerbordrüsten getroffen hatte. Die Pockholzjungfer des Achterstags zerplatzte und die Talje brach. Eine zweite Kugel zerriß das Toppstengestag, und mit einem scharfen Krachen neigte sich die Stenge oben langsam nach Backbord.

»Gottverdammich – kappt das Zeug!« Aber Drinkwater eilte schon nach vorn und sprang mit einem Enterbeil in die Wanten. Eine letzte Kugel pfiff so dicht an ihm vorbei, daß er sich um Luft ringend und zitternd an die Webeleinen klammern mußte, hilflos wie eine Fliege im Spinnennetz. Die Wanten unter ihm erbebten, als die Maststenge von oben kam, den ganzen Mast erschütterte und eine Menge Takelage mit nach Lee herabriß. Die Nock einer Leesegelrah verfing sich im Großsegel und schlitzte es auf. Unter dem Winddruck wurde der Riß schnell größer. Die Wrackteile fielen halb außenbords ins Wasser, halb in die Backbordseite der Kuhl. *Kestrel* verlor an Fahrt.

Sie waren geschlagen.

An Steuerbord voraus zog *Etoile du Diable* davon. Auf dem Achterschiff stand Santhonax und schwenkte seinen Federhut.

»*Cythral*«, murmelte Griffiths und starrte dem Feind mit glühenden Blicken nach. »Alle Schoten los!« rief er dann.

Drinkwater sprang wieder an Deck.

»Mr. Drinkwater!«

»Sir?«

»Bergen Sie von den Wrackteilen so viel Sie können.« Ihre enttäuschten Blicke trafen sich. »Hochmut kommt vor dem Fall, Mr. Drinkwater«, schloß Griffiths. »Tun Sie Ihr Bestes.«

»Aye, aye, Sir.«

Drinkwater beugte sich mittschiffs übers Schanzkleid und musterte das Gewirr aus Spieren, Segeltuch und Leinen, aus Blöcken und Eisenteilen. Dabei entdeckte er noch etwas anderes.

Am Stengeknopf hing, eine Part seiner Flaggleine gebrochen, noch der schwarze, gegabelte Wimpel. Munter flappend trieb er neben der Bordwand im Wasser und schien höhnisch heraufzublinzeln.

TEIL ZWEI

IN DER NORDSEE

ZEHNTES KAPITEL

Dezember 1795 – November 1796

Der Apotheker

Abermals hob Short den muskelbepackten Arm und ließ die neunschwänzige Katze auf den Rücken des Delinquenten niedersausen. »Sieben!« sang Jessup aus.

Die roten Striemen, die das gemarterte Fleisch wie ein grausames Gitter überzogen, brachen auf; Blut sickerte aus der zerrissenen Haut.

»Acht!« Jessups Stimme blieb teilnahmslos.

Drinkwater konnte von seinem Standort an Steuerbord das Gesicht des Bestraften im Profil sehen. Obwohl er die Zähne fest in den Lederriemen grub, quollen seine Augäpfel hervor und starrten blicklos über die Gig hinaus, auf deren Heckducht er mit ausgebreiteten Armen festgeschnallt war.

»Neun!«

Das Unvermeidliche war geschehen. Der Delinquent hieß Bolton und war der Apotheker, den sie von der *Royal William* übernommen hatten. Er schien ungewillt – oder unfähig –, sich mit seinen neuen Lebensumständen abzufinden. Überhaupt wirkte er wie ein Mann, den eine ganz private Hölle von innen her verzehrte. Appleby nannte ihn eine »überreife Eiterbeule in Menschengestalt«. Er wirkte apathisch und schien seine Umgebung kaum wahrzunehmen, war aber zäh genug, Shorts Beschimpfungen und Schläge wortlos zu ertragen; nichts schien zu ihm durchzudringen. Solchen Stoizismus war Short nicht gewohnt. Als er merkte, daß er mit Gewalt bei Bolton nichts erreichte, ging er zu boshaften Sticheleien über und konnte bald feststellen, daß seine Giftpfeile ins Ziel trafen. Noch aus den hintersten Winkeln seines Gedächtnisses kramte er jede menschliche Verfehlung, jede Perversion hervor und goß die Schmutzflut über Bolton aus, ohne den Ausdruck wachsender Verzweiflung in seinen Augen wahrzunehmen. Bolton wich aus, mied Short, so gut er konnte, stand aber schließlich mit dem Rücken an der Wand und griff seinen

Peiniger tätlich an. Ausgelöst hatte den Zwischenfall eine Ungeschicklichkeit Boltons beim Geschützexerzieren, eine Kleinigkeit, die Short aber nur zu gelegen kam.

»Bolton! Du schwachköpfiger Kinderschänder ...« Und schon war der Ladestock Short in den Unterleib gefahren, geführt von Bolton mit einem wilden, gequälten Aufschrei.

»Zwölf!« Short keuchte jetzt, die Prellung am Bauch machte ihm zu schaffen. Harris, der zweite Bootsmannsgehilfe, löste ihn ab, übernahm die Peitsche und zog sie, das Blut abstreifend, durch die Finger der linken Hand. Dann stellte er sich breitbeinig hin und holte aus.

»Dreizehn!«

Zum Strafvollzug hatte sich die ganze Besatzung an Deck versammelt. Griffiths, Drinkwater und Traveller hatten ihre degengeschmückten Uniformen angelegt, und aus der Kuhl starrten die gemeinen Seeleute mit dumpfen, ausdruckslosen Gesichtern herauf.

»Vierzehn!«

Kestrel lag beigedreht, ihre Fock stand back. Die Bestrafung war der Tat unmittelbar gefolgt, gerade daß die Kanonen nach dem Exerzieren wieder festgelascht wurden. Auf einem Kutter gab es keine Fußeisen, in denen man Delinquenten längere Zeit verwahren konnte, deshalb hatte Griffiths die Auspeitschung sofort angesetzt.

»Fünfzehn!«

Das Urteil lautete auf drei Dutzend Hiebe, doch der Rücken des Mannes war bereits eine einzige blutige Masse. Bolton wimmerte jetzt, seine Widerstandskraft war gebrochen. Drinkwater fühlte sich angeekelt, obwohl er einsah, daß die Disziplin gewahrt werden mußte; auch war Griffiths kein Tyrann. Aber keine noch so harte Prügelstrafe würde aus Bolton jemals einen Seemann machen. Gott allein mochte wissen, was an dem Mann fraß, auch wenn der Schreiber auf der *Royal William* von einer Verurteilung wegen Inzests gesprochen hatte. Doch welche Schuld oder Wahnidee ihn auch derart verfolgen mochte, jetzt hatte er genug gebüßt. Der weitere Strafvollzug sollte ausgesetzt werden. Drinkwater merkte, daß er Griffiths anstarrte und ihm suggerierte, der Sache ein Ende zu machen.

»Sechzehn!« Ein leises, tierisches Heulen entrang sich der Brust Boltons, das – wie Drinkwater wußte – zu einem gellenden Schrei anschwellen würde, ehe der Mann endlich das Bewußtsein verlor.

»Siebzehn!«

»Aufhören!« bellte Griffiths, und ein Seufzer der Erleichterung lief durch die Zuschauerreihen. »Das reicht. Schneidet ihn los und schickt die Freiwache unter Deck.«

Ein Krampf durchlief Boltons Körper, als ein Eimer Seewasser über seinen Rücken gekippt wurde. Dann sank er ohnmächtig zusammen. Appleby trat vor, um sich seiner anzunehmen, und Drinkwater wandte sich ab.

»Luvfockschot los, hol dicht Leeschot!«

Kamen die Männer seinem Befehl nur widerwillig nach? »Lebhaft, dort vorn! Belegen!« Er ging wieder nach achtern. Oder war er vielleicht nur zu verdammt empfindlich?

»Kurs Nord zu Ost.«

»Nord zu Ost liegt an, Sir.«

Kestrel nahm zügig Fahrt auf und folgte dem Konvoi.

Seit Portsmouth war sie kein glückliches Schiff mehr. Die Schiffsführung, eine Gruppe gegensätzlicher Charaktere, harmonierte nicht miteinander, rieb sich auf. Applebys pompöses Imponiergehabe, das in der von Konkurrenzdenken und Frotzeleien geprägten Messe einer schneidigen Fregatte am Platz sein mochte, erregte hier Anstoß. Selbst Drinkwater verlor manchmal die Geduld mit ihm, denn als alternder Hagestolz hatte er sich nicht gerade zu seinem Vorteil entwickelt. Griffiths zog sich von allen zurück, wie Drinkwater erwartet hatte; ihre frühere Vertrautheit wollte sich nicht wieder einstellen. Die beiden alten Freunde und Salzbuckel Jessup und Traveller kratzten mit vereinten Kräften an Applebys ohnehin schon dünner Rüstung, und die zu Quartermeistern beförderten ehemaligen Steuermannsgehilfen Hill und Bulman versuchten, mit Gelächter oder Stirnrunzeln, ganz wie es die Situation verlangte, über die Runden zu kommen.

Drinkwater fühlte sich vereinsamt und nahm Zuflucht zu seinen Büchern und Journalen, war freundlich zu Appleby, wenn dieser sich umgänglich zeigte, und dankte im übrigen der Vorsehung, daß ihm seine winzige Kammer ein gewisses Privatleben erlaubte. Die Uneinigkeit der Schiffsführung infizierte auch die Männer vor dem Mast und wurde verschärft durch eine wachsende Unzufriedenheit über ausbleibenden Sold und die feuchten, engen Quartiere auf dem kleinen Kutter.

Kaum hatten sie die Downs** erreicht, mußten sie Mitte November einen furchtbaren Sturm abwettern, und knapp vierzehn Tage später erfuhren sie von der Meuterei auf der *Culloden.* Als Appleby den

* Reede an der Südostküste Englands, vor der Stadt Deal

Zeitungsbericht laut vorlas, wurden in der Kajüte vielsagende und wissende Blicke getauscht, aber unter der Mannschaft lösten die aufgebauschten Gerüchte kaum noch unterdrückte Aufsässigkeit aus.

Auf die Nachricht, daß die vorgesetzten Stellen zugestimmt hatten, die Petition der Meuterer ohne Bestrafung zu befürworten, folgte als letzte Meldung, daß der Gesetzgeber mit ganzer Härte zugeschlagen hatte. Wer auch nur etwas Phantasie besaß, sah im Geiste die im Todeskampf zuckenden Gehenkten, die von ihren eigenen Bordkameraden zu den Rahen hinaufgezogen werden mußten, während die Trommelwirbel erklangen und die Seesoldaten ihre Musketen mit aufgepflanzten Bajonetten auf die versammelten Matrosen richteten: die ganze scheußliche, allgemeines Schuldbewußtsein auslösende Zeremonie einer Exekution in der Kriegsmarine. In der spannungsgeladenen Atmosphäre auf *Kestrel* wollte sich dieses Bild lange nicht verflüchtigen.

Griffiths blickte über den Heckbalken und das in seinen Davits hängende Beiboot achteraus. Über seinem Kopf hing die Nationale wie ein Fetzen schlapp herunter, dabei war der Morgen zwar kühl, aber klar und frisch. Madoc Griffiths war heiterer zumute als seit langem, und er fragte sich, ob das an dem Mann lag, der neben ihm stand. Drinkwater sprach mit einem Enthusiasmus, der ihm fast schon fremd geworden war.

»Ich habe die Sache gründlich bedacht, Sir, und ich glaube jetzt, es wäre eine gute Idee, Bolton achtern als zweiten Steward einzusetzen. Wir sind verdammt viele in der Messe, und Merrick könnte Entlastung gut gebrauchen. Andererseits stänkert Short immer weiter gegen Bolton . . . Natürlich nur, wenn Sie einverstanden sind, Sir.«

Griffiths nickte. »Also gut, Mr. Drinkwater, veranlassen Sie alles dazu Nötige. Freut mich, daß Sie die Mannschaft so aufmerksam beobachten. Ein Kommandant kann das nicht immer selbst tun, weil er sich mit anderen Dingen beschäftigen muß, dafür sollte er sich dann aber auf seinen Stellvertreter verlassen können. Ein Jammer, daß Ihr Beispiel nicht Schule macht.«

Drinkwater hüstelte verlegen. Er war einfach nur entschlossen, alles in seiner Macht Stehende zu tun, um Bolton das Leben zu erleichtern, diesem am meisten beschimpften und am wenigsten nützlichen Mann an Bord. Doch in der Messe konnte man ihn vielleicht dazu bringen, daß er Appleby mit seinen Kenntnissen zur

Hand ging und seinen Kopf mit anderen Dingen beschäftigte als mit seinem eigenen Elend. Und vielleicht konnte Drinkwater damit auch verhindern, daß die moralische Zersetzung weiter um sich griff, die den ganzen Zusammenhalt an Bord zu zerstören drohte.

»Erledigen Sie das als erstes, Mr. Drinkwater, und als nächstes lassen Sie die beiden Gigs aussetzen. Dann fahren Sie die Backbordseite ganz aus und die Kanonen an Steuerbord so weit binnenbords, wie es nur geht. Es ist ein prächtiger Tag, um den Bewuchs von der Wasserlinie zu kratzen, und bei dem ruhigen Wetter wird auch vor dem Abend kein Wind aufkommen.«

Wenn die gute Stimmung seines Segelmeisters Griffiths' Gemüt aufgehellt hatte, so ließ sich das von seinem Schiffsarzt nicht behaupten. Dieser blickte ihn eine Stunde später über den von Sonnenflecken gesprenkelten Kajüttisch vorwurfsvoll an, während von draußen das Scheuern und Kratzen der Bürsten hereindrang, und sagte: »Er ist aber noch nicht wieder diensttauglich, Sir.«

»Wer, Mr. Appleby? Bolton?«

»Jawohl, Sir. Er ist in schlechter Verfassung. Mindestens drei Striemen saßen zu tief, einer davon scheint die linke Niere beschädigt zu haben.« Griffiths' Gesicht blieb ausdruckslos. »Der Mann hat Blut im Urin, ist weiterhin schwach, und das Fieber will nicht sinken.«

»Dann pflegen Sie ihn also, Doktor, bis er wieder fit ist.«

»Jawohl, Sir.« Aber Appleby ging noch nicht.

»Was gibt es sonst noch?«

»Sir, ich ...« Schweißperlen standen auf Applebys Stirn, als er sich mühsam gegen die zunehmende Schräge des Kutters abstützte, verursacht durch die Verlagerung der Kanonen auf die andere Bordseite. »Ich bedaure, daß Sie es notwendig fanden, Bolton auspeitschen zu lassen. Sein Geisteszustand macht mir Sorgen. Ich hatte Sie immer für einen sehr menschlichen Kommandanten gehalten ...«

»Bis jetzt?« fragte Griffiths scharf. Er runzelte die Brauen, sein Gesicht lief rot an und stellte Applebys Mut auf eine harte Probe. Doch obwohl sein Doppelkinn leise zitterte, senkte er in stummer Zustimmung den Kopf.

Griffiths, der sich mit Mühe beherrschte, stand langsam auf und stieß den angehaltenen Atem pfeifend aus. Dann beugte er sich vor und stützte beide Hände auf die Tischplatte.

»Mr. Appleby, Disziplinarverstöße sind auf einem Kriegsschiff äußerst ernst zu nehmen, besonders wenn es sich um den tätlichen Angriff auf einen Vorgesetzten handelt ...« Er hob eine Hand, um

Applebys Protest zu unterbinden. »Daß er provoziert wurde, entschuldigt gar nichts. Provokationen gehören dazu. Unsere Welt ist nun einmal alles andere als perfekt, Mr. Appleby, mit dieser Tatsache hätten Sie sich eigentlich inzwischen abfinden müssen. Als Kommandant kann ich mir nicht den Luxus von Mitleid und Verständnis für einen einzelnen erlauben.« Er sah Appleby bedeutsam an. »Und selbst in bester Absicht machen die Gutwilligen manchmal Fehler, Mr. Appleby.« Er schwieg, damit der Arzt Zeit hatte, den Hinweis zu verdauen. Appleby öffnete den Mund, schloß ihn aber wieder.

Griffiths fuhr fort: »Bolton quält ein tiefsitzendes Unglück. Ah – es überrascht Sie, daß mir das aufgefallen ist? Ist mir aber.« Griffiths grinste schief. »Und Short hat die Feder berührt, die diesen seltsamen Apparat in seinem Gehirn auslöste. Nun, als Quittung hat er dafür einen gequetschten Unterleib, also ist der Gerechtigkeit wenigstens teilweise Genüge getan. Ich weiß Ihre Besorgnis zu schätzen, aber wenn Bolton ein fauler Apfel ist, dann müssen Sie auch *Kestrel* als einen Korb voll überreifer Äpfel ansehen.« Griffiths machte eine Pause und sprach erst weiter, als Appleby Luft zum Antworten holte. »Ich erkläre Ihnen das alles, nicht um mich zu rechtfertigen, sondern aus Respekt vor Ihrer Intelligenz.«

Appleby grunzte. Er wußte ja, daß Boltons Tat nicht ungesühnt bleiben durfte, meinte aber, daß sie zu einem späteren Zeitpunkt vor einem ordentlichen Gericht hätte verhandelt werden sollen. Griffiths' Pauschaljustiz war ihm gegen seine Berufsethik gegangen. Jetzt setzte der Kommandant hinzu, und es klang vorwurfsvoll: »Mr. Drinkwater hat angeregt, daß Bolton künftig achtern als Aushilfssteward Dienst tun soll. Ich hätte mir gewünscht, daß dieser Vorschlag von Ihnen gekommen wäre.«

Griffiths sah Appleby nach, der geschlagen die Kajüte verließ. Seltsam, daß derselbe Anlaß zwei Männer gleichermaßen betroffen machte und doch so unterschiedliche Reaktionen auslösen konnte. Oder lag es daran, daß *er* auf die beiden Männer so verschieden reagierte? Wieder einmal stellte Griffiths bei sich fest, daß Vorurteile und Parteilichkeit bei den Beziehungen der Menschen eine viel zu große Rolle spielten, als daß er sich diese Fragen beantworten konnte.

Weihnachten und Neujahr gingen auf *Kestrel* fast unbemerkt vorbei. Der Unabhängigkeit des Kutters war bald ein Ende gesetzt worden. Nach der Verfolgungsjagd im Kanal und dem Denkzettel, den ihnen die *Etoile du Diable* verpaßt hatte, war Griffiths von einem gebieterischen Befehl zu Admiral MacBrides Geschwader in den Downs zurückbeordert worden. Obwohl man es auf *Kestrel* noch nicht wußte, hatte Dungarths Unvermögen, den mysteriösen Capitaine Santhonax aufzuspüren, ihn bei Ihren Lordschaften noch unbeliebter gemacht als seine Kritik an Howe. Als Folge davon wurde *Kestrel* zu den niedersten Diensten verdonnert und mußte zusammen mit der Slup *Atropos* Geleitschutz fahren. Von der Themse zum Tyne und zurück begleitete sie zwei Dutzend Kohlenschuten, Schoner und Barken, alle von dickschädligen Skippern mit eigenmächtigen Ansichten geführt. Das war, wie Drinkwater seinem Freund Appleby prophezeit hatte, langweilige Arbeit. Und manchmal auch demütigend. So wurde *Kestrel* nordwärts zur Reede von Leith geschickt, um einen schnellen Passagier- und Postkutter mit einer Ladung Gold nach London zu eskortieren; dessen Kapitän benutzte den Anlaß zu einer Regatta. Der Postkutter verfügte über eine erstklassige, nicht aus Gepreßten zusammengesetzte Crew und einen durch schnelle Reisen erworbenen guten Ruf. Trotzdem hätte er wegen seines plumperen Rumpfes von dem Kriegskutter eigentlich leicht geschlagen werden können. Aber auf der Höhe von Flamborough Head segelte *Kestrel* ihr Großsegel aus den Lieken, während der Postkutter weiterpreschte und ihnen bald das Heck zeigte. Hätte der Wind nicht auf Südost gedreht, so daß *Kestrel* dank ihrer neuen Mittelschwerter höher segeln konnte, hätten sie ihren Schützling wohl nicht so schnell wiedergesehen. Schließlich holten sie ihn beim Cockle Gatt wieder ein und stürmten, von der Flut geschoben, Kopf an Kopf über die Reede von Yarmouth.

Während des Sommers segelten sie gelangweilt ihre Kreise um die weitverstreute Heringsflotte in der Nordsee, deren Kutter sie zu bewachen hatten. Die eintönige Heringskost und ihre Untätigkeit machten sie fast krank. Nur zweimal mußten sie Angreifer verjagen, Holländer, die beide nicht sonderlich kampflustig waren. Die angekündigten Überfälle durch französische Korsaren fanden nie statt, und auf *Kestrel* war man sich bald einig, daß eine Nation, die von Schnecken und Fröschen lebte, kaum erpicht auf Hering sein würde. Aber es war einfach so, daß die französischen Kaperer im Kanal lohnendere Beute fanden.

Im Krieg stand es nicht gut für England. Admiral Christians Expedition nach Westindien wurde von Januar-Stürmen gebeutelt und zerstreut; im Februar konnte ein holländisches Geschwader aus Texel entkommen, und im Spätsommer trat Spanien ins französische

Lager über.

Am Ende der Heringssaison wurde *Kestrel* zur Überholung vor den Winterstürmen zurückbeordert. Gleichzeitig mit diesem Befehl erreichte sie die Nachricht, daß Sir Sydney Smith bei einer Bootsunternehmung in Gefangenschaft geraten war.

Harry Appleby war das insgeheim eine gewisse Genugtuung.

Drinkwater lehnte an der Reling und starrte über das schlammige Wasser des Medway und die flache Isle of Grain zum Feuerschiff Nore hinüber; ein leichtes Lächeln umspielte seinen Mund.

»Was, zum Teufel, macht Sie so fröhlich, Nat?« Die füllige Gestalt Applebys riß Drinkwater aus seinen Tagträumen.

»Nichts, Harry, nichts.« Er zerknüllte den Brief in seiner Tasche.

»Dann hat es mit Elizabeth zu tun.« Appleby senkte den Blick. »Ja, ja, nicht nur unser hochlöblicher Kommandant kann Gedanken erraten«, fügte er mit einer Spur Bitterkeit hinzu. »Und die Symptome der Liebe sind mir nicht unbekannt, obwohl alle hier zu glauben scheinen, daß ich mich nur aufs Knochensägen und Fleischflicken verstehe. Davon gibt's ja zum Glück wenig genug zu tun, also kann ich mich aufs Beobachten meiner Mitmenschen verlegen.«

»Und was haben Sie dabei in letzter Zeit so festgestellt?«

»Daß Sie einen Brief von Elizabeth erhalten haben und binnen kurzem um Urlaub einkommen werden.«

»Das ist schon alles?« fragte Drinkwater in gespielter Enttäuschung. »Nein, mein Freund, für Urlaub bleibt mir bestimmt keine Zeit, Griffiths will so schnell wie möglich wieder auslaufen. Ah – ist das nicht ein herrlicher Morgen heute?« Er wandte das Gesicht nach Luv und sog schnüffelnd die Luft ein.

»Nat.« Applebys Stimme klang plötzlich ernst.

»Hm?« fragte Drinkwater geistesabwesend. »Was ist?«

»Ich habe auch Bolton beobachtet. Was halten Sie von ihm?«

»Von Bolton?« Drinkwater runzelte die Stirn. »Seit er achtern arbeitet, scheint er mir ganz zufrieden. Aber sicherlich sind Sie besser in der Lage, diese Frage zu beantworten, seit er in Ihren Diensten Heilkräuter stampft und Salben rührt.«

Appleby schüttelte den Kopf. »Nein, ich meine seine innere Verfassung. Wie beurteilen Sie die?«

»Du lieber Himmel, Harry! Zur Sache!«

»Wissen Sie, was an dem Nachmittag vor der Auspeitschung zwischen Bolton und Short vorging?«

Drinkwater zögerte. Den Grund für Boltons Verurteilung hatte er an Bord nie erwähnt, denn die Schadenfreude, mit der der verkrüppelte Schreiber davon sprach, hatte ihn angeekelt. Er sah keinen Sinn darin, solches Geschwätz weiterzuverbreiten.

»Nein – Sie etwa?« antwortete er.

Appleby schüttelte den Kopf. »Aber ich glaube, es war irgendein beleidigender Vorwurf. Was ich meine, Nat – und bitte bedenken Sie, daß ich mich mit Zwischendecks und ihren Gerüchten auskenne –, was ich meine, Nat: Irgend etwas frißt den Mann von innen her auf.«

»Inwiefern?«

»Sein Geisteszustand grenzt an Wahnsinn. Ich kenne die Anzeichen. Er hat sich ganz in seinen Schädel zurückgezogen: ein Mann mit furchtbaren Gewissensbissen.«

Drinkwater dachte über Applebys Worte nach. Ein Schiff war nicht der rechte Aufenthaltsort für einen Mann mit solchen Problemen. »Wollen Sie damit sagen, daß er sich selbst immer mehr unter Druck setzt?«

Appleby nickte. »Wie eine Feder, Nat, gespannt wie eine Feder ...«

Drinkwater stand am Kai von Sheerness und hielt, schaudernd im kalten Wind, unter dem Gewimmel kleiner Boote nach *Kestrels* Gig Ausschau. Neben ihm wartete Zahlmeister James Thompson mit seinem Stapel Proviant, begleitet von Merrick und Bolton. Drinkwater hatte es eilig, an Bord zurückzukehren, denn der Winternachmittag war schon halb vorbei, und der Westwind würde, wenn ihn nicht alles täuschte, bald zu Sturmstärke auffrischen.

Kestrels Überholung war beendet, sie hatten Order, sich Vizeadmiral Duncan in Yarmouth anzuschließen.

»Hier kommt die Gig«, sagte Thompson und wandte sich an die beiden Stewards. »Schafft die Vorräte ins Boot, aber flott, ihr beiden.« Drinkwater beobachtete, wie die Gig mit Mr. Hill an der Pinne heranschor. Sobald sie festgemacht hatte, reichte er dem Steuermannsgehilfen einen Stoß Seekarten, Briefe und Zeitungen. Dann trat er zurück, während ein Bündel Rebhühner, Käse, Kohl, ein Faß gepökeltes Schweinefleisch und andere Vorräte in der Gig verstaut wurden.

»Bulman ist mit dem Wässern heute nachmittag fertig geworden, Mr. Drinkwater«, berichtete Hill.

Drinkwater nickte. Thompson blickte auf. »Alles klar.«

»Na gut, James, dann wollen wir machen, daß wir an Bord kommen, ehe es losgeht.« Er deutete auf die drohenden Wolkengebirge, die das fahle Tageslicht schnell nach Westen abdrängten; nur hinter den unregelmäßigen Silhouetten der alten Dreidecker, die den Werftarbeitern als Wohnquartiere dienten, war der Himmel noch hell.

»Also los, ihr beiden, ins Boot . . .« Merrick stieg die Stufen hinab. »Komm schon, Bolton!« Der Mann zögerte am Kopf der Treppe, dann machte er auf dem Absatz kehrt.

»He!«

Drinkwater sah Thompson an. »Er läuft weg, James!«

»Verdammt soll er sein!«

»Mr. Hill, übernehmen Sie hier! Kommen Sie mit, James!«

Drinkwater sah Bolton oben auf dem Kai in Richtung der alten Kriegsschiffe rennen. »He!«

Das drohende Schlechtwetter hatte den Kai leergefegt; Bolton drängte sich zwischen zwei Leutnants durch, die sich in einem Wirbel von Umhängen und herunterfallenden Dreispitzen um sich selbst drehten. Auch Drinkwater rannte jetzt, ignorierte die erstaunten Offiziere. Bolton hatte schon die schattige Gasse erreicht, die zum Viertel führte, das The Old Ships genannt wurde, danach durch die Werftmauer und draußen dann weg vom Fort auf dem Garrison Point. Auf keinen Fall kam Bolton an den Wachen am Werfttor vorbei oder über die Wassergräben, die das ganze Gelände umgaben. Deshalb strebte er auf die alten Wohnschiffe zu, hinter denen sich ihm vermutlich ein Entkommen nach Blue Town bot, wo er zwischen den Kneipen, Läden und Wohnkaten jenseits der Werft untertauchen konnte.

Plötzlich stand Drinkwater vor einem Graben. Keuchend schloß Thompson zu ihm auf. Von ihrem Standort aus führte eine kurze Rampe ins Wasser hinunter, die jetzt mit Gras und Erlengebüsch bewachsen war. Vor dem blassen westlichen Himmel zeichnete sich eine rennende Gestalt ab: Bolton. Drinkwater setzte sich wieder in Bewegung. Thompson wollte ihm folgen, stolperte und fiel fluchend zwischen die Brennesseln.

Im Weiterlaufen scheuchte Drinkwater ein Kaninchen auf, das mit wippendem Schwanz vor ihm floh, einen Haken schlug und in seinem Bau verschwand. Schließlich erreichte er die alten Hulks und hörte mit halbem Ohr hinter sich die Rufe einer Fußpatrouille, die jemand alarmiert haben mußte.

Hoch ragten die alten Linienschiffe über ihm auf, zusätzliche

Anbauten wie Schornsteine, Latrinen und Treppen verzerrten ihr äußeres Bild. Aus ihren Ankerklüsen führten dicke, rostige Ketten in den Schlamm hinab. Männer trotteten über die Gangways an Bord und sahen Drinkwater neugierig nach, als er an ihnen vorbeikeuchte. Rauch und Essensgeruch drang in seine schwer arbeitenden Lungen, und er verhielt, um zu verschnaufen.

Ein Schatten rannte aus der Deckung der äußersten Hulk und lief gebückt an der Hochwassermarke entlang; Drinkwater bedauerte, daß er keine Pistole trug. Denn Bolton strebte auf die baufällige Holzbrücke zu, die über den Kanal führte: eine verbotene Abkürzung von den Old Ships nach Blue Town. Es war fast schon dunkel, als Drinkwater ihm über die knackenden Brückenbohlen folgte, die Schlamm und ein silbrig glänzendes Rinnsal überspannten. Der aufkommende Sturm zerrte an seinem weiten Bootsmantel und erschwerte ihm das Vorankommen. Sein Atem rasselte laut, er war diese körperliche Anstrengung nicht gewöhnt. Rechts von ihm erstreckten sich die weiten flachen Marschen bis zum Medway, der sich fahl Blackstakes und Chatham entgegenwand; links drängten sich die Häuser von Blue Town zusammen.

Er trat ins Halbdunkel der ersten engen Gasse, kam an einer Kneipe vorbei und blieb stehen. Bolton war fürs erste entkommen. Er mußte auf die Fußstreife warten und dann mit den Soldaten Haus für Haus nach ihm durchsuchen.

»Mist!« Vor Erschöpfung und Zorn begann er zu fluchen. Sie hatten wochenlang in Sheerness gelegen. Warum war Bolton erst jetzt, ausgerechnet hier, desertiert? Er wandte sich der Kneipe zu, riß wütend die Tür auf und stand völlig unvorbereitet vor einem beunruhigend vertrauten Gesicht, das ihm dahinter entgegenstarrte.

Beide Männer waren gleichermaßen überrascht, jeder suchte den anderen zu identifizieren. Aber Edouard Santhonax, gewohnheitsmäßig auf der Hut vor dem Erkanntwerden und der Festnahme, reagierte instinktiv schneller und handelte, sowie er in Drinkwaters Augen das Begreifen dämmern sah. Atemlos nach der Verfolgung Boltons und nicht gefaßt auf einen so frappierenden Wechsel seiner Beute, hatte Drinkwater das Nachsehen, als Santhonax herumfuhr und durch den Hinterausgang zu fliehen suchte.

Drinkwaters Ruf: »Halt! Im Namen des Königs!« kam nur als heiseres Krächzen heraus und ging im Lärm des Schankraums völlig unter. Er drängte sich durch einige Handwerker und Seeleute, fühlte sich von ihnen absichtlich behindert und erreichte schließlich die

Hintertür, durch die er der Patrouille vor die Füße stürzte. Ein Sergeant half ihm auf.

»Hier lang!« keuchte Drinkwater, und sie stürmten eine Hintergasse hinunter, ohne Bolton zu entdecken, der sich unter einen umgestürzten Handkarren duckte, während ihm die Brust zu zerspringen drohte und seine zerfetzten, kaum vernarbten Rückenmuskeln ihm beim heftigen Atmen Höllenqualen bereiteten.

Der Sergeant ließ seine Männer ausschwärmen und die Häuser in der Nachbarschaft durchsuchen. Drinkwater verhielt kurz, um nachzudenken und sich klarzumachen, daß sie jetzt zwei Flüchtlinge jagten, was die Soldaten noch gar nicht wußten. Er rechnete damit, daß Santhonax einen Haken geschlagen und in der Dunkelheit kehrtgemacht hatte. Drinkwater war jetzt allein, weiter unten in der Gasse verklangen die Rufe der Soldaten. Da hörte er in seinem Rücken das unverkennbare Zischen, mit dem ein Degen aus der Scheide gezogen wurde.

Er wirbelte herum.

Santhonax stand mitten in der Gasse, ein grauer Schemen, der ihm mit funkelndem Stahl den Rückweg abschnitt. Drinkwater zog ebenfalls.

Vorsichtig umtänzelten sie einander, die Schneiden klirrten. Eine Stimme in seinem Kopf drängte Drinkwater zur Eile, zu sofortigem Angriff mit äußerster Kraft, denn Santhonax war höchstwahrscheinlich ein ausgezeichneter Fechter. Vorwärts!

Drinkwater schlug die gegnerische Waffe beiseite und machte einen tiefen Ausfall. Aber Santhonax war zu schnell, sprang zurück und ripostierte sofort, auch wenn er etwas aus dem Gleichgewicht geraten war. Drinkwater parierte unelegant, aber wirksam.

Erneut gingen sie aufeinander los. Drinkwater war nach dem langen Lauf kurzatmig, schon fühlte sich der Degen schwer an in seiner Faust. Er merkte, wie Santhonax die Oberhand gewann, unendlich langsam wurde seine Waffe beiseite gedrückt, Stahl knirschte auf Stahl, und verzagt wich Drinkwater zurück. Er verlor die Balance und fiel mit einer halben Drehung gegen die Mauer. Ein scharfer Schmerz, als die Degenspitze seine Schulter ritzte, doch die Drehung hatte ihn gerettet. Als er Santhonax' heißen Atem im Gesicht fühlte, wußte er instinktiv, daß der Gegner seinen Unterleib ungedeckt gelassen hatte. Er stieß zu.

»Merde!« fauchte der Franzose und sprang zurück. Aber Drinkwaters schwacher Gegenangriff hatte seine restliche Energie verbraucht.

Er fühlte den Luftzug des *molinello*, des Abwärtshiebs, dann durchzuckte der Schmerz wie weißes Feuer seine rechte Schulter und den Arm, und er wußte, daß er verloren war.

Er hatte überstürzt gehandelt, hatte das Elizabeth gegebene Versprechen der Umsicht gebrochen. Als er ungeschickt versuchte, mit tonnenschwerem Degen den Todesstoß zu parieren, fühlte er Santhonax zögern. Schwach nahm er das Getrappel eiliger Füße in seinem Rücken wahr, spürte etwas warm und klebrig über sein rechtes Handgelenk rinnen. Dann stürzte er und fiel, fiel immer weiter, während rennende, schreiende Männer über ihn hinwegstürmten und der Wind mit einem Heulen durch die Gasse pfiff, das in Drinkwaters Ohren immer lauter wurde.

Und dann nahm er gar nichts mehr wahr.

Elftes Kapitel

Dezember 1796 – April 1797

Zeit der Prüfungen

»Stillhalten!«

»Verdammt noch mal, Harry...« Drinkwater biß sich auf die Lippen, als *Kestrel* abermals in ein Wellental krachte und in allen Plankenstößen erbebte.

»Fertig!«

»Und?«

»Was – und?«

»Und wie steht's um mich? Werde ich wieder fechten können? Mein Arm fühlt sich verdammt wund an.«

Appleby zuckte die Schultern. »Der Bizeps hat einen tiefen Riß und wird einige Zeit steif bleiben. Nur ständige Bewegung wird später verhindern können, daß die Muskelfasern Knoten bilden. Die Wunde selbst heilt gut, obwohl eine ziemliche Narbe für Ihre Sammlung zurückbleiben wird.«

»Sonst nichts?«

»Na ja, vielleicht ab und zu Schmerzen, wenn sich das Wetter ändert.« Pause. »Abgesehen davon, können Sie Ihr Schlächterhandwerk bald wieder ausüben.«

Aus Drinkwaters erleichtertem Aufseufzen wurde ein wilder Fluch, weil *Kestrel* abermals im schweren Seegang bockte und ihn quer durch Applebys winzige Kammer warf. Einen Arm im Mantel, den anderen draußen, konnte er sich nicht abstützen. Im Vorraum kämpfte er sich in sein Ölzeug und stieg an Deck, während Appleby sich in seiner Koje verkeilte und wieder zu seinem Buch griff.

Es schlug acht Glasen, als Drinkwater aus dem Niedergang trat. Der Sturm kreischte und pfiff in der Takelage, ein kalter Norder, der einen hohen Seegang aufbaute: graue Ungetüme mit brechenden Kämmen, von denen der Gischt flach weggerissen wurde; ihre dunklen, glasigen Hänge waren weißgesprenkelt, und sie rannten wie mit Donnergrollen gegen *Kestrel* an.

Die Luft war so voller Gischt, daß man kaum atmen konnte, und Verständigung war nur in Lee möglich. Als Drinkwater Jessup ablöste, dräute wieder eine Monstersee mit brechendem Kamm und grün-weiß marmorierter Flanke hoch über ihnen. Krachend stürzten sich die Wassermassen auf *Kestrels* Achterschiff, aber der Bug erkletterte schon wieder die nächste See.

»Wahrschau! Kurs halten!« Die Männer krallten sich fest, und die Taljen an der Pinne spannten sich wie Drahtseile. Drinkwater zog den Lukendeckel des Niedergangs über sich, als das Heulen des Sturms vom Donnern der nächsten brechenden See übertönt wurde, und klammerte sich mit schmerzverzerrtem Gesicht fest.

Kestrel kam unter dem gewaltigen Anprall der Wassermassen ins Stolpern. Und dann war die See überall an Deck, grünes Wasser riß an ihnen, drohte ihnen die Beine wegzuziehen, drang in Halsausschnitt, Ärmel und Hosenbeine und versuchte, sie wie welkes Laub über Bord zu spülen. Auf dem Rücken liegend, wurde ein Mann an Drinkwater vorbeigewaschen und mit ekelerregendem Krachen der Rippen gegen Kanone 10 geworfen. Ganze Wasserfälle abschüttelnd, hob sich der Bug mühsam über die nächste See, der stabile, auftriebstarke Rumpf ächzte in allen Verbindungen. Männer versuchten, die von ihren Belegnägeln gerissenen Leinen wieder aufzuschießen und zu verwahren, andere laschten die Gigs mittschiffs erneut fest. Drinkwater schüttelte sich das Wasser aus dem Haar und dachte mit Abscheu daran, daß er die nächsten vier Stunden pitschnaß und frierend verbringen würde. Und der Schmerz in seinem Arm war zermürbend.

Trotzdem paßte der winterliche Sturm in seiner ganzen Wildheit zu der Stimmung, in der sich Drinkwater seit dem Zwischenfall mit Santhonax befand. Seither war er überzeugt, daß ihre Geschicke unweigerlich miteinander verflochten waren. Und die Schmerzen, die er litt, gaben diesem Gefühl, das sich so irritierend in ihm festgesetzt hatte wie ein Sandkorn in der Auster, noch eine ganz private Intensität. Was nach Beaubigny nur ein verschwommenes Produkt seiner Phantasie gewesen war, hatte sich seit dem Treffen in Sheerness in brennende Gewißheit verwandelt.

Es ist wie eine Vorahnung, schrieb Drinkwater in sein Journal, *eine zunehmende Spannung, irrational und unvernünftig, aber irgendwie im Einklang mit einem animalischen Instinkt, der wahrscheinlich auf primitivsten Menschheitserfahrungen beruht.* Er ließ die Feder sinken. Außer ihm hatte niemand Santhonax erkannt, alle hielten Bolton für den Übeltäter, denn der Unselige war unter seinem Handkarren entdeckt und nach heftiger Gegenwehr mit einem Messer überwältigt worden. Der Sergeant hatte daraus seine voreiligen Schlüsse gezogen. Drinkwater war bewußtlos an Bord geschafft worden und konnte nicht verhindern, daß der Deserteur von den Soldaten zusammengeschlagen und dann in eine Zelle geworfen wurde. In der allgemeinen Verwirrung war Santhonax entkommen.

Drinkwater seufzte. Am nächsten Morgen hatte man Bolton in seiner Zelle erhängt aufgefunden; er bedauerte nur, daß er den Mann nicht mehr entlasten konnte. Aber er war erst wieder zu sich gekommen, als *Kestrel* schon auf See war, und selbst dann konnte er in seinem Wundfieber häufig Traum von Wirklichkeit nicht unterscheiden.

Auch an Bord schwieg sich Drinkwater über Santhonax' neuerliches Auftauchen aus, denn er war überzeugt, daß sich ihre Wege bald wieder kreuzen würden. Daß er ihn in Sheerness getroffen hatte, schien Teil eines teuflischen Plans zu sein, dem die Wiederkehr eines alten Alptraums etwas noch Finstereres gab. Auf seinem Wundlager träumte er, daß er zu Füßen einer weißgekleideten Frau ertrank, deren Medusenhaupt auf seine hilflose Gestalt herabstarrte. Es war das schadenfrohe, böse triumphierende Gesicht Hortenses, in deren kastanienroten Haarsträhnen er sich verstrickte, während ihm das Hohngelächter Edouard Santhonax' in den Ohren gellte. Einen ähnlichen Alptraum hatte er schon öfter gehabt, aber wenn er jetzt daraus erwachte, hörte er nicht das tröstliche Klappern der Pumpen auf *Cyclops*, das ihn früher so verläßlich in die Wirklichkeit zurückgerufen hatte. Diesmal war er auf *Kestrel*, und seine Vorahnung verließ ihn auch im Wachen nicht.

Seine Wunde heilte gut, obwohl die durch das Schlechtwetter erzwungene Notwendigkeit häufiger anstrengender Bewegung ihm oft Schmerzen verursachte. Doch wirkten sich die vielen Stürme auch heilsam aus, indem sie alle auf *Kestrel* bis an die Grenzen ihrer Leistungsfähigkeit forderten, Spannungen zwischen den einzelnen unterdrückten und im alle verbindenden Elend pausenloser Arbeit Streit gar nicht erst aufkommen ließen. Der Dauerzustand von Kälte, Nässe und Erschöpfung stumpfte die Wahrnehmungsfähigkeit ab und zwang die Besatzung, sich auf ein gemeinsames Ziel zu konzentrieren: *Kestrels* Überleben. Der Kutter fuhr jetzt im Blockadedienst, der stets eine harte Prüfung für Männer und Material war. Duncan ließ seine Kutter Aufklärung betreiben, er sandte sie so nahe wie irgend möglich an die Insel Texel heran und ließ sie das Marinearsenal von Den Helder beobachten, das dicht hinter der Lücke zwischen Texel im Norden und Nordholland im Süden lag. Die Durchfahrt zwischen diesen beiden Landmassen gabelte sich in drei Fahrwasser, die wie eine dreizinkige Forke in die Nordsee wiesen: im Norden das Molen-Gatt, nach Westen das West-Gatt und südwärts das Schulpen Gatt, das an der holländischen Küste entlangführte, vorbei an Kijkduin, einem Fischerdorf, das eine Signalstation und eine Batterie beherbergte.

Diese drei Kanäle führten durch den immens gefährlichen Haak-Sand, den Haakagronden, der bei Niedrigwasser trockenfiel und gegen dessen Luvseite bei Schlechtwetter eine gewaltige Brandung anstürmte. In den Gatts selbst gab es starke Gezeitenströme, und wenn der Wind gegen die Tide stand, baute sich darin eine heimtückische, rauhe See auf.

Duncans Kutter hielten sich bei schlechtem Wetter außerhalb des Haakagronden und wagten sich in die Gatts vor, wenn es abflaute; manchmal gelangten sie sogar bis zum Stiel der Gabel, in das Zeegat von Texel, um den Feind auszuspähen. Drinkwaters Augenbrauen waren salzverkrustet, wenn er seine Kreuzpeilungen zu den Windmühlen und Kirchtürmen machte, die über die niedrigen Grasdünen von Texel und Nordholland lugten, eine Küste, die manchmal zu rauchen schien, so eingehüllt war sie in die Gischtwolken, die von der Brandung aufstiegen. Es war ein öder, verlassener Landstrich, gefürchtet wegen seiner Untiefen und Sandbänke, wandernden Fahrrinnen und im Nichts endenden Priele. Karten waren hier nutzlos, man mußte sich auf eigene Erfahrung und Beobachtung verlassen. Drinkwater zog alle Register seines Könnens, und ein Nebeneffekt ihrer prekären Situation war, daß die alte Vertrautheit zwischen ihm und Griffiths wieder auflebte. Auch die Mannschaft, obwohl immer noch irritiert über das Ausbleiben ihres Solds, hatte sich beruhigt, und Griffiths sah sich in seinem Verdacht bestätigt, daß Bolton einen schädlichen Einfluß ausgeübt hatte.

Selbst Appleby war nicht mehr so reizbar, sondern eher wieder der umgängliche Spaßvogel von früher, der sich auch mal necken ließ. Seine Freundschaft zu Drinkwater festigte sich wieder, und wenn Griffiths unter der Last seiner Verantwortung oder den Ungerechtigkeiten seiner bequem an Land sitzenden Vorgesetzten manchmal distanziert wirkte, so brachte der Arzt jetzt mehr Verständnis dafür auf.

Drinkwater überraschte es, daß das naßkalte Wetter und ihre

mangelhaften Quartiere bei Griffiths nicht einen neuen Malaria-Anfall auslösten; doch obwohl ihm das Äußerste abverlangt wurde, schien es seiner Gesundheit nicht zu schaden.

Als er mit Appleby darüber sprach, meinte der Arzt: »Das ist oft so: Wenn der Körper unter Streß steht, kann er zahllose Schocks verkraften, was sich ja auch bei Männern im Gefecht zeigt. Sobald jedoch der Streß-Stimulus wegfällt, läßt die Anspannung nach, das bis zum Äußersten beanspruchte, flexible System fällt in sich zusammen und setzt den Krankheitskeimen keinen Widerstand mehr entgegen.«

»Da könnten Sie recht haben«, nickte Drinkwater.

»Könnte? Natürlich habe ich recht. So wie ich auch mit Bolton recht hatte und jetzt...« Appleby wurde plötzlich ernst, »mit meiner Ahnung, daß es in der Flotte Ärger geben wird.«

Drinkwater blickte scharf hoch. »Wieso Ärger?«

»Verstehen Sie doch, Nat, dieser Kutter ist eine Ausnahme, wie kleine Schiffe meistens die Ausnahme sind. Aber Sie wissen schon, was ich meine: die Verweigerung jeder Freiheit, die schändlichen Verzögerungen bei der Besoldung, die Weigerung vieler Kommandanten, den Kauf frischen Proviants zu genehmigen – nicht einmal im Hafen –, und die Art, wie jüngere Offiziere rücksichtslos ausgenützt werden... All das könnte sich eines Tages bitter rächen. Denken Sie nur an den augenblicklichen Sold für einen Vollmatrosen: Für 24 Shilling und 12 Florin riskiert er Skorbut, Pocken, Typhus, Wundbrand und oft sein Leben im Kampf mit dem Feind... Ist Ihnen klar, daß dieser Betrag noch in der Zeit Cromwells festgesetzt wurde?«

Applebys Empörung war echt, und Drinkwater mußte zugeben, daß er dies nicht gewußt hatte; doch ehe er sich schuldig bekennen konnte, fuhr Appleby schon mit seiner düsteren Aufzählung fort.

»Zu all dem kommt die ungerechte Aufteilung des Prisengeldes, kommen noch die gezinkten Maße und Gewichte der Zahlmeister, die so viele ihres Berufs reich gemacht haben. Wenn ein Mann krank wird oder dienstuntauglich, erhält er keinen Sold mehr, auch wenn er im Dienst zu Schaden gekommen ist... Und bedenken Sie: Abzüge für den Geistlichen, für das Greenwich Hospital und den Chatham-Fonds...« Applebys Ton wurde immer schärfer, während er die einzelnen Punkte an seinen Fingern abzählte.

»Als ob das noch nicht genug wäre, müssen die Seeleute *mich* dafür bezahlen, wenn sie sich bei einer Hure anstecken, obwohl das doch die einzigen Frauen sind, mit denen sie sich abgeben können, *mich* für eine Behandlung, obwohl sie durch ihre Krankheit jeden Sold verlieren. Und die Familien der Seeleute verhungern in der Gosse, während die Männer an Bord wie Gefangene leben, oft jahrelang kein Geld erhalten und manchmal abermals aufgegriffen werden, ehe sie noch einen Fuß über ihre Schwelle setzen können.

Ich sage Ihnen, Nat, das sind Schandflecken auf dem hehren Bild des freiheitlichen England. Und denken Sie an meine Worte: Wenn dieser Krieg noch lange dauert, wird es Unruhen geben. Mit einer aus Sklaven bestehenden Marine kann man nicht einen begeisterten Feind bekämpfen, der die Ideale von Freiheit, Gleichheit und Brüderlichkeit proklamiert.«

Drinkwater seufzte, denn Appleby hatte recht. Die Zustände waren sogar noch schlimmer. Je dringlicher der Personalbedarf, desto höher wurde der Anteil der Gepreßten, der straffällig Gewordenen oder Zwangseingezogenen, und damit überwogen in der Flotte allmählich nicht mehr die echten Seeleute, sondern der Abschaum der Gesellschaft, Männer ohne Glück, aber nicht ohne Intelligenz, Demagogen, Zwischendecksadvokaten, denen das Beispiel Frankreichs einen Weg zur Macht aufzeigte, eine Chance, im Namen des Volkes den Umsturz zu predigen. Wenn der Topf so kurz vor dem Überkochen war, hatte dann Santhonax in Sheerness noch ein wenig mehr Feuer darunter machen sollen? Drinkwater fiel ein, daß Sheerness nicht weit von Tunbridge lag, wo sich Hortense aufhielt. Unruhe stieg in ihm auf, als hätte er eine Pflicht vernachlässigt.

»Aye, Harry«, antwortete er, »wahrscheinlich haben Sie recht. Obwohl ich das Gegenteil hoffe, denn wenn eine Meuterei kommt, wird sie blutig...«

»Sehr blutig, Nat, und die Obrigkeit verfährt mit krasser Idiotie. Denken Sie nur daran, wie sie die Sache mit *Culloden* handhabte.« Drinkwater nickte, aber Appleby war viel zu sehr in Fahrt, um sich unterbrechen zulassen.

»Man könnte meinen, die Hälfte aller Admiräle sei blind. Wie sie John Clerk von Eldin lächerlich gemacht haben, als er ihnen darlegen wollte, wie man Schlachten gewinnt! Und jetzt überschlagen sie sich fast, um nach seinen Prinzipien zu kämpfen. Denken Sie nur daran, wie die weißgepuderten Flottenärzte Linds Theorie über die Entstehung von Skorbut ignorierten, wie hart Douglas um die Anerkennung seiner Patronen kämpfen mußte. Und wer erinnert sich noch an Patrick Fergusons vorzügliche Büchse? Ach, die Liste intelligenter Männer ist endlos, die versucht haben, die Obrigkeit auf das Naheliegendste hinzuweisen... Was gibt's da zu grinsen, zum Teufel?«

»Der Prophet gilt nichts im eigenen Land, Harry, daran mußte ich eben denken. Aber natürlich haben Sie recht.«

»Ich weiß, daß ich recht habe. Was ist daran so amüsant?«

»Mir fiel nur ein, wie wütend Sie darüber waren, als sich Sir Sydney Smith in Ihrem Lazarett betätigen wollte, obwohl er doch für Intelligenz und Einfallsreichtum berühmt ist. Sie werfen also andern vor, wozu Sie selbst nicht bereit sind. Das ist inkonsequent.«

»Nein, so ein unverschämter grüner Lümmel...«

Drinkwater duckte sich, als Applebys leerer Bierkrug auf ihn zugesegelt kam.

So rauften sie sich zusammen auf *Kestrel*, während die britische Sache immer schlechter stand. Sir John Jervis räumte das Mittelmeer, und Admiral Morard de Galles lief mit einer nach Irland bestimmten Armee von Brest aus. Daß General Hoche und seine kampfgestählten Truppen schließlich doch nicht landen konnten, verdankten die Briten nur einem glücklichen Zufall. Der Südweststurm, der die Invasion an Weihnachten 1796 verhinderte, schien dem irischen Patrioten und Dichter Wolfe Tone ein Beweis dafür, daß es keinen gerechten Gott mehr gab; in der britischen Kriegsmarine wurde unterdessen die Moral der Offiziere durch die krasse Mißwirtschaft von Lord Bridport und Sir John Colpoys weiter untergraben und der Haß der Mannschaften verschärft.

Wieder waren es allein die Fregatten, die dem angewelkten britischen Lorbeer etwas von seinem Glanz zurückgaben. Aber es kostete sie einen hohen Preis. Pellew, der jetzt in Begleitung von *Amazon* mit der *Indefatigable* vor Brest segelte, sichtete die französische *Droits de l'Homme* bei ihrer Rückkehr von Irland und verfolgte sie. Bei Sturm zwang er sie auf die Leeküste, wo sie strandete und verlorenging. *Indefatigable* selbst rettete sich nur durch ein Wunder an guter Seemannschaft, aber *Amazon* konnte sich nicht mehr freikreuzen und wurde ebenfalls zum Wrack.

Doch Admiral Duncans Nordseegeschwader durfte nicht einmal solche Pyrrhussiege erkämpfen. Er selbst blieb auf der Reede vor Yarmouth, wo er mit London über optische Telegraphen in Verbindung stand, stationierte seine Fregatten vor Texel und schickte seine Kutter in die Baljen durch den Haakagronden so weit gegen Den Helder vor, wie die kommandierenden Leutnants es wagten. Duncans Flotte war ein bunt zusammengewürfelter Haufen veralteter Schiffe, viele darunter nur mit 64 Kanonen bestückt und kein Linienschiff größer als Klasse III. Das Flaggschiff des Admirals trug den passenden Namen *Venerable*, was viele mit »Euer Ehrwürden« gleichsetzten.

Die Holländer unter Vizeadmiral de Winter blieben eine unbekannte Größe. Aus König Charles' Tagen hatten sich in England Erinnerungen an holländische Grausamkeit erhalten, vergessen war Hollands Demütigung, als es seine Flotte an eine französische Kavalleriebrigade verloren hatte, die übers Eis galoppiert war und die eingefrorenen Schiffe erobert hatte. Doch jetzt war Holland – wie Spanien – ein Bundesgenosse Frankreichs und im Gegensatz dazu eine öffentlich ausgerufene Republik. Republikanische Ideen waren, wie von Drinkwater prophezeit, über den Rhein vorgedrungen, und England wurde mit der erschreckenden Möglichkeit konfrontiert, daß eine vereinigte französisch-holländische Flotte abermals eine Invasion in Irland versuchen könnte, diesem unglücklichen, unstabilen Land.

Doch dann, als das Winterwetter allmählich milderen Frühlingstagen wich, trafen neue, ganz ungewohnte Nachrichten in England ein. Zunächst sprach man von dem »Sieg am St. Valentinstag«*, später von der Schlacht am Kap St. Vincent. Jervis wurde der Grafentitel verliehen und der bemerkenswerte, unstete Kapitän Nelson, der die geheiligte Kiellinie in der Schlacht aufgegeben hatte, um den Spaniern den Fluchtweg abzuschneiden, wurde in den Ritterstand erhoben.

Die landesweite Erleichterung über den Sieg ließ sogar in *Kestrels* beengter Kajüte ein Gefühl des Triumphes aufkommen, als Griffiths den Bericht laut aus der Gazette vorlas, die endlich bis zu ihrem vorgeschobenen Posten im Schulpen-Gatt gelangt war. Und Drinkwater hatte einen unerwarteten Brief erhalten.

Mein lieber Nathaniel, las er. *Bestimmt haben Sie schon vom Gefecht unseres alten Eichenknorrens am Valentinstag gehört, aber es wird Sie überraschen, daß auch Ihr alter Freund beteiligt war. Wir haben die Dons ordentlich verprügelt, obwohl ich leider wenig davon sah, da ich eine Batterie Zweiunddreißigpfünder auf* Victory *kommandierte; auf dieses Schiff bin ich letzten November versetzt worden. Wären Sie bloß dabeigewesen, Nat! Herrgott, welch glorreicher Anblick ist doch eine große Seeschlacht! Wie sehr habe ich Sie um die Teilnahme an Rodneys Mondscheinschlacht hier im Jahre '80 beneidet, und wie sehr müssen Sie jetzt uns beneiden. Unsere Leute haben kühlen*

* 14. Februar 1797

Kopf bewahrt, und wir konnten Salvador del Mundo ganz fürchterlich beharken. Aber die Dons kämpften besser, als ich es ihnen zugetraut hätte, und es war ziemlich heiße Arbeit . . .

Drinkwater beneidete Richard Whitc tatsächlich. Und er amüsierte sich ein wenig über seinen Stil, in dem sich jungenhafte Begeisterung und nüchterne Förmlichkeit mischten. Der Brief enthielt noch sehr viel mehr, unter anderem den Satz *Sir John war so freundlich, von meinem Einsatz Notiz zu nehmen.* Drinkwater versuchte, seine Gefühle zu analysieren. Er freute sich für White, wußte es auch zu schätzen, daß sein alter, offenbar sehr erfolgreicher Kamerad der Freundschaft zu einem unbedeutenden Steuermann in einem noch unbedeutenderen Kutter so viel Wert beimaß, daß er ihm einen informativen Brief schrieb. Auf diese Weise konnte Drinkwater, wenn auch aus zweiter Hand, an der Begeisterung über den Sieg teilnehmen. Wie es schien, hatte sich das Kriegsglück wieder den Briten zugewandt, und die Royal Navy erinnerte ihre alten Gegner daran, daß der Löwe, obwohl am Boden liegend, noch lange nicht tot war.

Schließlich rundete *Kestrel* an einem schönen Morgen den Scroby-Sand und hielt auf die Reede von Yarmouth zu, während von ihrem Masttopp das Signal für »Depeschen an Bord« auswehte. Als sich der Kutter seinem Ankerplatz dicht bei *Venerable* näherte, grüßten seine Bugkanonen mit ihrem Salut die blaue Admiralsflagge im Großtopp des Flaggschiffs. Und gleich darauf pullte *Kestrels* Beiboot mit Leutnant Griffiths auf der Heckducht hinüber.

Als Griffiths die Depeschen von den Fregatten vor Texel abgeliefert hatte und an Bord zurückkehrte, rief er seine Decksoffiziere in der Kajüte zusammen.

Drinkwater erschien als letzter, weil er noch das Einsetzen der Gig beaufsichtigt hatte. Als er die Tür hinter sich schloß, spürte er die gespannte Erwartung im Raum und sah bald, daß sie vom kalten Glanz in Griffiths Augen herrührte.

»Meine Herren«, sagte ihr Kommandant mit seiner klaren, tiefen Stimme, »die Kanalflotte im Spithead ist im Zustand der Meuterei.«

Zwölftes Kapitel

Mai – Juni 1797

Wie ein Flächenbrand

»Hört euch die Schweine an!‘ « Jessup ließ wie die anderen die Arbeit sinken und starrte über die dichtbesetzte Reede. Das Jubelgeschrei schien von *Lion* zu kommen und löste auf *Kestrel* bei den Seeleuten vor dem Mast eine Welle der Erregung aus. Trotzig starrten einige nach achtern, wo Jessup, Drinkwater und Traveller standen.

Neuigkeiten, Gerüchte, Behauptungen und Dementis waren zwischen den verankerten Schiffen hin und her geflogen, bis die ganze Reede zu vibrieren schien. Wie es hieß, war auch in der Nore-Flotte die rote Flagge gehißt worden; auf Duncans Schiffen schwankten die Besatzungen noch zwischen der Treue zu ihrem hochgeachteten Admiral und dem Verlangen, die Kameraden der beiden anderen Flotten in ihren Forderungen zu unterstützen, die sie für gerechtfertigt hielten.

Der Jubel war laut genug gewesen, um auch die Freiwache an Deck zu locken. Mittschiffs kam der Smutje aus seiner Kombüse, der Gruppe auf dem Achterdeck schlossen sich Appleby und Thompson an. »Ein Glück, daß wir so nahe am Flaggschiff ankern«, murmelte der Arzt. Nun, da sich seine schlimmsten Prophezeiungen erfüllt hatten, fürchtete er, in seiner Koje gemeuchelt zu werden.

Kestrel lag nur einen kurzen Kanonenschuß von *Venerable* entfernt. Auf dem Flaggschiff waren die Breitseiten ausgefahren worden, jetzt schreckte der trockene Knall eines Kanonenschusses die Reede auf. Eine Reihe bunter Tuchbälle stieg an *Venerables* Flaggleinen empor, dann wehten die Signalflaggen fröhlich in der leichten Brise dieses Maimorgens aus.

»Rufen Sie meine Gig, Mr. Drinkwater«, brummte Griffiths, der aus dem Niedergang kam. Admiral Duncan holte seine Kommandanten zusammen. Als Griffiths von der Konferenz zurückkehrte, war sein Gesicht grimmig. »Alle Mann nach achtern!« befahl er.

Jessups Pfeife schrillte, und die Besatzung versammelte sich neugierig in der Kuhl. »Meine Herren«, sagte Griffiths zu seinen Decksoffizieren, »nehmen Sie hinter mir Aufstellung.«

Mit scharrenden Füßen bezogen sie im Halbkreis Stellung und musterten die Gesichter ihrer Leute. Einige blickten freimütig zurück, andere waren neugierig, einige trotzig oder aufsässig; aber jeder war sich bewußt, daß Ungewöhnliches geschah.

»Alle herhören: Ihr wißt, daß die Matrosen im Spithead und in der Nore sich in Meuterei gegen ihre Offiziere erhoben haben...« Griffiths starrte jedem einzeln ins Gesicht, ließ trotz seiner heimlichen Sympathie keinerlei Wankelmut aufkommen. »Wenn unter euch einer ist, der mir das Recht abstreitet, diesen Kutter zu kommandieren, oder der vorhat, sich meinen Befehlen oder den Befehlen meiner Offiziere zu widersetzen«, er umfaßte den Halbkreis mit einer Handbewegung, »dann soll er jetzt vortreten.«

Griffiths' kraftvolle Stimme mit ihrem sonoren Waliser Akzent schien von einer Kanzel herabzuhallen. Seine mächtige greise Gestalt, das ernste Gesicht mit den patriarchalischen Zügen übten einen fast greifbaren Einfluß auf seine Männer aus. Es wirkte, als ermahne er sie wie ein strenger Vater, gebiete ihrer Ungebärdigkeit mit der sicheren Hand der Erfahrung Einhalt. »Seht mich an«, schien er ihnen zu sagen, »seht gut her. Ihr könnt gegen mich nicht rebellieren, egal, was der Rest der Flotte tut.«

Drinkwater hatte feuchte Handflächen und spürte, daß Appleby neben ihm vor Nervosität zitterte. Dann lief etwas wie ein kollektiver Seufzer durch die Reihen vor ihnen, und die Aufsässigkeit verebbte aus den Gesichtern. Griffiths schickte die Besatzung zurück an die Arbeit.

»Dann geht also wieder nach vorn und tut eure Pflicht. Mr. Jessup, bemannen Sie das Spill und melden Sie mir, wenn der Anker kurzstag ist.«

Da in dieser Jahreszeit auf der Nordsee wechselnde oder östliche Winde vorherrschten, fürchtete Duncan, daß die holländische Flotte daraus und aus der Meuterei bei den Briten ihren Vorteil ziehen und Texel verlassen könnte. Auf dem Kommandantentreffen, zu dem auch Griffiths gerufen worden war, sollte die Stimmung der Besatzungen in Duncans Geschwader festgestellt werden. Die wenigen Schiffe, die nach wie vor bei Texel kreuzten, waren bei weitem nicht stark genug, de Winter am Auslaufen zu hindern; dabei war es jetzt wichtiger als je zuvor, ihn zu blockieren. Es galt als höchst wahrscheinlich, daß die meuternden Schiffe in der Nore zu desertieren versuchen würden, wobei sie eher zu den protestantischen Niederländern als zu den katholischen Franzosen überlaufen würden. Dazu brauchte es jetzt nur noch einen demonstrativen Akt von de Winter, zum Beispiel die Blockade der Nore-Flotte an der Themsemündung, und die Meuterer würden sich gestärkt fühlen. Es hatte sich in Yarmouth bereits herumgesprochen, daß die meisten Offiziere von den Kriegsschiffen verjagt worden waren, bezeichnenderweise mit Ausnahme der Segelmeister. Man hielt sie an Bord der *Sandwich* fest, die der selbsternannte »Admiral« Richard Parker zu seinem Flaggschiff erklärt hatte.

Kestrel blieb noch einige Tage vor Anker liegen, während Duncan die Entwicklung abwartete. Er war persönlich bei der Admiralität vorstellig geworden, um einigen Beschwerden der Besatzungen Gehör zu verschaffen, und betrachtete die Meuterei als Strafe und Warnung für die Seelords.

Die Lage im Spithead war durch gesunden Menschenverstand gekennzeichnet, dem die Flotte eine schnelle und zufriedenstellende Bereinigung verdankte. Admiral Howe wurde ermächtigt, mit den Delegierten zu verhandeln, die sich »Black Dicks« Sympathie gewiß waren. Mitte Mai nahm die Kanalflotte nach einem allgemeinen Freudentaumel mit Feuerwerk und Festgelagen und nach einer Amnestie durch den König ihren Dienst wieder auf.

Nichts sprach dafür, daß Aufwiegelung aus dem Ausland vorgelegen hatte. Die Teerjacken waren im Recht gewesen, ihre Forderungen begründet; sie hatten beispielhafte Disziplin und vorbildliche Selbstjustiz geübt. Auch hatten sie Vertreter zu ihren Gesinnungsgenossen in der Nore-Flotte gesandt, und nun rechnete man damit, daß diese binnen weniger Tage ebenfalls Vernunft annehmen würde.

Doch dem war nicht so. Die Meuterei in der Nore war erbitterter, sie artikulierte sich aggressiver und unvernünftiger. Ihre Anführer blockierten die Handelsschiffahrt auf der Themse und verscherzten sich so die Sympathien der liberalen Londoner Geschäftsleute der Mittelklasse. Je nachgiebiger sich die Regierung verhielt, desto verzweifelter reagierte Parker. Die meuternde Flotte brachte die Öffentlichkeit gegen sich auf, und während die Hauptstadt den Mangel an Lebensmitteln, Brennstoff und Handelswaren zu fühlen bekam, sammelten sich reguläre Truppen in Sheerness; die Nore-Schiffe unter der roten Flagge der Meuterei sahen sich zunehmend isoliert.

Ende Mai erschien Captain William Bligh, den seine Besatzung von der *Director* vertrieben hatte, als Abgesandter der Admiralität in Yarmouth, um Duncan zu überreden, daß er seine Schiffe gegen Parker einsetzen sollte. Bligh brachte die Nachricht mit, daß vier Delegierte der Nore den Kutter *Cygnet* gekapert hatten und damit nach Yarmouth unterwegs waren, um die Seeleute hier zur Meuterei aufzustacheln.

Duncan bedachte diese Neuigkeiten unter dem Aspekt, daß Parker möglicherweise mit der ganzen Nore-Flotte nach Holland oder Frankreich desertierte. Danach stellte er die Fregatte *Vestal*, den Lugger *Hope* und den Kutter *Rose* nach Süden ab, damit sie die unerbetenen Besucher abfingen. Wenn Parker nach Texel oder Dünkirchen auslief, dann – aber nur dann – wollte der alte Admiral seine Schiffe gegen die Meuterer führen. Einstweilen aber schickte er *Kestrel* nach Süden in die Themsemündung, wo sie die Routen nach Holland beobachten und sofort über eine eventuelle Desertion Parkers Bericht erstatten sollte.

»Fünf Faden!«

Drinkwater verwarf die Idee, den Kutter mit Riemen vorwärts zu bewegen. Trotz des Nebels reichte das bißchen Wind gerade, um Ruder im Schiff zu halten; sie hatten jeden Fetzen Tuch hochgezogen, über den sie verfügten, und obwohl alles schlapp herabhing, machte der Kutter etwas Fahrt.

»Ich gehe eine Weile unter Deck, Mr. Drinkwater.«

»Aye, aye, Sir.« Seit Yarmouth waren sie nur mühsam vorangekommen, und Griffiths hatte nicht gewagt, das Deck zu verlassen aus Sorge, die Besatzung könnte darauf mit Verärgerung reagieren; aber jetzt waren sie alle zu erschöpft, auch der Alte. Tiefe Furchen in seinem grauen Gesicht kündigten einen neuen Malaria-Anfall an, man sah, daß er an den Grenzen seiner Kraft angelangt war. Drinkwater war erleichtert, daß er unter Deck ging.

Seit die Besatzung von der Beilegung der Spithead-Meuterei erfahren hatte, verhielt sie sich ruhiger; doch dann hatte ihre Order, die Themse anzulaufen, die Spannung wieder aufleben lassen. Wie in solchen Fällen unvermeidbar, hatte sich herumgesprochen, daß Ihre Lordschaften den Einsatz des Nordseegeschwaders gegen die Nore-Meuterer erwogen; hinzu kam, daß Bligh eine zu bekannte Figur war, als daß sich die Spekulationen über dieses Thema beruhigen ließen.

Der Lotgast sang seine Wassertiefen so eintönig aus, daß es

Drinkwater schwerfiel, sich darauf zu konzentrieren. Größere Ereignisse beschäftigten ihn und vor allem seine heimliche Überzeugung, daß die Scheußlichkeit der Nore-Meuterei mindestens zum Teil das Werk Capitaine Santhonax' war. Mittlerweile standen sie schon weit in der Themsemündung und rechneten damit, bei ablaufendem Wasser in drei Stunden die Nubb-Tonne in Sicht zu bekommen.

»Vier Faden!«

»Da vorn is' was, Sir!« Der Schrei kam vom vorderen Ausguckposten.

»Was ist es?« Drinkwater ging nach vorn und spähte in das graue, nasse Einerlei.

»Weiß nicht, Sir – die Tonne?« Wenn das zutraf, dann hatten sie sich bei der Navigation gewaltig verrechnet.

»Dort, Sir! Sehen Sie's?«

»Nein... Doch!« Fast direkt voraus, etwas nach Steuerbord versetzt. Sie mußten dicht daran vorbeisegeln, so dicht, daß sie es bestimmt identifizieren konnten.

»Es ist ein Boot, Sir!«

Nur eine Bugsprietlänge vor ihnen tauchte die Barkasse eines Kriegsschiffs aus dem Nebel auf. Drinkwater zählte acht Männer darin und hörte eine Stimme klar und deutlich sagen: »Schon wieder 'ne verdammte Bojenyacht...«, worauf eine andere widersprach: »Nee, 's ist ein Kriegskutter...«

Beide gleichermaßen überrascht, passierten die Fahrzeuge einander. In der Barkasse legten sich die Männer in die Riemen, deren Blätter so nahe waren, daß das davon abtropfende Wasser in die Bugwelle des Kutters fiel. Neugierig starrten die Kestrels auf die Bootsgasten hinunter, und die starrten trotzig zurück. Dann ein plötzlicher Griff, eine schnelle Bewegung, ein Blitz und ein Knall: Eine Pistolenkugel riß Drinkwater den Hut vom Kopf und hinterließ ein rundes Loch im Großsegel. Mit einem enttäuschten Aufheulen ruderten die Meuterer wieder an, und ihre Barkasse verschwand achteraus im Nebel.

»Gott verdammich!« brüllte Drinkwater und fuhr herum. Seine Männer starrten ihn immer noch offenen Mundes an. »Los die Leesegelfallen! Los die Rahsegelfallen! Ruder in Lee! Lebhaft! Lebhaft, verdammt noch mal!«

Die Männer konnten gar nicht so schnell reagieren, wie Drinkwaters rasender Zorn es verlangte. Er merkte plötzlich, daß er sich mit den Fäusten auf die Schenkel schlug, während der Kutter ihm viel zu langsam wendete.

»Schneller, alte Hexe, *schneller*«, murmelte er, und dann fühlte er eine leichte Bewegung des Decks unter seinen Schuhsohlen, kaum spürbar, aber trotzdem erschütterte sie sein Gleichgewicht. Das war die zweite Überraschung für ihn.

Er hatte *Kestrel* auf Grund gesetzt.

Kestrel lag mit erschreckender Schräglage da, und ihr Navigator krümmte sich innerlich vor Scham. Daß er die Themsemündung aus seiner Zeit bei Trinity House so besonders gut kannte, machte ihre Lage besonders demütigend für ihn.

Leutnant Griffiths hatte sich jeden Kommentars enthalten, nur seine Anweisungen gegeben, wie der Kutter bei steigender Flut gegen einen Wassereinbruch geschützt werden sollte. Zum Glück waren sie mit aufgeholten Schwertern vor dem leichten Wind gelaufen, sonst wären die Folgen schwerwiegender gewesen. Gründliche Überprüfung zeigte, daß *Kestrel* im Gegensatz zum Stolz ihres Navigators keinen Schaden erlitten hatte.

Unter Deck hatte sich Griffiths Drinkwaters Erklärungen angehört und ihn dann eine Weile schweigend gemustert. Als er sah, daß seinem Stellvertreter langsam die Schamröte ins Gesicht stieg, hatte er müde gelächelt.

»Nicht doch, Nathaniel, jetzt holen Sie mal eine Flasche aus dem Schrank ... Es war nicht mehr als ein Irrtum, und seine Folgen sind nicht gravierend.« Mit sichtlicher Anstrengung versuchte Griffiths, seine Müdigkeit abzuschütteln. »Einen Fehler hat jeder frei, mein Sohn.«

Eine große Last wich von Drinkwater, als er den Wein über den Tisch schob. »Aber hätten wir das Boot nicht unbedingt verfolgen müssen? Es hatte Santhonax an Bord, Sir. Da bin ich mir ganz sicher.« Eine Sekunde lang fürchtete er, daß Griffiths ihn nach den Gründen für seine feste Überzeugung fragen könnte und er dann den Zwischenfall in Sheerness beichten müßte. Aber der Alte schüttelte nur den Kopf und schob ihm ein volles Glas hin.

»Bei diesem Wetter ein Boot aufzubringen, hätte uns wahrscheinlich noch viel mehr gekostet. Wer wen überfällt, entscheidet sich dadurch, wer wen zuerst erkennt, und bei Nebel wären wir als die Größeren dabei im Nachteil.« Er trank genüßlich von dem schweren, dunklen Wein. »Nein, die entscheidende Frage ist: Was hat Santhonax in der Barkasse eines britischen Kriegsschiffs zu suchen, die bei Ebbe von einer Crew zwielichtiger Burschen nach Osten gepullt wird?«

Schweigend saßen beide Männer da und dachten nach, während *Kestrel* unter ihnen stöhnte und knirschte, als das steigende Wasser ihren Rumpf anzuheben begann. War Santhonax als Delegierter der Nore-Meuterer unterwegs nach Yarmouth? Dann hätte er doch sicher den Weg durch den Swin genommen. *Kestrel* hatte man befohlen, durch den Prince's Channel zu gehen, damit auch diese von *Vestal, Rose* und *Hope* nicht abgedeckte Lücke gestopft wurde. Außerdem war es höchst unwahrscheinlich, daß ein französischer Geheimagent eine solche Aufgabe übernehmen würde.

Wenn es Santhonax' Auftrag gewesen war, die britische Marine zu schwächen, dann hatte er das durch die Meuterei bereits erreicht. Was wollte er in einem Boot? Entkommen? Brach die Meuterei zusammen? Oder fuhr er in voller Absicht und freiwillig ostwärts aus der Themsemündung? Natürlich! Schließlich hatte er versucht, Drinkwater zu erschießen, den einzigen Mann, der ihn erkennen und seine Pläne durchkreuzen konnte!

»Es scheint nur *eine* einleuchtende Erklärung zu geben, Sir...«

»Oh, und welche?«

»Santhonax holt Hilfe für die Meuterer in der Nore herbei.« Drinkwater erläuterte seine Gründe für diesen Schluß, und Griffiths nickte langsam.

»Wenn er beabsichtigt, eine feindliche Flotte zur Unterstützung der Meuterer heranzuführen oder um ihr Überlaufen zu decken – geht er dann nach Holland oder nach Frankreich?«

»Hinter der Insel Texel verbirgt sich die größte Flotte weit und breit, Sir. Bei einem anständigen Ostwind, den sie brauchen würden, um die Themse hinauf zu segeln, und bei einer gewissen Wahrscheinlichkeit, daß es danach bald wieder aus West weht, damit sie alle gemeinsam entkommen können... Ja, ich würde auf Texel setzen, denn alle anderen, aus Brest oder sonstwo, müßten sich erst durch den Kanal arbeiten.«

»Bei Gott, das stimmt!« rief Griffiths und sprang plötzlich wie gehetzt auf. »Und unsere Burschen würden mit einer Flotte niederländischer Protestanten nur zu gerne kooperieren, sie würden ihre republikanischen Genossen dankbar willkommen heißen! Sapperlot, Nathaniel, dieser Santhonax ist ein raffinierter Teufel! *Cythral*! Ja, ich würde alles auf Texel setzen.«

Beide hatten sich halb aus den Stühlen erhoben und reckten sich nun über den Tisch wie Männer in hitzigem Streit. Dann, als sich

Kestrel wieder etwas mehr aufrichtete, ließ Griffiths sich zurückfallen.

»Aber unsere Befehle lassen mir keine Wahl. Santhonax ist entkommen, und in der Zwischenzeit haben wir eine Aufgabe zu erfüllen.« Er schwieg und rieb sich nachdenklich das Kinn. »Aber«, sann er, »wenn wir erkunden könnten, in welcher Verfassung die Meuterer sind ... Wenn es zum Beispiel Anzeichen dafür gäbe, daß sie sich zum Auslaufen von der Nore rüsten, dann – bei Gott – wären wir unserer Sache sicher.«

Drinkwater nickte. Zwar fragte er sich, wie sie das herausfinden sollten, ohne ihren Kopf in die Schlinge zu stecken, andererseits war es nicht der richtige Zeitpunkt, Griffiths von seinem Duell in Sheerness und den bösen Vorahnungen zu erzählen, die ihn seitdem verfolgten. Im Augenblick mußte er sich mit dem Erreichten zufriedengeben.

Zwei Stunden später waren sie wieder unterwegs. Der Nebel hatte sich zu Dunst verflüchtigt, eine Brise war aufgekommen, und als *Kestrel* nach Westen segelte, wärmte die Sonne schon ihr Deck. Es war später Nachmittag, als ein Schrei vom Vorschiff die allgemeine Aufmerksamkeit erregte.

»Sir!«

»Was gibt's?« Drinkwater lief nach vorn.

»Da kracht irgendwas«, sagte der Mann, die Hand hinterm Ohr. Sie lauschten, bis Drinkwater einen dumpfen Knall hörte, dann folgte ein Krachen und das Splittern von Holz. »Drehbasse?« fragte er sich mit gerunzelter Stirn. Er wandte sich nach achtern. »Alle Mann an Deck! Verständigt den Kommandanten! Klar Schiff zum Gefecht!« Verdammt wollte er sein, wenn sie ihn ein zweites Mal unvorbereitet überraschten.

In wenigen Augenblicken waren die Laschings von den Kanonen genommen und die Männer auf ihren Stationen. Griffiths erschien mit blassem, angestrengtem Gesicht im Niedergang. Drinkwater begann ihm zu erklären, was sie gehört hatten, da hob sich plötzlich der Dunst wie ein Vorhang; Sonnenlicht glitzerte auf dem Wasser.

»Was, zum Teufel ...« Griffiths deutete voraus. Drinkwater fuhr scharf herum, dann zog ein erleichtertes Grinsen über sein Gesicht.

»Geht klar, Sir, ich kenne sie.«

Vor ihnen lag, etwa eine Kabellänge entfernt, eine reich verzierte, kuttergetakelte Yacht mit Heckschnitzereien wie ein Linienschiff erster Klasse und einem wachsamen Löwen auf der Galion vorn. Neben der Yacht dümpelte ein grell bemaltes Ungetüm, die Nubb-

Tonne: Sie wurde mit Äxten und Schrotschüssen aus einer Drehbasse systematisch zerstört.

»Trinity-Yacht ahoi!« Drüben hoben sich die Köpfe, und Drinkwater erkannte achtern, wo die Karronaden standen, den Skipper Jonathan Poulter. Die Stückpforten hoben sich, Rohre schoben sich ans Licht.

»Nicht schießen, ihr verdammten Narren!« brüllte Griffiths. »Wir sind ein englischer Kriegskutter.« Und leiser zu Drinkwater, während sie sich der Yacht näherten: »Drehen Sie bei, wir wollen mit ihnen reden.«

Die beiden Kutter lagen dicht nebeneinander, während neugierige Blicke zwischen ihnen hin und her gingen. »Habt ihr Nachricht von der Nore-Flotte? Spricht irgend etwas dafür, daß sie sich zum Auslaufen vorbereitet?«

Jetzt stand ein Mann in blauem Mantel neben Poulter, in dem Drinkwater Kapitän Calvert erkannte, einen Eldermann von Trinity House.

»Nein, Sir«, rief Calvert herüber. »Selbst wenn sie wollten, würden sie es unmöglich schaffen. Wir versenken alle Tonnen und zerschlagen alle Baken. Noch eine Nacht, dann sind wir mit der Arbeit fertig ... Ist das Mr. Drinkwater da neben Ihnen?«

Drinkwater trat ans Schanzkleid. »Aye, Sir. Wir haben gehofft, daß Sie mehr wissen.«

»Gestern abend kam eine Fregatte unter roter Flagge den Mittelkanal herunter und hat die Sandbank gekennzeichnet. Man fürchtet, daß sie Verrat planen ... Sie sind zu weit gegangen, es bleibt ihnen gar nichts weiter übrig ... Schätze, sie wollen nach Holland oder Frankreich. Seid ihr von Duncans Flotte?«

»Aye«, antwortete Griffiths. »Sind Sie sich Ihrer Sache ganz sicher, Sir?«

»Aye, Sir. Wir waren erst gestern in Broadstairs und erfuhren das mit der Fregatte von der Trinity-Yacht *Argus* aus Harwich. Und ich selbst habe auf dem Weg von London bei Admiral Buckner in Sheerness vorgesprochen.«

Griffiths überlegte. »Und Ihrer Ansicht nach werden sie einen Ausbruchsversuch unternehmen?«

»Sonst haben sie nur die Wahl, zu hängen oder zu verhungern.«

Griffiths blickte zur Windfahne hoch. »Backbordbug, Mr. Drinkwater«, sagte er. Als *Kestrel* Fahrt aufzunehmen begann, rief er hinüber: »Vielen Dank, Sir, und Gott mit Ihnen.«

Die beiden Kutter trennten sich, *Kestrel* hielt wieder auf See hinaus. Griffiths trat ins Kartenhaus, wo Drinkwater ihren neuen Kurs ausrechnete.

»Zur Black Deep, Sir?«

»Aye, wenn sie die Höhe halten kann.« Griffiths schauderte zusammen und wischte sich mit dem Handrücken den Schweiß von der Stirn.

»Das kann sie, Sir, wenn die Schwerter ausgefahren sind. Wir gehen also nach Yarmouth zurück?«

Griffiths nickte. Er winkte Drinkwater beiseite, und gemeinsam starrten sie achteraus, wo die Nubb-Tonne jetzt neben der Trinity-Yacht langsam unterging. »Es scheint, als hätten wir damit unseren Beweis, Nathaniel«, sagte er gedämpft.

»Aye, Sir. Das ist auch meine Ansicht.«

Nach der Enge auf *Kestrel* wirkte die Admiralskajüte der *Venerable* riesig, doch Admiral Duncan, ein großer Mann mit breitem schottischem Gesicht, schien den Raum auch im Sitzen noch zu beherrschen. Man erzählte sich, daß er *Adamants* Crew dadurch gefügig gemacht hatte, daß er einen der lautesten Schreihälse gepackt und mit einem Arm über die Reling gehalten hatte, mit der sarkastischen Frage, ob er es immer noch wage, ihm das Kommando streitig zu machen. Dies löste einhelliges Gelächter aus, und Duncans Autorität war wiederhergestellt.

Während ein angegriffener und stark schwitzender Griffiths die Gewichtigkeit ihrer Meldung darzulegen versuchte, studierte Drinkwater die anderen in der Kajüte, vor allem Kaptain Fairfax, Duncans Flaggkapitän, und Kapitän William Bligh. Besonders letzterem, dem »*Bounty*-Bligh«, galt seine nur schlecht verhohlene Neugier. Er hatte einen gutgeschnittenen Kopf mit blauen Schatten ums kräftige Kinn, dazu eine hohe Stirn mit schütterem Haaransatz, und trug die grauen Strähnen zu einem Zopf gebunden.

Seine hellbraunen, durchdringenden Augen erinnerten Drinkwater an Dungarth. Nur der Mund unter der geraden, feinziselierten Nase gab dem Gesicht etwas Kleinliches, und die Stimme, die ständig gereizt klang, verstärkte diesen Eindruck noch. Der sechste Mann in der Kajüte war Major Brown, telegraphisch aus London herbeizitiert, der jetzt an dem Hühnerbein kaute, das man ihm bei seiner Ankunft zur Stärkung vorgesetzt hatte.

»Also, mir ist noch nicht klar, warum diesem Santhonax so große

Bedeutung beigemessen wird.« Der Admiral runzelte die Stirn. »Wenn ich Gefahr laufe, meine Schiffe zu verlieren, muß ich mir dann wirklich wegen eines einzigen Mannes den Kopf zerbrechen?«

»Wenn er tatsächlich der Mann ist, für den wir ihn halten«, näselte Bligh, »dann scheint er mir höchst gefährlich zu sein. Dieser Gentleman hier«, Bligh deutete auf Brown, »sieht in ihm den Fremden, der auf einigen der meuternden Schiffe in der Nore beobachtet wurde. In diesem Fall wäre er für mich der schlimmste Aufwiegler in diesem ganzen Nest von Galgenvögeln. Sie verdienen alle den Strick, alle, ohne Ausnahme.«

»Besten Dank, Kapitän Bligh«, sagte Duncan nicht ohne Ironie. »Major Brown?«

Drinkwater kam der Gedanke, daß Brown aus irgendeinem Grunde seine Erläuterungen offenbar immer mit vollem Mund geben mußte; aber er spitzte trotzdem die Ohren.

»Es scheint festzustehen, meine Herren, daß dieser Mann tatsächlich Capitaine Santhonax war, ein französischer Agent mit dem Auftrag, die Nore-Flotte noch weiter anzustacheln. Es gibt auch Berichte, die ihn in Zusammenhang mit der *Culloden*-Affäre erwähnen. Einer der auf *Sandwich* festgehaltenen Offiziere erkannte ihn als den Franzosen, mit dem er letztes Jahr vor Trincomalee Auge in Auge focht; er konnte uns diese Nachricht mit einem Proviantboot zukommen lassen. Außerdem gibt es eine Reihe anderer Berichte«, Brown neigte den Kopf leicht zu Griffiths und Drinkwater hin, »die unser Augenmerk auf ihn lenkten... Alles spricht dafür, daß er der Drahtzieher hinter Richard Parker war.«

Bligh nickte nachdrücklich. »Und dafür verantwortlich, daß ich mit meinen Offizieren von meinem Schiff verjagt wurde!«

Duncan versuchte immer noch zu beschwichtigen. »Wie dem auch sei, er ist uns entkommen. Also bringt uns das jetzt auch nicht weiter.«

Brown wiegte den Kopf. »Wie mir Kapitän Fairfax sagte, haben Sie die Abgesandten der Meuterer auf ihrem Weg nach Yarmouth abgefangen.«

»Aye, Major, *Rose* hat *Cygnet* vor Orfordness aufgebracht, also brauchen wir mit ihnen hier nicht mehr zu rechnen.«

Verzweifelt blickte sich Drinkwater im Kreis der Gesichter um. Begriff denn hier keiner, was für ihn so klar zutage trat? Er warf Griffiths einen hilfesuchenden Blick zu, aber der Kapitänleutnant schien erschöpft eingedöst zu sein.

»Wenn Sie erlauben, Sir...« Drinkwater konnte sich nicht länger zurückhalten.

»Ja, was gibt's, äh – Mr. Drinkwater, nicht wahr?« Duncan sah auf.

»Mit Ihrer Erlaubnis, Sir – darf ich anmerken, daß Santhonax meiner Meinung nach in diesem Boot unterwegs nach Holland war?« Er verstummte, eingeschüchtert durch die viele Lametta, die jetzt offenbar zum ersten Mal Notiz von ihm nahm.

»Sprechen Sie weiter, Mr. Drinkwater.« Die Ermutigung kam von Brown, der sich mit leichtem Lächeln vorbeugte.

»Nun ja, Sir«, Drinkwater richtete seine Worte weiterhin beharrlich an den Admiral, »aus allen uns bekannten Tatsachen, einschließlich der Erkenntnisse der Trinity-Yacht über den Vorstoß der einzelnen Fregatte, drängt sich mir der Schluß auf, daß die Nore-Meuterer kurz vor der Desertion stehen. Santhonax war unterwegs nach Holland, um de Winters Schiffe heranzuführen ...«

»Zur Unterstützung der Überläufer, bei Gott!« Fairfax vollendete den Satz für ihn.

»Genau, Sir«, nickte Drinkwater.

»Aber das stinkt nach Verrat, meine Herren, nach Konspiration mit dem Feind. Nein, das kann ich nicht glauben.« Der Blick des Admirals suchte Bestätigung bei Fairfax, doch dieser sagte mit der vorsichtigen Diplomatie des erfahrenen Flaggkapitäns: »Ihre Gutgläubigkeit, Sir, gereicht Ihnen zur Ehre, aber ich fürchte, Mr. Drinkwater könnte recht haben. Unsere Teerjacken sind nicht immer so gutmütig, wie die Bevölkerung gern glaubt ...«

Gespannt hingen aller Blicke an dem alten Admiral – bis Browns Stimme dazwischenfuhr.

»Wir haben eine Frau in Maidstone einsitzen, die Mr. Drinkwaters Theorie bestätigen könnte, Sir.«

»Eine Frau! Was, um alles in der Welt, hat eine Frau mit einer Flottenmeuterei zu schaffen?«

»Das, Admiral, möchten auch wir nur zu gerne wissen.«

»Na also. Und was hat diese Frau nun gestanden?«

Brown lächelte. »Sie ist nicht der Typ, der so schnell Geständnisse macht, Sir.«

»Wohl aber der Typ, dem man Mithilfe bei einer Verschwörung zutrauen würde«, warf Drinkwater mit überraschender Heftigkeit ein.

»Sie kennen diese Frau, Mr. Drinkwater?« Die gerunzelten Brauen des Admirals verrieten jetzt Verärgerung. »Hier scheint es um Dinge zu gehen, die Kutteroffizieren bestens geläufig sind, den Oberbefehlshabern der Flotte jedoch vorenthalten werden. Aber Sie, Sir«, er fuhr zu Brown herum, »werden mir jetzt ganz genau sagen, wer und was diese Frau ist, in welcher Verbindung sie zu diesem französischen Agenten steht und was das Ganze mit meinem Nordseegeschwader zu tun hat.«

»*Kestrel* hat diese Mlle. Montholon, die wir jetzt in Gewahrsam halten, aus Frankreich herausgeholt, Sir...« Brown schilderte die Ereignisse von Beaubigny. Drinkwater hörte nur halb zu, ihn beschäftigte mehr, daß Hortense im Gefängnis saß. Also war sein Verdacht schließlich doch bestätigt worden. Er fragte sich, ob Santhonax das wußte, und wenn, ob es für ihn eine große Rolle spielte. Hortense hatte bestimmt kein Geständnis abgelegt, doch wahrscheinlich hatte sie sich in ihrem trotzigen Stolz das eine oder andere unabsichtlich entlocken lassen. Wie Browns Schergen sie wohl gefaßt hatten? Seine Neugier wurde befriedigt, als Brown zum Schluß kam: »...Und deshalb schien es geboten, die junge Dame genauer unter die Lupe zu nehmen. Ein Fall von Juwelendiebstahl führte uns – äh – zu einem Lakai, der im Hause der verwitweten Gräfin Tocqueville diente, und als wir den Wohnsitz durchsuchten, fanden wir eine Anzahl interessanter Dokumente und eine beträchtliche Summe Goldes.« Er nahm einen Schluck Wein und zuckte dann auf typisch gallische Art die Schultern. »Und damit hatten wir sie.«

Duncan schüttelte den Kopf. »Das ist ja alles ganz schrecklich, ganz schrecklich. Sie muß die reinste Teufelin sein...«

»Eine *hwyl*, Sir, sie ist eine *hwyl*, die Männer verhexen kann.«

»Doch nicht die Frau braucht uns jetzt zu beschäftigen, Admiral«, fuhr Brown fort. »Die Gefahr geht von Santhonax aus. Wir sind mit Mr. Drinkwater der Überzeugung, daß er vorhat, die Holländer herbeizuholen. Er war ständig in enger Verbindung mit Parker. Jetzt, da die Meuterei vor dem Kollaps steht, muß de Winter bei erstbester Gelegenheit auslaufen, wenn er sich nicht noch gründlicher hinter Texel eingesperrt sehen will. Falls er aber in die Themsemündung einläuft und die Nore-Flotte mit ihm gemeinsame Sache macht – dann, Sir, brauche ich Ihnen die Folgen nicht zu schildern. Mit einer solchen Streitmacht vor Londons Toren müßten wir die Kanalflotte von der Überwachung Brests abziehen, womit wiederum der Weg nach Irland frei würde – und in der Folge nach West- und Ostindien. Unter welchem Aspekt Sie es auch betrachten, wenn die Holländer auf See sind, ob mit oder ohne Meuterer, dann geraten wir in eine äußerst gefährliche Lage.

Eine entblößte Ostküste und eine Flotte republikanischer Meuterer in der Themse...« Brown hob vielsagend die Hände.

Duncan nickte. »Diese Sorge ist seit Wochen mein ständiger Begleiter. Ich beginne zu begreifen, daß dieser Santhonax eine Lunte am Pulverfaß ist.«

»In welchem Stadium der Einsatzbereitschaft sind Ihre Schiffe, Admiral?« fragte Brown.

»Das, Major, ist eben die Frage.«

In den nächsten Tagen löste sich Admiral Duncans Flotte nach und nach auf. Vor Texel hielt Kapitän Trollope mit *Russell*, einem Linienschiff von 74 Kanonen, unterstützt von einer Handvoll Kutter, Lugger und der einen oder anderen Fregatte, den Anschein einer Blockade aufrecht. Aber fünf von Duncans Linienschiffen setzten sich zur Nore ab.

Am 29. Mai gab Duncan seinen restlichen Schiffen das Signal zum Ankerlichten. Als sie klar von Yarmouth Reede waren, wandte sich eines nach dem anderen nach Südwesten. Und wiederum drei Stunden später verfügte der Admiral nur noch über fünf loyale Schiffe: *Venerable* (74) *Adamant* (50), die beiden kleineren *Trent* und *Circe* sowie *Kestrel*.

So schwierig die Überquerung der Nordsee auch verlief, Drinkwater war trotzdem erleichtert, daß sie nach Texel zurückkehrten. Auch wenn er den zermürbenden Blockadedienst haßte, spürte er doch instinktiv, daß dies im Augenblick der richtige Standort für sie war, trotz ihrer reduzierten Stärke. Auch Brown war dieser Ansicht, denn er hatte nach London telegraphiert und sich dann mit Lord Dungarths Segen auf *Kestrel* eingeschifft.

»Ich glaube, Mr. Drinkwater«, hatte er seinen Schritt begründet, »daß Ihnen die Ehre zukommt, Feuer unter dem Kessel gemacht zu haben; jetzt können wir nur geduldig abwarten, was dabei gargekocht wird.«

Und sie warteten geduldig, denn während der ersten Junitage herrschte Ostwind. De Winters Flotte, bestehend aus vierzehn Linienschiffen, acht Fregatten und 73 Transport- und Versorgungsschiffen, wurde von zwei britischen Linienschiffen, einigen wenigen Fregatten und dem Rest bei Texel festgehalten. Die britischen Schiffe befleißigten sich eines eifrigen Signalverkehrs – in der tückischen Absicht, den holländischen Beobachtern zu suggerieren, daß draußen auf See und außer Sicht eine große Flotte auf der

Lauer lag und daß sie selbst nur die Vorhut waren.

Aber würden sich die Holländer davon täuschen lassen?

Dreizehntes Kapitel

Juli – Oktober 1797

Ein schändliches Ende

Eine Wasserfontäne stieg vor *Kestrels* Steuerbordbug in die Höhe, als der Kutter im unruhigen Gewässer des Schulpen-Gatts auf den Strand von Kijkduin zustand.

»Heute haben sie die berittene Artillerie aufgeboten, Mr. Drinkwater«, sagte Major Brown aus dem Mundwinkel, während beide Männer durch ihre Ferngläser starrten.

Drinkwater sah, daß die Offiziersgruppe am Strand sie beobachtete. Einer war abgestiegen und kniete im Sand, spähte durch ein riesiges, auf der Schulter einer Ordonnanz ruhendes Feldglas.

»Der Mann im braunen Mantel – kennen Sie ihn?«

Drinkwater schwenkte das Glas, bis er das Gesicht des Mannes in der Linse hatte, aber es sagte ihm nichts. »Nein, Sir.«

»Das«, sagte Brown mit Betonung, »das ist Wolfe Tone . . .«

Drinkwater sah noch einmal hin. Aber er konnte nichts Bemerkenswertes an dem irischen Poeten entdecken, der als Verräter galt. *Kestrel* stampfte näher heran, und Drinkwater wandte sich um, den Rudergängern zuzurufen, daß sie einen Strich abhalten sollten. »Na, dann wollen wir mal den üblichen Salut schießen.«

»Ja – nein! Warten Sie! Sehen Sie sich den Mann neben Tone an.« Browns Stimme klang erregt, und Drinkwater hob abermals das Glas, um die hochgewachsene Gestalt zu mustern, die hinter einem Pferd hervorgetreten war. Selbst auf diese Entfernung erkannte er Santhonax, angetan mit einer prunkvollen blau-goldenen Marineuniform. Drinkwater glaubte seinen Blick zu spüren, über die Viertelmeile brechender Brandung und überspülten gelben Sandes hinweg. Er ließ das Glas sinken und sah Brown an. »Santhonax.«

Brown nickte. »Also hatten Sie recht, Mr. Drinkwater. Und jetzt den Salut.«

Drinkwater gab Traveller vorn einen Wink. Der Vierpfünder

brüllte, und die britischen Seeleute jubelten, als die Kugel zwischen den Offizieren einschlug. Die Pferde bäumten sich erschreckt auf, eines stürzte.

»An die Vorsegelschoten! Klar zur Halse! Ziehen Sie den Kopf ein, Major!« rief Drinkwater Brown zu, der auf Kanone 11 geklettert war, um den Einschlag der Kugel zu beobachten. »Ruder in Luv! Hol dicht die Großschot, sinnig! Sinnig!«

Kestrel hielt von Land ab, als das Feldgeschütz noch einmal bellte. Die Kugel durchschlug das achtere Schanzkleid und fuhr zwischen den beiden Rudergängern durch. Der Luftzug warf sie an Deck, wo sie um Atem ringend liegenblieben, so daß Drinkwater an die Pinne sprang. Dann wandte der Kutter dem Strand das Heck zu und halste mit knarrenden Spieren und schlagenden Segeln. »Backbord-Stengetalje!« Männer trampelten mit der großen Talje nach achtern und belegten sie, die Schoten wurden getrimmt, und *Kestrel* ging wieder auf Kurs, hinaus aus dem Schulpen-Gatt und durch den Haakagronden auf See, wo Duncan ihren Bericht erwartete.

Der Admiral stand auf *Venerables* Achterdeck, als Drinkwater die Jakobsleiter emporkletterte. Er salutierte und erstattete Meldung. Der Admiral nickte. »Und wie geht es Leutnant Griffiths heute?« fragte er.

Drinkwater schüttelte den Kopf. »Der Arzt hat die ganze Nacht bei ihm gewacht, Sir, aber es ist keine Besserung festzustellen. Das ist der schlimmste Anfall, seit ich ihn kenne, Sir.«

Wieder nickte Duncan. »Und er bleibt dabei, daß er nicht abgelöst werden will?«

»Aye, Sir.«

»Also gut, Mr. Drinkwater. Kehren Sie an Bord zurück.«

Duncan befand sich in der Ausnahmesituation eines Admirals fast ohne Schiffe und war gezwungen, umsichtig vorzugehen. Er wollte weder eingearbeitete Offiziere versetzen noch die empfindlichen Loyalitäten in seinem jämmerlich kleinen Geschwader gefährden. Griffiths, den er kannte, hatte ihm die großen Fähigkeiten seines Segelmeisters geschildert, und in der Zwischenzeit hatte er sich selbst von Drinkwaters Können überzeugt.

Als die Ostwindlage nach einer Woche zu Ende ging und damit die größte Gefahr überstanden schien, bekam Duncan Verstärkung: Sir Roger Curtis traf mit einigen Einheiten der Kanalflotte ein. *Glatton*, der umgerüstete Ostindienfahrer, der seltsamerweise nur mit Karronaden bestückt war, hatte gemeutert und war zu den Downs gesegelt, wo sich die Wogen geglättet hatten. Dort beschloß die Besatzung, ihrem Admiral doch die Treue zu halten, worauf das Schiff zum Geschwader zurückkehrte. Auch von woanders tauchten einzelne Schiffe auf, und das meiste Aufsehen erregte ein russisches Geschwader unter Admiral Hanikow. Dann brach Ende Juni die Meuterei in der Nore-Flotte zusammen, und Duncans Schiffe kehrten zurück. Zu seiner alten Sollstärke angewachsen, konnte das Nordseegeschwader Duncans die Blockade auch während der nächsten Ostwindperiode Anfang Juli aufrechterhalten.

Kestrel absolvierte ihre täglichen Patrouillen, während Griffiths fiebernd in seiner Koje lag, von Appleby wie von einer Glucke umsorgt. Von Santhonax sahen sie nichts mehr, und die Holländer unternahmen immer noch keinen Ausbruchsversuch. Major Brown fand den Gang der Dinge immer irritierender. Santhonax hatte sein Pulver verschossen. Trotzdem war die Meuterei zusammengebrochen, der Franzose hatte versagt, so wie er auch auf der *Culloden* versagt hatte. Und jetzt, falls er sich immer noch auf Texel aufhielt, schien er auch bei de Winter keinen Erfolg zu haben.

Brown seufzte. »Ein Mann der Tat, Mr. Drinkwater, kann nicht lange untätig auf dem Hintern sitzen. Diese Blockade ist für mich der Inbegriff der Langeweile.«

Drinkwater lächelte ihn über seinem Kaffeebecher an. »Sie würden anderer Meinung werden, Sir, wenn Sie ein Schiff führen müßten. Für uns ist es eine anstrengende Beschäftigung, die ständige Wachsamkeit erfordert.«

»Na, meinetwegen«, gestand Brown ihm übellaunig zu. »Aber ich habe das Gefühl, daß de Winter sich nicht rühren wird. Wenn wir dem Admiral das nächste Mal Meldung erstatten, werde ich auf das Flaggschiff überwechseln und mit dem ersten Kurier, der nach Yarmouth abgeht, verschwinden. Nein, Mr. Drinkwater, hier tut sich nichts mehr.«

»Tja, Sir«, Drinkwater erhob sich und griff nach seinem Hut, »vielleicht dauert eben alles etwas länger, als Sie erwartet haben.«

Major Brown starrte dem jüngeren Mann nach und fragte sich, ob seine letzte Bemerkung auf Impertinenz oder Hellsicht beruhte. Pikiert über Drinkwaters mangelnden Respekt für einen Major Seiner Majestät Leibgarde, wußte er trotzdem, daß der Mann nicht dumm war, ganz im Gegenteil. Das Dinner in der »Fountain« fiel ihm wieder ein und Drinkwaters Beharrlichkeit, mit der er die Überzeugung vertreten hatte, daß die Fundsachen auf der *Citoyenne Janine* –

Uniform, Karten, Briefe und Geld – auf ein Geheimnis deuteten. Außerdem fiel ihm wieder ein, daß er über seine Entdeckungen in Tunbridge Wells alles andere als freimütig gesprochen hatte.

Zwar stimmte seine Auskunft gegenüber Lord Dungarth, daß er dort nichts *gefunden* hatte; aber wo der Wolf geschlafen hat, riecht das Gras, soviel hatte er von den Irokesen gelernt. Längst zweifelte er nicht mehr daran, daß Santhonax häufig in Tunbridge Wells schlief, und zwar unter beneidenswerten Umständen. Daß er sich als Schlupfwinkel eine schöne Frau ausgesucht hatte, war typisch französisch; möglicherweise hatte er sie sogar zur Flucht nach England überredet. Wenn nicht, hatte er aus ihrem Exil jedenfalls die größten Vorteile für sich gezogen.

Doch all das konnte Brown Lord Dungarth nicht im Beisein der beiden *Kestrel*-Offiziere mitteilen. Er hatte eine Falle gelegt, und bis Santhonax ihm nicht hineinging, schwieg der Jäger darüber. Auch das hatte er von den bemalten Kriegern der Sechs Stämme gelernt.

Ob Dungarth einiges davon erraten hatte, weil er eine Überwachung des Wohnsitzes der gräflichen Witwe angeordnet hatte, spielte jetzt auch keine Rolle mehr. Santhonax war Brown entkommen, genauso wie Brown in Paris Santhonax entkommen war.

Die Erinnerung an die Umstände damals brachte Brown ins Grübeln. Hatte das Mädchen ihn entdeckt? So wie er sie am Arm ihres stattlichen Geliebten in Marineuniform gesehen hatte, seinerzeit in Paris, konnte auch sie ihn irgendwann während der Verhandlungen mit Barallier und de Tocqueville gesehen haben. Auch Etienne Montholon hatte von den Vereinbarungen gewußt. Er versuchte sich daran zu erinnern, ob er ihr während seiner Zeit als Santhonax' Schreiber im Marineministerium begegnet war. Er zuckte die Schultern. Möglich war alles ...

Santhonax war vor ihm bei Beaubigny gewesen, hätte *Kestrel* ohne Madocs gekonnte Seemanschaft und die schnelle Rettungsaktion des jungen Drinkwater beinahe abgefangen. Hatte dieser also recht, bearbeitete Santhonax de Winter immer noch, er solle auslaufen? Brown wußte, wie skrupellos Santhonax sein konnte, und war auch überzeugt, daß er den Grafen Tocqueville hatte ermorden lassen, vor allem, weil er ihm den Zugang zu Hortenses Bett versperrte. Und der Kommandeur der in Roscoff stationierten Marine-Einheiten war dafür füsiliert worden, daß er die *Citoyenne Janine* zur Verstärkung seines Konvois mißbraucht hatte. Von Santhonax' Lugger hätte er eben die Finger lassen müssen. Brown war sich über all das im klaren, und es verstärkte noch seine Frustration über die erzwungene Untätigkeit, die dringend angeratene Vorsicht.

Hielt Santhonax sich nach wie vor in Texel auf? Hatte Drinkwater recht? Brannte die Lunte immer noch, hier vor dem Haakagronden? Sperrte sich de Winter nur gegen französischen Druck?

»Möglich wäre es«, murmelte Brown. »Und es gibt nur einen Weg, es herauszufinden.«

Der Major schauderte, als sei gerade jemand über sein Grab gegangen.

Drinkwater war sehr müde. Der regelmäßige Schlag der Bootsriemen übte jetzt, da sie im ruhigeren Wasser des Seegatts von Texel waren, eine einschläfernde Wirkung auf ihn aus. Hinter ihnen zog sich in der Nacht der weite, strandhaferbewachsene Dünenbogen bis nach Kijkduin und zum Schulpen-Gatt hin, wo *Kestrel* vor Anker lag. Sie hatten lange auf den Schutz der Dunkelheit warten müssen und standen jetzt unter Zeitdruck. Drinkwater legte die Pinne leicht nach Backbord, um dem Strandverlauf nach Osten zu folgen. Als er das Boot wieder ausrichtete, wurde er sich erneut der platzgreifenden Gestalt neben sich bewußt: Major Brown, in einen Umhang gehüllt, unter dem er eine kleine Tasche mit Vorräten verbarg.

Brown hatte darauf bestanden, an Land gebracht zu werden, und der kranke Griffiths konnte ihm diese Idee, die er für ein hoffnungsloses Unterfangen hielt, nicht ausreden. Nicht daß er an Browns Tüchtigkeit zweifelte, aber ihm schien es ein Akt der Verzweiflung, auf diese Art mehr über de Winters Pläne in Erfahrung bringen zu wollen. Deshalb hatte Griffiths verfügt, daß wenigstens Drinkwater selbst den Agenten an Land bringen sollte. Schiffszimmermann Johnson hatte ein Paar Holzschuhe beigesteuert, sorgfältig abgestoßen und beschmutzt, und Brown verkleidete sich mit Hilfe abgelegter Seemannsplünnen als schlampiger, stinkender Fischer.

Drinkwater legte Kurs auf den Strand und gab flüsternd Befehl, die Riemen aufzunehmen. Seine Männer gehorchten, und gleich danach lief das Boot sanft auf. Brown warf den Umhang ab und kroch geduckt zwischen den Bootsgasten nach vorn. Drinkwater folgte ihm, denn er wollte eine Landmarke suchen, an der sie beide diese Stelle später wiedererkennen konnten. Sie fanden einige Fischerstaken, die ihnen für den Zweck ausreichend schienen.

»Dann gehe ich jetzt, Mr. Drinkwater.« Brown schulterte seine Tasche und streckte Drinkwater überraschenderweise zum Abschied die etwas unsichere Rechte hin. »Bis in zwei Tagen dann. Wünschen Sie mir Glück ... Ich kann nicht holländisch sprechen.«

Als er sich abwandte, fiel Drinkwater auf, daß die Selbstsicherheit aus seinen Bewegungen verschwunden, sein Schritt zögernd war. Aber dann verwarf er seine Besorgnis als weibisch. Das Gehen in ungewohnten Holzschuhen war schon schwierig genug und im weichen Sand beinahe unmöglich.

Am Nachmittag des Tages, an dessen Ende sie Major Brown abholen sollten, stand *Kestrel* mit der Tide auf einer ihrer routinemäßigen Patrouillen ins Schulpen-Gatt hinein. Als die über die Dünen ragenden Mastspitzen der holländischen Flotte wieder einmal gezählt waren, nicht zu vergessen die Suche nach anderen Anzeichen, wie weit de Winter mit seinen Vorbereitungen zum Ausbruch gediehen war – an dem alle bis auf Drinkwater mittlerweile ernsthaft zweifelten –, wandte sich der Kutter wieder seewärts, um bis zum Treffen mit dem Agenten draußen zu kreuzen.

Als sie vor der Festungsbatterie von Kijkduin standen, blickte Drinkwater wie immer prüfend zum Strand. Drüben wurden sie von der gewohnten Gruppe aus Offizieren und Ordonnanzen beobachtet. Dann schwenkte Drinkwater das Teleskop weiter und fing in seinem tanzenden Kreis den Brustwall der Festung ein. Da sah er etwas, das sein Blut gefrieren ließ.

Über den Schießscharten war ein neues Gerüst errichtet worden, dunkel vor dem blauen Himmel und drohend in seiner finsteren Bedeutung: ein Galgen. Und am Strick hing, unverkennbar in den verschossenen blauen Kleidern aus *Kestrels* Rumpelkammer, die Leiche von Major Brown.

Drinkwater ließ das Glas sinken und rief nach Jessup. Der Bootsmann bemerkte beim Näherkommen den kalten Glanz in Drinkwaters Augen. »Sir?«

»Sehen Sie nach, ob der Kommandant imstande ist, an Deck zu kommen.« Drinkwaters Stimme klang so eisern beherrscht wie die eines Mannes, der nur sprach, weil er mußte, und lieber geweint hätte.

»Nat, was soll das, zum Teufel ...?« Protestierend erschien Appleby im Niedergang.

»Sei still, Harry!« schnauzte ihn Drinkwater an, den Blick auf Griffiths gerichtet, der dem Arzt mit flatterndem Nachtgewand gefolgt war.

Wortlos reichte Drinkwater seinem Kommandanten das Teleskop

und deutete zur befestigten Batterie. Noch während er das Gesicht des Kapitänleutnants beobachtete, hörte er den dumpfen Abschuß einer Kanone übers Wasser rollen. Den Einschlag der Kugel sah er nicht, nur das gefurchte und jetzt noch fahlere Gesicht des Walisers. Als er Drinkwater das Glas zurückgab, sprach auch er, als würde er gewürgt.

»Das war unser Freund Santhonax, Mr. Drinkwater. Lassen Sie sofort wenden.« Er wandte sich ab. »Also ist dieser gottverfluchte Hund immer noch hier«, murmelte er.

Drinkwater gab seine Befehle und sah Griffiths nach, der zum Niedergang taumelte. Jetzt merkte man ihm sein Alter an, er wirkte abgezehrt und zerbrechlich. Wieder feuerten die Franzosen, rundum spritzte das Wasser auf, und eine Kugel schlug in den Rumpf. Vor dem Wind, das Heck dem Galgen zugekehrt, liefen sie nach Süden ab, und Drinkwater glaubte, das Knarren des Stricks und das Hohngelächter der Kanoniere zu hören, die unter ihrer gräßlichen Siegestrophäe schwitzten, um ihnen Schuß auf Schuß nachzujagen.

Major Browns Tod war ein schlimmer Schlag für *Kestrel*. Der von Geheimnissen umwitterte Gardeoffizier hatte fast schon zur Mannschaft gehört; ohne ihn wirkte die überfüllte Kajüte seltsam leer. Für Madoc Griffiths, den eine lange Freundschaft mit Brown verbunden hatte, bedeutete sein Tod einen ganz persönlichen Verlust. In ihrem zwielichtigen Beruf entwickelten sich manchmal seltsame, aber starke Bindungen.

»In Wirklichkeit hieß er gar nicht Brown«, hatte Griffiths gemurmelt, und das war schon der ganze Nachruf, den der Major jemals bekam.

Sein Tod hatte offenbar die Lunte gelöscht, deren Brenndauer ihm so wichtig gewesen war. Welcher Erfolge sich Santhonax auch sonst brüsten mochte, für die britischen Beobachter stand fest, er hatte de Winter nicht zum Ausbruch überreden können.

Trotzdem blieb Duncan – und auf anderer Ebene auch Drinkwater – bei der Überzeugung, daß die Holländer immer noch zuschlagen konnten. Oder zumindest daran gehindert werden mußten, es zu versuchen. So wurde die Blockade aufrechterhalten und zermürbte Besatzungen und Schiffe, während der Sommer langsam in den Herbst überging. Beträchtliche Zeit verbrachten die Kriegsschiffe vor Anker, zwischendurch liefen sie immer wieder zu Patrouillen aus oder suchten Zuflucht vor Yarmouth, wenn das Wetter zu rauh wurde. Vom westlichen Haakagronden aus hielten die Fregatten *Beaulieu* und

Circe sowie die Slup *Martin* Signalverbindung zwischen dem Admiral und der kleinen Schar Kommandanten an vorderster Front, die mit ihren Kuttern und Luggern in den Baljen des Haakagronden operierten.

Die Kutter *Rose, King George, Diligent, Active* und *Kestrel* blieben viele Wochen lang auf Posten, unterstützt von den Luggern *Black Joke* und *Speculator*. Sie überwachten die Fahrrinnen, fungierten als Flottentender oder Kurierschiffe – ein anstrengender Dienst, bei dem sich kein Ende abzeichnete. Routinemäßig zählten sie die Mastspitzen des Feindes, versuchten sich darüber klarzuwerden, auf welchen Schiffen die Maststengen aufgeriggt und die Rahen angeschlagen waren, ständig in Sorge über Untiefen, Tidenstand oder einen plötzlichen ungünstigen Windwechsel, der sie in Reichweite eines holländischen Feldgeschützes oder einer ganzen Batterie festhalten konnte.

Griffiths erholte sich allmählich von seiner Malaria und übernahm wieder *Kestrels* Führung. Aber die Holländer kamen nicht. Im Lauf der Wochen wurde aus gespannter Erwartung Ärger und schließlich gereizter Groll. Mit der Zeit verschlechterte sich die Verpflegung, und die Offiziere, seit der großen Meuterei mißtrauisch, beobachteten ihre Besatzungen mit Argusaugen. Die Disziplin wurde zunächst fast unmerklich, dann immer fühlbarer verschärft, und in den Zwischendecks begann man einen Rückfall in die »alten Zeiten« zu fürchten. In kleinlichem Streit und Haß erstickte der solidarische Triumph der Rebellion. Die Seeleute erinnerten sich daran, daß es nach Unterdrückung der Nore-Meuterei Hinrichtungen gegeben hatte, daß ihnen immer noch keine größeren Freiheiten gewährt wurden, daß die Zahlmeister nicht großzügiger geworden waren und der Sold nicht pünktlicher ausgezahlt wurde.

Anfang September verschlechterte sich das Wetter, und der Admiral beschloß nach einer gründlichen Bestandsaufnahme seines Geschwaders, zur Überholung nach Yarmouth zurückzukehren, dort neue Vorräte zu übernehmen und die Kranken auszuschiffen. Denn zu allem Überfluß war Skorbut ausgebrochen und machte das Verweilen auf See endgültig unmöglich. Doch in seiner undichten Kajüte auf *Venerable* quälte Duncan nach wie vor der Gedanke, die Holländer könnten seine Abwesenheit nutzen und nach so langem Stillhalten doch noch auslaufen.

An die Luvwanten geklammert, die Füße gegen die wütenden Attakken des Weststurms fest an Deck gestemmt, spähte Drinkwater in die tobende Finsternis. Mit abgefierten Mittelschwertern und hart weggerefft kreuzte *Kestrel* nach Nordwest aus dem Molen-Gatt, kämpfte um jeden Meter Luvraum und damit ums Überleben. Irgendwo im Süden, jenseits der gegen den Haakagronden anstürmenden Brandung, mußte jetzt *Diligent* aus dem Schulpen-Gatt knüppeln, während *Rose* schon längst das West-Gatt verlassen haben sollte. Drinkwater rieb sich die vom Salz der stechenden Gischt entzündeten Augen. Der Wind war so stark, daß er nicht direkt nach Luv blicken konnte. Er hatte gehofft, ein Licht von *Circe* auszumachen, doch konnte er nicht mehr erkennen als gerade noch die nächste See, die sich an Backbord vor ihnen auftürmte, während der Sturm ihren hellen Kamm in Fetzen riß.

Kestrels langer Bugspriet bohrte sich in den Abhang aus schwarzem Wasser, das sich bis an die unteren Sülls der Stückpforten hob und weiß übers Schanzkleid einstieg; aber grünes Wasser kam nicht an Bord. Daß sich der Kutter bei dieser enormen See so gut behauptete, erfüllte Drinkwater plötzlich mit trotziger Genugtuung. Auch in den schlimmsten Momenten, wenn ihnen nichts blieb, als sich festzuklammern und der Kunst der Schiffbauer von Wivenhoe zu vertrauen, hatte er sie nie im Stich gelassen.

Er gab es auf und hangelte sich vorsichtig nach achtern, während ihm der Sturm den weiten Ölmantel um die Beine peitschte. Nach einem Blick auf den Kompaß sicherte er sich an der Backbordpardune, indem er sich ihr Ende um die Taille knotete.

Tregembo erschien, das Gesicht ein verwischter heller Fleck in der Nacht. »Sie haben nach mir geschickt, Sir?«

»Aye, Tregembo. Wir sollten gelegentlich loten, wenn du es schaffen kannst.« Er fühlte, daß der Mann aus Cornwall grinste.

Aber heute nacht durften sie wirklich nicht auf Grund geraten.

Drinkwater drückte sich an das dicke Stag und spürte, wie es im Einklang mit dem Rumpf vibrierte. Das ließ ihn eins werden mit dem Kutter, gab ihm die Kraft, das wilde Heulen des Sturms zu ignorieren und wenigstens eine Weile den Anblick Browns am Galgen zu vergessen.

Die beiden Rudergänger an der Pinne wurden abgelöst und reckten nach der harten Anstrengung erleichtert die Arme. Dann suchten sie Schutz unter der Lee-Gig. Eine See krachte gegen die Bordwand und fegte über Schanzkleid und Deck, schäumte weiß über die Planken und brach sich wirbelnd an den Decksbeschlägen. Allmählich mußten sie das Molen-Gatt hinter sich haben und den relativen Schutz des Haakagronden verlassen.

Wieder spähte Drinkwater nach Luv, ob ein Licht von der Fregatte zu sehen war. Nichts.

Bei diesem Wetter liefen die Holländer bestimmt nicht aus. Aber es würde eine lange Nacht für ihre britischen Bewacher werden, lang, hart und nicht gerade ruhmreich, denn der Kampf mit den Naturgewalten brachte keinen Lorbeer.

Um zehn Uhr vormittags stießen sie zum Flaggschiff. Der Sturm hatte seinen Höhepunkt erreicht, tiefhängende Wolken jagten drohend über den Himmel und reduzierten die Sicht auf den eintönigen Umkreis grauer, weiß marmorierter Wellenberge, deren Gischt sich mit der Bewölkung zu mischen schien. Hin und wieder tauchten aus dem tobenden Einerlei gereffte Rahsegel oder dunkle Rümpfe auf, über deren Bordwände Wasserkaskaden strömten – mehr war von den Blockadeschiffen nicht zu sehen. Selbst die blauen Farbflecken der Nationalflaggen verschwammen mit dem Grau von See und Himmel.

Kestrel hüpfte wie ein Korken in Lee von *Venerables* Achterschiff, oder so sah es jedenfalls für die Offiziere des Flaggschiffs aus; der Admiral ließ seine neuen Befehle in einem Fäßchen wasserdicht versiegeln und in die See werfen.

Es brauchte Griffiths' ganzes Können, im Kielwasser des Flaggschiffs so zu manövrieren, daß sie das Fäßchen auffischen konnten. »Order für die Flotte, Mr. Drinkwater. Mit Ausnahme von *Russell, Adamant, Beaulieu, Circe, Martin, Black Joke* und zwei Kuttern sollen alle nach Yarmouth zurückkehren.«

»Und wir haben den Befehl zu übermitteln?«

Griffiths nickte.

»Geht klar, Sir, wir fallen sofort ab.«

Als Zeichen, daß sie ihre Anweisungen verstanden hatte, dippte *Kestrel* die Nationale und machte sich auf den Weg.

Als sie auf Kurs waren, trat Drinkwater wieder zu Griffiths. »Und wir, Sir?«

»*Active* und *Diligent* bleiben, der Rest geht ebenfalls nach Yarmouth.«

Drinkwater nickte. Aber das Bewußtsein nagte an ihm, daß sie vor Texel noch eine Rechnung zu begleiten hatten. Er sah Griffiths an, der schweigend seinen Blick festhielt. Sie dachten wohl beide an die verwesende Leiche ihres Freundes.

Vor dem Wind stießen sie auf Vizeadmiral Onslows *Monarch*

herab, übermittelten die Nachricht und segelten dann an der Reihe Schiffe vorbei, die Onslows Geschwader bildeten: die Linienschiffe dritter Klasse *Powerful, Montagu* und *Russell* und die mit ihren 64 Kanonen kleineren *Veteran* und *Angicourt* sowie Kapitän Blighs *Director*. Als nächste verständigten sie die abgewirtschaftete alte *Adamant*, die vor Texel so tapfer Duncans Täuschung aufrechthielt. Sie fanden auch *Circe* und *Beaulieu*; die beiden Lugger hingen an ihren Fregatten wie Kinder an Mutters Rock. Es wurde dunkel, ehe sie zu *Venerable* zurückkehren und ein Blaufeuer abbrennen konnten, als Vollzugsmeldung an den Admiral.

Drinkwater tappte unter Deck, warf sich in der Kajüte in eine Sofaecke und nahm dankbar von Merrick eine Schüssel Grütze entgegen. Mehr hatte er bei diesem Wetter auf dem Kombüsenherd nicht wärmen können, aber Drinkwater schmeckte die simple Weizengrütze mit Sirup hervorragend; er schlang sie hinunter, war sich aber bewußt, daß Appleby lauernd an der Tür stand.

»Warten Sie auf mich, Harry?« fragte er und nickte Traveller zu, der ebenfalls auf der Suche nach einem warmen Bissen in die Kajüte geschlingert kam.

Appleby nickte. »Auf ein Wort, Nat, wenn Sie einen Augenblick Zeit haben ...« Am Ärmel zog er ihn in seine Kammer.

»Bei Gott, das war 'ne feine Grütze ... He, Merrick, gibt's noch mehr davon?« Eben erst ausgehungert unter Deck gekommen, fand Drinkwater den Arzt lästig.

»Nat, es ist wichtig und dauert nicht lange. Aber als Sie und Griffiths oben beschäftigt waren, habe ich unter den Männern eine wachsende Unruhe festgestellt ... Nichts, worauf man den Finger legen könnte, aber dieser sinnlose Blockadedienst zu einer Jahreszeit, in der kein Holländer in die Nordsee auslaufen wird, wenn er nicht lebensmüde ist, nimmt die Männer schrecklich mit. Nein, schieben Sie mich nicht als alten, wichtigtuerischen Schwarzseher beiseite. Ich weiß die Blicke zu deuten, die heimlichen Bemerkungen, die Sätze, die bei meinem Erscheinen abgebrochen werden. Verdammt noch mal, Nat, Sie kennen die Symptome ...«

»Aber nicht doch, Harry. Jetzt, da wir nach Yarmouth zurückkehren, haben sie was Besseres zu tun als zu meutern.« Drinkwater verkniff sich eine ätzende Bemerkung über Applebys Verfolgungswahn. Blockadedienst in kleinen Fahrzeugen ging allen auf die Nerven, und zweifellos hatte Appleby die daraus erwachsende Unzufriedenheit mißdeutet. »Welcher Seemann schimpft nicht dauernd,

Harry? Sie machen sich unnötig Sorgen, denken Sie nicht mehr daran ...«

Ein plötzliches Krachen draußen ließ die Wände der Kammer erzittern. Ein Strom walisischer Flüche, gemischt mit angelsächsischen Füllwörtern, beendete ihr Gespräch. Appleby riß die Tür auf und starrte auf Leutnant Griffiths nieder, der unbeholfen am Fuß der Niedergangsleiter lag, das Gesicht im Schmerz verzogen.

»Mein Bein, Doktor ... Verdammt, ich habe mir das Bein gebrochen!«

Vierzehntes Kapitel

5. – 7. Oktober 1797

Ausgebootet

»Werden Sie mit dem Kutter fertig, Mr. Drinkwater?«

Drinkwater betrachtete den Admiral, er wirkte müde, zermürbt von seiner großen Verantwortung. »Ganz bestimmt, Sir«, antwortete er.

»Also gut. Ich lasse Ihnen sofort eine Interimsbestallung ausfertigen. Sie waren schon einmal Kommandant auf Zeit, nicht wahr?«

»Jawohl, Sir. Schon zweimal.«

Duncan nickte. »Gut. Wenn Sie Ihre Aufgabe zu meiner Zufriedenheit bewältigen, werde ich dafür sorgen, daß Ihre Bestallung zum Kapitänleutnant ohne weitere Verzögerung bestätigt wird... Und jetzt nehmen Sie einen Augenblick Platz.« Duncan läutete, und sein Steward betrat die Kajüte.

»Sir?«

»Bitten Sie Sekretär Knapton zu mir. Und eine Empfehlung an Kapitän Fairfax, er möchte sich mit Seiner Lordschaft zu mir bemühen.« Duncan wandte sich wieder an Drinkwater. »Es kann nicht schaden, wenn Sie wissen, was vorgeht, da Sie auf vorgeschobenem Posten stehen werden. Gehörten Sie nicht der Prisenbesatzung an, die im Jahr '80 die erbeutete *Santa Teresa* nach Gibraltar hineinbrachte?«

»Jawohl, Sir. Kommandant war Leutnant Devaux, der jetzige Lord Dungarth.«

»Aye, jetzt erinnere ich mich auch wieder an Sie. Und hier ist Seine Lordschaft.« Duncan erhob sich mit eingezogenem Kopf, denn die Decke war niedrig, und winkte die Neuankömmlinge auf zwei Stühle. Drinkwater bemühte sich, sein Erstaunen über das unvermutete Auftauchen des Grafen mit einer Verbeugung zu kaschieren. Danach blieb er stehen, bis der Admiral auch ihn zum Sitzen aufforderte.

»Nun also, meine Herren, Mr. Drinkwater bleibt hier, denn er soll ins Bild gesetzt werden über unser Beratungsergebnis und seinen Inhalt an Trollope übermitteln. Ich habe ihn zum Kommandant auf Zeit ernannt. Und nun, Mylord, was haben Sie uns zu sagen?«

»Sie haben eine gute Wahl getroffen, Admiral.« Dungarth lächelte Drinkwater an. »Also – wann können Sie wieder auslaufen?«

Der alte Admiral fuhr sich mit der Hand übers Gesicht. »Ich brauche unbedingt noch ein paar Tage, um meine Besatzungen aufzufüllen. Ja, was gibt's?« unterbrach er sich, weil es geklopft hatte. Ein großer Mann mit verdrießlichem Gesicht betrat die Kajüte. »Ah, da sind Sie, Richard, treten Sie näher. Fairfax hier kennen Sie natürlich, und dies ist Lord Dungarth von der Admiralität in London...« Onslows Brauen hoben sich. »Und dies Leutnant Drinkwater von *Kestrel*.«

Drinkwater erhob sich. »Ihr Diener, Sir.«

»Was ist Griffiths zugestoßen?«

Duncan antwortete. »Hat sich das Bein gebrochen, und ich habe Drinkwater befördert, er kennt die Crew, und ich halte nichts von Bäumchen-wechsel-dich-Spielen mit anderen Offizieren auf fremden Schiffen, wenn die Lage so heikel ist wie jetzt...« Bedeutsam sah er Onslow an, der ihm nickend beipflichtete. Drinkwater begriff, daß es zweifellos ein Dutzend Fähnriche gab, die mehr Anspruch auf *Kestrels* Kommando zu haben glaubten als er.

»Meinen Glückwunsch, Mr. Drinkwater«, sagte Onslow. »Kennen Sie Psalm 75? Nein? ›Das Gericht kommt weder vom Aufgang noch vom Niedergang, noch von der Wüste oder den Bergen. Vielmehr ist Gott der Richter. Den einen erniedrigt er, den anderen erhöht er‹.«

Die Anwesenden schmunzelten, denn sie kannten Onslows Bibelfestigkeit und wußten, daß seine Signalfähnriche neben Kempenfelts Code stets auch eine Heilige Schrift bereithielten.

»Sehr passend. Aber jetzt zur Sache. Mylord?«

»Nun also, meine Herren, seit dem bedauerlichen Verlust von Major Brown«, Dungarth machte eine Pause, während der Schatten des Todes über die gesenkten Köpfe seiner Zuhörer glitt, »habe ich von unseren Leuten in Paris gehört, daß Capitaine Santhonax dort gesehen wurde. Er blieb jedoch nicht lange und tauchte im letzten Monat in Den Haag auf. Man nimmt mit Sicherheit an, daß er inzwischen wieder de Winter auf Texel im Nacken sitzt. Wir waren der Ansicht, daß die Franzosen seit dem Tod von General Hoche die Lust zu einem zweiten Landungsversuch in Irland verloren haben. Aber Österreich hat in Leoben eine Vereinbarung mit diesem neuen General Bonaparte geschlossen, deshalb werden französische Truppen für andere Unternehmungen frei.« Er nahm von Knapton ein Glas Wein entgegen, der mit silbernem Tablett die Runde machte.

»Die meisten von Ihnen haben vom Überfall des Direktoriums auf Fishguard im letzten Februar gehört. Er stand unter amerikanischer Führung...« Ein verärgertes Gemurmel stieg von der Gruppe auf. »Obwohl er ein totaler Mißerfolg wurde, zeigte er doch dem Direktorium, daß es durchaus möglich ist, auf Englands Boden zu landen.

Ob das Ziel Irland oder England sein wird, können wir nicht sagen. Jedenfalls ist gewiß, daß Santhonax als verlängerter Arm des Direktoriums auf de Winter großen Druck ausüben wird. Wenn er Ausflüchte macht, wird er seines Postens enthoben werden und mehr verlieren als seine Admiralsflagge. Jan de Winter ist zwar ein überzeugter Republikaner, aber vor allem Berufssoldat. Santhonax muß ihn zum Handeln wider bessere Einsicht bewegen, aber am Ende *wird er ausbrechen*, und Sie, meine Herren, *müssen ihn aufhalten*. Seine Vereinigung mit den Geschwadern aus Brest würde für uns an allen Fronten eine Katastrophe bedeuten.«

Als Dungarth schwieg, war in der bedrückten Stille nur verlegenes Füßescharren zu hören. Die bunt zusammengewürfelten Schiffe des Nordseegeschwaders ließen sich mit den kampfstarken Einheiten der Kanalflotte bei weitem nicht vergleichen, die ja nicht umsonst die »Grand Fleet« hieß.

»Wir brauchen noch ein paar Tage.« Duncans Blick heischte Unterstützung von Onslow.

»Das stimmt, Adam. Sie werden der Regierung sagen müssen, Mylord, daß wir noch etwas Zeit benötigen. Dieses Geschwader ist in schlechter Verfassung. Sehen Sie dort, selbst der Oberbefehlshaber muß sich mit solchen Dingen abfinden...« Onslow wies auf einige strategisch verteilte Eimer in Duncans Kajüte, in denen sich das von der undichten Decke tropfende Wasser sammelte.

Drinkwater hörte dem Gespräch nur mit halbem Ohr zu, ihn beschäftigten vor allem die Neuigkeiten, die sie von Dungarth erfahren hatten. Also hatte ihn sein Instinkt nicht getrogen, Texel war immer noch ein heißes Eisen für die Briten – und Santhonax für ihn. Sie beide waren noch nicht fertig miteinander. War vielleicht Irland der Schlüssel zu allem? Nicht umsonst hatte sich Brown so für Wolfe Tone am Strand von Kijkduin interessiert. Ja, Santhonax' Taktik lag nun klar zutage: Er stiftete Unruhe in der britischen Flotte und heizte die Nore-Meuterei an, und dann suchte er schleunigst holländische Unterstützung, ehe Parkers Rebellion zusammenbrechen konnte. Als auch das mißlang, sollte ein letzter großer Vorstoß von Brest aus mit den vereinigten französisch-holländischen Seestreitkräften die geschwächte Royal Navy im Osten binden, während Britanniens entblößte Westküsten einer Landungsarmee dieses neuen Generals offenstanden, der viel brillanter sein sollte als Hoche oder Moreau ... General Bonaparte ...

»Mr. Drinkwater? Mr. Drinkwater!«

Erschrocken fand er in die Realität zurück. »Bitte um Verzeihung, Sir, ich habe – äh – nachgedacht über das ganze Ausmaß von Lord Dungarths ...« Errötend verstummte er.

»Ja, ja«, sagte Duncan gereizt. »Ich lasse die neuen Befehle binnen einer Stunde ausfertigen, machen Sie es sich bitte so lange in der Messe bequem. Sie werden Trollope meine Depeschen überbringen und dann so dicht wie möglich vor Kijkduin Station beziehen. Sowie die Holländer sich rühren, muß ich es sofort wissen. Verstehen Sie, Mann?«

Drinkwater erhob sich. »Aye, Sir. Besten Dank, daß Sie mich ins Vertrauen gezogen haben. Ihr Diener, meine Herren.« Er verabschiedete sich mit einer Verbeugung und ging an Deck.

»Ihr beide habt euch gegen mich verschworen, verdammt sollt ihr sein«, murmelte Griffiths mit schweißnasser Stirn; das von Appleby verordnete schmerzstillende Opium verengte seine Pupillen.

»Nein, Sir«, sagte Drinkwater sanft, »wirklich nicht. Es ist Admiral Duncans Befehl, Sir. Wenn Sie erlauben, schaffen wir Sie jetzt ins Boot und an Land ins Hospital.« Er winkte Short und seinen Helfer herbei, die Griffiths auf eine Tragbahre hoben. Als sie sich damit durch die schmale Tür gezwängt hatten, wischte sich Appleby erleichtert die Stirn.

»Uff! Aber von Ihnen hat er es sich sagen lassen, da war er lammfromm, Nat. Mir hätte er in der letzten Stunde beinahe die Augen ausgekratzt.«

»Armer alter Bursche«, seufzte Drinkwater. »Kommt sein Bein wieder in Ordnung?«

Appleby nickte. »Ja, wenn er es eine Zeitlang nicht belastet. In Anbetracht des Gambia-Fiebers kann man seine gute Konstitution nur bewundern.«

»Daß er im Hospital nicht trinken darf, wird ihm zu schaffen machen.« Sie gingen an Deck, wo Jessup seine Vorbereitungen traf, um die Bahre mit Griffiths in die wartende Gig abzufieren.

»Mr. Drinkwater«, krächzte Griffiths und versuchte, den Kopf zu heben.

»Sir?« Drinkwater ergriff die suchende Hand.

»Viel Glück, Nathaniel, mein Sohn. Sie wissen, das kann Ihre große Chance sein. Bleiben Sie wachsam, nur dann rückt der Erfolg in greifbare Nähe. Viel Glück! Und jetzt fiert mich ab, ihr Strolche. Sinnig – sinnig!«

Drinkwater sah dem alten Mann nach, wie er, warm eingehüllt, von seinem Kutter weggepullt wurde. Als die Gig, kleiner werdend, in weitem Bogen auf Land zuhielt, merkte er, daß seine Augen feucht wurden. Dann verbot er sich die Sentimentalität und wandte seine Aufmerksamkeit wieder dem Borddienst zu.

»Mr. Jessup!«

»Sir?«

»Alle Mann nach achtern.«

Er hatte Herzklopfen vor freudiger Erregung und empfand zugleich Besorgnis. So befristet und vorübergehend seine Beförderung auch sein mochte, während er *Kestrels* Kommandant war, hatte er Macht über die Männer, die sich jetzt um die an Bord verbliebene Gig drängten, war verantwortlich für jede Bewegung des Kutters, für die Leistungen oder das Versagen seiner Crew. Er griff in seine Rocktasche und holte die Pergamentrolle heraus.

Als mittschiffs Schweigen eingekehrt war, begann er laut vorzulesen.

Nach dem letzten der feierlichen und förmlichen Sätze seiner Bestallung fügte er hinzu: »Ich verlasse mich darauf, daß Sie alle unter meinem Kommando ebenso Ihre Pflicht erfüllen wie unter Leutnant Griffiths. Und jetzt, Mr. Jessup, nehmen Sie den Anker kurzstag, wir laufen sofort aus, sobald die Gig zurückgekehrt ist.« Jessup brüllte seine Befehle und ging nach vorn; Drinkwater rief Hill zu sich. »Mr. Hill, ich befördere Sie zum Master, bitte übernehmen Sie an meiner Stelle die erste Wache.«

Als die Segel ausgeschüttelt wurden, ging Drinkwater unter Deck. Der emsige Merrick war gerade dabei, die letzten Sachen aus Drinkwaters kleiner Kammer in die Kommandantenkajüte zu schaffen. Sie war etwas, aber nicht viel, größer als seine alte, stellte Drinkwater fest, doch das Gestell für Glas und Flasche war das gleiche. Als er das kleine Aquarell aufhängte, dachte er an Elisabeth, die er seit achtzehn Monaten nicht mehr gesehen hatte. Ein Jammer, daß er ihr über seine Beförderung und Duncans Versprechen nicht Nachricht zukommen lassen konnte.

Ein Klopfen an der Tür beendete seinen Abstecher ins Privatleben. Es war Appleby.

»Nat, äh, Sir . . .« Der Arzt strich sich mit seiner Bärenpranke das Doppelkinn.

»Was gibt's?« fragte Drinkwater, seine Bücher zurechtrückend.

»Ich freue mich aufrichtig über Ihre Beförderung, Nat . . . Sir . . . Aber glauben Sie mir, es ist äußerst wichtig, daß Sie vorsichtig mit der Besatzung umgehen. Die Stimmung an Bord ist immer noch schlecht, und unser Auslaufbefehl nach Texel wird sie nicht gerade verbessern. Es ist nichts Konkretes«, fügte er hastig hinzu, ehe Drinkwater ihn unterbrechen konnte, »ich rechne nur damit, daß sie jetzt, nach Griffiths Abgang, ausprobieren werden, wie weit sie bei Ihnen gehen können.«

»Es scheint«, sagte Drinkwater und sicherte seinen Quadrantkasten mit einer Lasching, »daß Aufruhr, Meuterei und das ganze Zwischendecksgezeter Ihren sonst so gesunden Menschenverstand getrübt haben, Harry.«

»Herrgott noch mal, Nat – verdammt, Sir –, wenn Sie meine Warnung auf die leichte Schulter nehmen, werden Sie's bereuen!«

Allmählich wurde Drinkwater ärgerlich. Der Gedanke, daß ihm ausgerechnet jetzt etwas in die Quere kommen konnte, war für ihn ein Alptraum, und Applebys Schwarzseherei machte ihn wütend. Mit Mühe beherrschte er sich.

»Hören Sie, Harry, dieser seit Wochen andauernde leidige Blockadedienst hängt uns allen zum Hals heraus, wir haben ihn restlos satt, aber er ist nun mal unsere Pflicht. Und jetzt ist es wichtiger als je zuvor, daß wir vor Texel kreuzen. Also hören Sie sofort mit diesem verdammten Gejammer auf.«

»Meine Güte, Mann, die Befehlsgewalt ist Ihnen wohl zu Kopf gestiegen!«

»Lassen Sie mich in Ruhe, Harry«, sagte Drinkwater leise, aber mit eiskalter Wut in der Stimme, und drängte sich an dem Arzt vorbei durch die Tür. Jetzt brauchte er frische Luft an Deck.

Am Niedergang trat Bulman auf ihn zu. »Mr. Hills Empfehlung, Mr. Drinkwater, der Anker ist kurzstag und die Gig nähert sich.«

Drinkwater nickte und trat an die Reling, packte den Handlauf mit zitternden Händen. Zur Hölle mit Appleby und seinem verfluchten Kleinmut! Sein Kassandrageschwätz behinderte ihn nur, er brauchte einen klaren Kopf für seine Arbeit.

Sie nahmen die Gig ein und gingen ankerauf, mit Südostkurs auf das St.-Nicholas-Gatt und die Durchfahrt südlich des Scroby-Sands.

Vorn wurden die letzten Laschings um die Gig gelegt, die letzten Fallen aufgeschossen und auf ihre Belegnägel gehängt, die steifen Schoten belegt. Hill ließ die Kettenstopper zuschnappen und reichte die Rüstleine weiter, damit der große Haken an seiner Ankerscheuer gesichert werden konnte. Schon spülten zwei Männer mit Eimern den Schlamm von Yarmouth-Reede ins Meer. Traveller schritt von Kanone zu Kanone und prüfte die Broken. Alles wirkte völlig normal. Drinkwater entspannte sich und warf einen Blick auf den Kompaß. Sie hatten Kurs auf Texel, diesen Prüfstein britischer Ausdauer.

Um Mitternacht erfüllten sich Applebys düstere Vorhersagen. Als Hill die Wache an Jessup übergab, verlangten die Männer ihren Sold. Ihre Forderung schien in dem Augenblick absurd, doch hatte diese Wunde schon seit Monaten geschwärt, und die Rädelsführer des Vorschiffs hielten eben jetzt die Zeit für gekommen. *Kestrels* Besatzung wartete seit über einem Jahr auf ihr Geld. Die Zeit vor Anker auf Yarmouth-Reede war ihnen durch James Thompsons, des Zahlmeisters, Weigerung vergällt worden, weiterhin Kredit zu geben; Thompson war ebenfalls das Geld ausgegangen. Doch nun konnten die Männer nicht einmal das Nötigste von den Proviantbooten kaufen, die von Schiff zu Schiff pullten. Daß es ihnen selbst an der kleinsten Bequemlichkeit mangelte, verschärfte die ohnedies schwelende Unzufriedenheit. Durch Zufall waren mehrere Flaschen Schnaps an Bord geraten, die während der ersten Wache geleert wurden. So kam es zu der mitternächtlichen Revolte.

Drinkwater wurde alarmiert und wälzte sich schlaftrunken aus seiner Koje. Aber der Zorn über die Nachricht, die Jessup für ihn hatte, machte ihn schnell hellwach. Während er sich ankleidete, wütete er innerlich gegen seine Leute, aber dann zwang er sich zur Ruhe. Ihre Beschwerden waren berechtigt, und sein Ärger half jetzt auch nicht weiter. Aber den Sold jetzt auszuzahlen, war nicht nur indiskutabel, sondern schlechthin unmöglich.

»Wer steckt dahinter, Mr. Jessup, nun sagen Sie's schon. Es muß doch einen Anführer geben.«

Jessup zuckte die Schultern. »Nicht daß ich wüßte . . . Geben Sie her, ich lade sie Ihnen.« Er griff nach einer der beiden Pistolen, die Drinkwater aus ihrer Schatulle geholt hatte. Sie gehörten Griffiths. »Kann ich auf Sie zählen, Mr. Jessup?« fragte Nathaniel und lud die andere.

»Natürlich, Sir«, antwortete Jessup empört.
»Also gut, dann behalten Sie die Waffe. Wo sind die Männer jetzt?«
»An Deck und warten auf Sie.«
»Dann rufen Sie die Decksoffiziere zusammen.«
»Ist schon geschehen. Hier kommt Mr. Appleby...«
Der Arzt drängte sich in die Kajüte. »Das habe ich kommen gesehen, Nat, ich hab' Sie gewarnt...« Sein Gesicht war grau vor Sorge; das hastig in die Kniehose gestopfte Nachthemd bauschte sich um seine Mitte und ließ ihn noch dicker erscheinen.
»Zum Teufel mit Ihrer Besserwisserei, Harry! Sind Sie bewaffnet?«
»Gewiß.« Der Arzt hielt zwei schwere Pistolen hoch. »Die habe ich seit Wochen geladen und schußbereit.«
»Dann haben Sie jetzt hoffentlich das Zündpulver überprüft, ob es trocken ist«, mahnte Jessup, und Appleby schoß einen vernichtenden Blick auf ihn ab.
»Also los, meine Herren, gehen wir.« Im Vorraum stieß Traveller zu ihnen, und sie stiegen an Deck.
Die Nacht war klar, ein raumer Wind trieb den Kutter flott nach Osten. Hin und wieder verdunkelten Wolken die Sterne. Als Drinkwaters Augen sich angepaßt hatten, erkannte er Bulman an der Pinne und eine Doppelreihe heller Gesichter mittschiffs in der Kuhl, wo die Männer abwarteten, wie der Kommandant auf ihr Verhalten reagieren würde. Drinkwater wußte, daß er entschlossen vorgehen mußte, und wandte sich zunächst kurz an die Decksoffiziere in seinem Rücken.
»Ich erwarte Ihre volle Unterstützung. Notfalls bis zur letzten Konsequenz.«
Dann schritt er nach vorn, bis ihn nur noch ein Meter von der ersten Reihe der Wartenden trennte. Kalte Verzweiflung hatte von ihm Besitz ergriffen. Nichts würde ihn daran hindern, seine Befehle auszuführen oder diese erste und einzige Chance wahrzunehmen, die ihm die geizige Vorsehung endlich geboten hatte.
Instinktiv spürte er, daß ihn die Besatzung nicht tätlich angreifen würde. Ob er sich selbst beherrschen konnte, dessen war er nicht so sicher.
Mit einer einzigen harschen Bewegung zog er den Degen, was bei seinen Kontrahenten unwillkürlich ein Zurückweichen auslöste, das ihm nicht entging. Erschreckt holten sie Atem wie ein Mann.
»Also, Jungs, ich kenne eure Vorwürfe, aber jetzt ist nicht die rechte Zeit dafür. Wir haben einen wichtigen Eilauftrag, und ihr

werdet alle eure Pflicht tun.« Er wartete, damit seine Worte auch von allen begriffen wurden.

»Bullschitt«, rief eine Stimme aus der hinteren Reihe, und Drinkwater sah im Dunkeln einige Männer grinsen.

Er riß die Pistole aus dem Gürtel und drückte sie plötzlich dem nächsten Seemann gegen die Stirn. »Mr. Jessup! Mr. Appleby! Sie schießen auf meinen Befehl!«

Wieder spürte er, daß die Männer wankend wurden, besonders in der ersten Reihe. Die hinteren schienen nach wie vor zu allem entschlossen. »Ich erschieße diesen Mann, wenn ihr nicht sofort auf eure Plätze geht. Treibt mich nicht zum Äußersten...«

Seine Geisel starrte ihn aus furchtgeweiteten Augen an, die weiß durch die Dunkelheit schimmerten. »Barmherzigkeit«, flüsterte er flehend.

»Verpissen Sie sich, Mr. Drinkwater, wir lassen uns nicht bluffen. Wir wollen unser Geld!« Zustimmendes Gemurmel begleitete den Ausruf.

Mit einem Klicken spannte Drinkwater den Hahn. »Ich bluffe nicht.« Sein Blick wanderte über die Versammelten.

Hinter ihm ertönte Applebys Stimme. »Mr. Drinkwaters Mut ist allgemein bekannt, Leute. Ich rate euch, rechnet nicht mit seiner Geduld...«

»Aye, Kameraden, Mr. Appleby hat recht. Denkt an den französischen Lugger!« Das kam von Tregembo, und Drinkwater schwieg wohlweislich, denn er war sich bewußt, welches tödliche Melodrama sich da vor ihm abspielte, auch wenn er nicht wußte, daß er als draufgängerischer Kämpfer berüchtigt war; daß man sich noch immer schaudernd erzählte, wie er das Deck der *Citoyenne Janine* geräumt hatte oder daß er im Krieg gegen Amerika einen französischen Offizier auf *La Creole* erstochen hatte und zum Beweis täglich seinen Degen trug.

Aber er spürte, daß sich das Blatt wendete. »Ich zähle bis fünf«, sagte er. »Wenn die Freiwache dann nicht unter Deck ist, drücke ich ab. Andernfalls lasse ich die Sache auf sich beruhen und werde mich persönlich beim Admiral dafür einsetzen, daß ihr bezahlt werdet. Eins... zwei...«

Der Mann, den er an sich gepreßt hielt, zitterte unkontrolliert. Drinkwater hob den Pistolenlauf. »Drei...«

Die Reihen vor ihm wichen zurück. »Vier.«

Scharrend machten die Männer kehrt und schlurften zum Vorschiff, untereinander leise Bemerkungen austauschend.

Drinkwater ließ die Pistole sinken. »Weitermachen«, sagte er zu dem Mann, dem vor Erleichterung fast die Beine versagten.

Die Meuterei war vorbei, sie hatte nur eine halbe Stunde gedauert.

»Meine Herren, es ist Zeit für die Koje«, sagte Drinkwater in einem Ton, den die Ohrenzeugen als eiskalt beschrieben, der ihm selbst aber kaum sein klopfendes Herz zu übertönen schien.

»Vier Glasen, Sir.«

Drinkwater regte sich schlaftrunken und kam langsam zu sich; er sah, daß Merrick sich über ihn beugte, und roch Kaffeeduft. Er setzte sich auf den Kojenrand und nahm den Becher in beide Hände, während Merrick die Lampe anzündete. Es fröstelte ihn, denn der Morgen dämmerte kalt, und außerdem tat ihm der rechte Arm wieder weh. Das erinnerte ihn an die Ereignisse der Nacht, und er war mit einem Schlag hellwach.

Merrick hängte die Lampe auf. »Mr. Traveller läßt Ihnen sagen, Sir, er erwartet bei Tagesanbruch, das Geschwader in Sicht zu bekommen.«

»Warum haben Sie mir das nicht gleich gesagt?« Drinkwater spürte kindischen Ärger in sich aufsteigen. Das Gefühl, völlig allein zu stehen, wurde noch durch die bittere Erkenntnis verschärft, daß er seiner schweren Verantwortung Duncan gegenüber mit einer rebellischen Besatzung gerecht werden sollte. Er scheuchte Merrick, der Entschuldigungen murmelte, gereizt beiseite und sah ihn mit schadenfroher Genugtuung das Weite suchen.

Erst beim Rasieren beruhigte er sich wieder. Der Kaffee tat seine Wirkung, verbrannte ihm den Mund, gab ihm aber einen klaren Kopf. Duncan verlangte schließlich nichts Unmögliches von ihm. Griffiths hatte recht, dies war seine große Chance, und verdammt wollte er sein, wenn er sie verspielte. Er wischte sich den Seifenschaum vom Gesicht, zog sich fertig an und ging an Deck.

Oben begrüßte er Traveller und trat an die Luvreling. Der Nordwest hatte die ganze Nacht durchgestanden. Jetzt zeichnete sich der östliche Horizont im schwachen Licht des kommenden Tages allmählich schärfer ab. In tiefen Zügen atmete er die frische Morgenluft ein, dann rief er nach Traveller.

»Mr. Drinkwater?«

»Alles ruhig?«

»Kein Mucks. Wenn Sie erlauben, Sir, ich glaube, Sie werden mit dem Haufen keinen Ärger mehr kriegen.«

Drinkwater sah seinen Stückmeister an. »Hoffen wir, daß Sie recht haben, Mr. Traveller«, sagte er so gleichmütig er konnte.

»Um vier Glasen haben wir neun Knoten geloggt, Sir. Das Geschwader sollte bald in Sicht kommen.«

Drinkwater nickte und ging nach vorn zu den Booten. Wie nebenbei warf er den beiden Rudergängern einen scharfen Blick zu, aber sie schienen sich ganz auf den Kompaß zu konzentrieren. Anscheinend hatte er es geschafft. Er zwang sich, die auf dem Rücken verschränkten Hände ruhig zu halten, und begann darüber nachzudenken, was er in ein, zwei Stunden Trollope zu sagen hatte.

»Der Wind läßt nach«, meldete Hill. Sie standen tief im Schulpen-Gatt, hatten die Batterie von Kijkduin recht voraus, knapp außer Reichweite ihrer Kanonen. Zum Glück war der Galgen abgeschlagen. Ohne Wind kamen sie nicht gegen die nach Süden setzende Tide an, deshalb gab Drinkwater Befehl zu ankern. Schon neigte sich die Sonne nach Westen, die Abendkühle begann sich bemerkbar zu machen. Drinkwater blickte zum Himmel. Die Bewölkung lockerte auf, die Dünen, Windmühlen und Kirchtürme der holländischen Küste zeichneten sich in der trockenen Luft mit zunehmender Klarheit ab.

»Er wird auf Ost drehen, glaube ich.«

»Aye, Sir, kann sein, daß Sie recht haben.«

Drinkwater wartete, bis die Segel unten und eingepackt waren. Dann befahl er, eine Spring an die Ankertrosse zu stecken, die Ladungen zu überprüfen und die Kanonen neu zu laden. Während die Männer eifrig hantierten, enterte er in den Wanten bis zu ihrem Angriffspunkt am Mast auf. Dort sicherte er sich und richtete das Glas ostwärts.

Die Worte des Ersten Offiziers auf *Russell* fielen ihm wieder ein, der sich um ihn gekümmert hatte, während Trollope die neuen Befehle studierte. »Ich beneide Sie um diesen Kutter«, hatte William Burroughs gesagt, »und bestimmt geht es nicht nur mir so, wenn sich erst herumgesprochen hat, daß Old Griffiths außer Gefecht ist. Zumindest kriegen Sie die Holländer zu sehen, während wir immer nur Mastspitzen hinter den Dünen zählen dürfen. Daraus die Anzahl der Schiffe zu erraten, ist so hoffnungslos wie ...« Burroughs suchte vergeblich nach einem Vergleich. »Na, Sie wissen schon. Es ist einfach unmöglich. Doch, ich beneide Sie. Wir hier starren nur die Dünen an, hinter denen die Holländer auf ihren Ärschen sitzen und sich über uns halb

»Aye, aye, Sir.« Jessup verschwand und gab die entsprechenden Befehle. Drinkwater war mit sich zufrieden, denn die Schwerter hatten kein einziges Mal Grundberührung gehabt. Jetzt sollte *Kestrel* eigentlich auf der gewünschten Position sein. Unten in der Kajüte trat er die Schuhe von den Füßen, wickelte sich in seinen Umhang und warf sich auf die Koje. Binnen kurzem war er eingeschlafen.

Um sechs Uhr morgens wurde er geweckt und war fünf Minuten später an Deck. Es wehte ein steifer Ost. Um fünf Glasen rief er alle Mann an Deck und ließ die Kanonen laden und richten. Das Großsegel wurde klar zum Setzen gemacht und alle Fallen bereitgelegt, damit sie sofort lossegeln konnten, falls sich bei Tagesanbruch zeigte, daß sie zu nahe an der Küstenbatterie geankert hatten. Doch der Morgen brachte Dunst und schlechte Sicht.

Eine halbe Stunde später entließ Drinkwater die Freiwache und ging selbst unter Deck, um sich zu rasieren und zu frühstücken. Grütze und Sirup wärmten ihn von innen heraus, und nur seine neue Würde als Kommandant hinderte ihn daran, Appleby zu necken, der einen halbherzigen Protest loswerden wollte, weil die knarrenden Riemen ihn geweckt hatten. Aber die Tatsache, daß sie Ostwind hatten, versetzte Drinkwater in Unruhe, so daß er nicht entspannen konnte.

An Deck marschierte er auf und ab, während er darauf wartete, daß der Dunst sich vom Land hob. Falls sie an der falschen Stelle ankerten, mußten sie vielleicht die Trosse kappen, um sich schleunigst davonzumachen, ehe sie im Kreuzfeuer zwischen Kijkduin und der Yacht zusammengeschossen wurden. Immer wieder ermahnte er sich zur Ruhe, ignorierte den Schweiß, der ihn zwischen den Schulterblättern juckte, und versuchte, den schönen alten Satz zu vergessen, der sich ihm immer wieder aufdrängte: *morituri te salutant* – die Todgeweihten grüßen dich.

»Die Sicht wird besser, Mr. Drinkwater.« Das war Traveller, der es wohl nicht erwarten konnte, seine kostbaren Kanonen abzufeuern.

»Danke, Mr. Traveller.« Drinkwater ging nach vorn und enterte im Mast auf. Von oben sah er die Maststengen der holländischen Flotte aus dem weißen Nebel ragen, der die Stadt De Helder einhüllte. Doch im Vordergrund war der Strand schon zu erkennen, und bald rollte der einzelne Knall einer Kanone übers Wasser, als die Küstenbatterie Maß nahm. Die holländische Yacht lag immer noch in der Fahrrinne, etwa acht Kabellängen entfernt, und hinter ihr wuchs die feindliche Flotte langsam und dramatisch aus dem sich auflösenden Dunst.

Ohne Zweifel herrschte dort drüben emsige Geschäftigkeit. Auf den Rahen hatten Toppgasten ausgelegt, und Drinkwater begann mitzuzählen, als sich ein Schiff nach dem anderen von seiner Boje freiwarpte. Gegen Mittag kreuzte *Black Joke* geschickt durch das West-Gatt und schloß zu *Kestrel* auf. Es war vereinbart worden, daß sie am Nachmittag dieses 7. Oktober Trollope draußen aufsuchen und ihm melden sollte, daß die Holländer ausliefen. Wenn der Ostwind durchstand, war damit zu rechnen, daß de Winter den großen Ausbruch wagen würde.

Es wurde später Nachmittag, und der Wind war immer noch stetig. Drinkwater blieb an Deck. Die zermürbenden Monate des Blockadedienstes hatten eine Spannung in ihm aufgebaut, die jetzt nach der erlösenden Tat verlangte. Und den anderen Kestrels erging es ähnlich. Die Besatzung drückte sich an Deck herum, hoffte oder fürchtete, daß die Holländer endlich die Partie eröffneten. Drinkwater schaute nach Osten. Die Yacht lag immer noch vor Anker, gehorsam wie ein Hund an der Schwelle seines Herrn, und dahinter...

Drinkwater griff nach seinem Fernglas. Eines der holländischen Schiffe hatte Segel gesetzt und schob bereits eine Bugwelle vor sich her. Er eilte aufs Vorschiff und richtete das Glas aus, der Stetigkeit halber an ein Stag gepreßt.

Es war eine Fregatte, die unter Toppsegeln den Kanal herunterkam. Würde sie wieder ankern, oder sollte sie die Flotte auf See hinaus führen? Drinkwaters Mund wurde trocken, sein Herz hämmerte gegen die Rippen. Die Fregatte behielt ihren Kurs bei. Er beobachtete sie vielleicht zehn Minuten, dann entspannte er sich. Denn er hatte gesehen, daß ihre Toppsegel killten und die Silhouette des Rumpfes länger wurde. Sie drehte in den Wind, um zu ankern. Also sollte sie als Wachschiff fungieren und die schwachen Gegner aus dem Weg scheuchen, wenn de Winters Armada kam. Drinkwater atmete erleichtert auf. Er wollte sich schon abwenden, da erregte eine Bewegung hinter der Fregatte seine Aufmerksamkeit. Ein Boot kam hinter ihrem Rumpf hervor und pullte seewärts, auf die Yacht zu.

Bei Sonnenuntergang setzte *Kestrel* das Signal »Feindliche Vorbereitungen in fortgeschrittenem Stadium« an *Black Joke* ab, die fünf Meilen weiter westlich stand. Drinkwater sah, wie es drüben wiederholt wurde, und hatte fünf Minuten später Trollopes Antwort; drei viereckige Flaggen und ein schwarzer Ball besagten: »Ich habe keine Unterstützung.«

Duncan war noch nicht eingetroffen.

Abermals wandte sich Drinkwater nach Osten. Also mußten sie sich schleunigst vom Feind absetzen. Das Boot pullte jetzt von der Yacht zur Fregatte zurück, und er hätte gern gewußt, welche Anweisungen der Kommandant der Yacht soeben erhalten hatte. Den endgültigen Auslaufbefehl wahrscheinlich. Und dann bemerkte er ein Detail, das ihn erstarren ließ.

Die holländische Yacht hatte im Maststopp eine Flagge gesetzt.

Es war der schwarze, gegabelte Wimpel.

FÜNFZEHNTES KAPITEL

8. – 11. Oktober 1797

Kampenduin

In dieser Nacht fand Drinkwater keinen Schlaf. Bei vier Glasen der Mittelwache erhob er sich und ging in die Tageskajüte. Er öffnete den Schrank, wo Griffiths seinen Schnapsvorrat aufbewahrte, holte eine Flasche Cognac heraus und setzte sie an. Das Aroma erinnerte ihn an die Nacht vor Beaubigny und an Hortenses Augen. Er hatte das Gefühl, als schließe sich ein Kreis. Schaudernd nahm er noch einen Schluck und beschwor ganz bewußt Elizabeths Bild herauf, als sei es ein Talisman, der einen bösen Zauber bannen könne. Doch heute war ihm Elizabeth sehr fern, verborgen hinter der drohenden Hürde der nächsten Stunden. Irgendwie schien ihm sein altes Versprechen, Umsicht walten zu lassen, jetzt genauso bombastisch wie seine Versicherung Duncan gegenüber, daß er seine Pflicht tun werde.

Er warf die Cognacflasche weit von sich, daß sie an der anderen Wand in tausend Scherben zersplitterte.

»Alles nur Einbildung«, murmelte er und erklomm den Niedergang. Oben lief er auf und ab wie ein Tiger im Käfig, immer hin und her zwischen Heckreling und den Gigs; die Ankerwache ging ihm wohlweislich aus dem Weg. Ab und zu blieb er stehen und blickte in die Richtung von Kijkduin. Santhonax *mußte* einfach dort sein, fühlte er, sonst hätte er nicht diese eiskalte Entschlossenheit in sich gespürt. Wenn die kommenden Stunden den Wendepunkt in seinem Leben brachten, dann wollte er keinen Preis scheuen, um das Glück zu zwingen.

Vizeadmiral de Winter befahl seiner Flotte am Morgen des 8. Oktober den Ausbruch. Beim ersten Tageslicht lief die Fregatte, die Drinkwater am Nachmittag zuvor beobachtet hatte, nach See aus, und die Yacht folgte in ihrem Kielwasser. Auch *Kestrel* ging ankerauf, segelte mit feuernden Bugkanonen das West-Gatt hinunter, am Mast das

Signal »Feind in Luv«. Auf *Black Joke* hörte man den Alarm, wendete und folgte dem Kutter auf dem Fuße, das gleiche Signal gehißt.

Eine Stunde lang lief *Kestrel* vor der holländischen Streitmacht her, während Schiff auf Schiff die Batterie von Kijkduin rundete und sich nach Süden ins Schulpen-Gatt wandte. Der Kutter hielt Kurs auf Trollope und beobachtete sie; Drinkwater machte sich Notizen auf einer Schreibtafel. Gegen Mittag stießen sie zum Geschwader und meldeten sich beim Kommodore, um ihre neuen Befehle entgegenzunehmen.

»Wie sieht's aus?« rief Trollope durchs Sprachrohr herüber.

»Es sind 21 Schiffe, Sir, darunter Fregatten und Slups. Insgesamt wohl fünfzehn Linienschiffe. Wir haben auch vier Briggs und zwei Yachten gezählt – ich würde sagen, die ganze Flotte mit Ausnahme der Transporter.«

»Also wollen sie nicht nach Irland.«

Drinkwater schüttelte den Kopf. »Wäre immer noch drin, Sir. Die Transporter könnten mit der nächsten Tide auslaufen oder abwarten, bis de Winter uns erledigt hat.«

Trollope nickte. »Halten Sie sich in Lee querab. Wir formieren uns jetzt zur Schlachtlinie, und Sie wiederholen weiter meine Signale. Viel Glück.«

»Ihnen auch, Sir.« Er winkte Burroughs zu und wandte sich dann an Hill.

»Mr. Hill, unser Platz ist querab vom Kommodore in Lee, achten Sie darauf.«

»Aye, aye, Sir.«

Drinkwater atmete auf, eine große Last war ihm von den Schultern genommen. Es tat gut, wieder mit anderen im Verband zu segeln, den mächtigen Umriß der alten *Russell* nur einen Kanonenschuß weit in Luv zu sehen. Plötzlich merkte er, wie müde er war; aber eines mußte er noch tun. »Mr. Jessup!«

»Sir?«

»Alle Mann nach achtern!«

»Also, Leute«, begann Drinkwater und sprang auf die Lafette eines Dreipfünders, als alle vor ihm versammelt waren. »Ich bin nicht nachtragend, und ihr seid es auch nicht. Wir operieren jetzt im Angesicht des Feindes, und Befehlsverweigerung zieht in diesem Falle die Todesstrafe nach sich. Deshalb verlasse ich mich auf eure bedingungslose Loyalität. Enttäuscht mich nicht, dann verspreche ich euch, daß ich Himmel und Hölle in Bewegung setzen werde, damit ihr sofort bei unserer Rückkehr nach Sheerness euer Geld bekommt.« Er schwieg und hörte mit Genugtuung ein zustimmendes Gemurmel durch die Reihen laufen.

»Machen Sie weiter, Mr. Jessup, und zwar mit der Rumausgabe.« Drinkwater sprang von der Lafette herab. »Mr. Hill, übernehmen Sie. Aber rufen Sie mich, wenn Sie mich brauchen.« Erleichtert und dankbar ging er in seine Kajüte.

»Geben Sie die Rumration aus, Mr. Thompson«, wies Jessup den Zahlmeister an.

Dieser nickte und deutete auf die ausgefahrenen Kanonen von *Russell*, eine halbe Meile in Luv. Sie waren eine stumme, aber nachdrückliche Mahnung zum Gehorsam. »Er versteht es, den richtigen Moment für seine Vergatterung zu wählen, wie, Mr. Jessup?«

Jessup wußte nicht genau, was Thompson mit »Vergatterung« gemeint hatte, aber *Russells* Wirkung, die unter Vollzeug nach Süden brauste, um de Winter abzufangen, war ihm nur allzu klar.

»Aye, Mr. Thompson, er ist ein eiskalter Hund«, murmelte Jessup mit Bewunderung in der Stimme.

Kapitän Trollopes Geschwader segelte in Kiellinie, mit der Slup *Martin* vorneweg an Backbord, und hielt Sichtkontakt zu de Winter, der dicht an der Küste entlang nach Süden vorstieß. Später am Tag, als auch seine Nachhut vom Schulpen-Gatt frei war, hielt de Winter etwas mehr nach Westen.

Trollopes Hauptmacht war die Fregatte *Beaulieu* mit 40 Kanonen, gefolgt von der getreuen *Adamant* (50) und seiner eigenen *Russell*. In ihrem Kielwasser segelte die leichtere Fregatte *Circe* (28). Die beiden Kutter *Kestrel* und *Active* hielten sich in Lee der Formation, während *Black Joke* längst zu Duncan entsandt worden war, um ihn über den Ausbruch des Feindes ins Bild zu setzen.

Gegen Abend legte der Wind eine Pause ein, dann krimpte er auf Südwest. De Winter versuchte zunächst, kreuzend Trollope zu verfolgen, der sich zurückzog, doch als er ihn nicht einholen konnte, wandte er sich wieder nach Süden und bestätigte damit Drinkwaters Verdacht, daß er sich den Weg durch die Straße von Dover erzwingen wollte.

Während der folgenden zwei Tage wehte es sich auf West ein, und de Winters Flotte begann, nach Luv zu knüppeln, und näherte sich bei Lowestoft der englischen Küste; Trollope lag etwas voraus und achtete darauf, daß seine Verbindungswege nach Yarmouth offenblieben.

»Was halten Sie davon, Nat?« fragte Appleby beim Abendessen. »Bleiben Sie immer noch bei Ihrer Theorie, daß sie zuerst nach Brest und dann nach Irland wollen?«

Drinkwater nickte und wischte sich den Mund mit der zerknitterten Serviette. »Er blockt Duncan ab, während seine Troß-Schiffe sich von Texel absetzen. Sie werden im Schutz der französischen Küste nach Süden gehen, und dann wird de Winter ihnen den Kanal hinunter folgen.«

Appleby nickte mit ungewohnter Schweigsamkeit. »Dann sieht es so aus, als hätten wir nur unsere Zeit verschwendet.«

Am Morgen des 10. Oktober sandte Trollope *Active* auf der Suche nach Duncan und mit den neuesten Meldungen über de Winters Bewegungen davon. Um diese Zeit hatte de Winter von einem holländischen Handelsschiff erfahren, daß Duncan Yarmouth verlassen und sich nach Osten gewandt hatte. In Sorge um seine ungedeckte Nachhut machte de Winter kehrt und hielt bei Nordwestwind auf die holländische Küste bei Kampenduin zu.

Duncan war tatsächlich in großer Eile von Yarmouth ausgelaufen, als *Black Joke* noch seewärts vom Scroby-Sand mit ihrem Alarmsignal gesichtet worden war, und hatte östlichen Kurs auf Texel genommen.

Obwohl an Zahl unterlegen, hatte sich Trollopes Geschwader in der Luvposition festgekrallt, hauptsächlich deshalb, weil die holländischen Schiffe mit ihrem geringen Tiefgang ihn nicht ausluven konnten. Diese Station hielt er auch noch am Morgen des 11. Oktober, als bei den Holländern beobachtet wurde, daß seine Schiffe Signale hißten, aus denen richtig gefolgert wurde, daß Duncan mit der Hauptstreitmacht der Briten jetzt in Sicht war. De Winter hielt daraufhin direkt auf die Küste zu, wo er auch die leewärtigsten Schiffe in die Schlachtlinie einbinden und in dem flachen Gewässer, das seine Offiziere so liebten, wieder Kurs auf Texel nehmen konnte. Zwölf Meilen vor der Küste bei Kampenduin formierte er sich schließlich unter leichter Besegelung zu einer nordwärts ausgerichteten Schlachtlinie und erwartete die Briten.

Nachdem Duncan zunächst bei Texel rekognosziert und festgestellt hatte, daß die holländischen Transporter noch an ihren Bojen lagen, rief er *Diligent* zurück und wandte sich auf der Suche nach dem Feind nach Süden. Im Laufe des Vormittags stieß Trollopes Geschwader wieder zu seinem Admiral. Duncan hatte mit seinen schlecht segelnden Schiffen weder Zeit noch Lust, eine Schlachtlinie zu bilden.

De Winters Flotte trieb mit jeder Minute weiter auf die in Lee liegenden Untiefen zu, und der alte schottische Admiral akzeptierte ihre halbherzige Herausforderung mit Gusto. Per Signal gab er die allgemeine Verfolgungsjagd auf die Holländer frei, und die Briten stießen in zwei locker formierten Angriffssäulen, Duncan im Norden und Onslow etwas voraus im Süden, auf die Niederländer herab.

Die Westlage hatte feuchte Luft und schlechte Sicht gebracht, weshalb die nun bevorstehende Schlacht zunächst durch Unordnung bei den Briten beeinträchtigt schien. Kurz vor Mittag signalisierte Duncan seine Absicht, die feindliche Linie zu durchbrechen und von Lee her anzugreifen, womit er den Holländern den Rückweg abschnitt und sicherstellte, daß die nach Luv gerichteten Breitseiten der englischen Schiffe mit voller Erhöhung feuern konnten. Die Fregatten und Kutter gaben das Signal weiter. Gegen zwölf Uhr wurde es niedergeholt und »Nahkampf!« befohlen.

Dreißig Minuten später eröffnete Onslows *Monarch* das Treffen, indem sie in de Winters Rücken zwischen seiner *Jupiter* und *Harlem* durchstieß und sich neben die erstere legte. Dabei wurde sie von der schweren Fregatte *Monikendaam* und der Brigg *Atalanta* unter Feuer genommen. Mit gewaltigem Getöse begann die Schlacht von Kampenduin.

Kestrel als Relaisstation war wie die anderen Kutter kein Ziel für die Breitseiten. Hier und da mochte sie eine verirrte Kugel treffen, aber die Konventionen eines Flottentreffens wurden grundsätzlich respektiert. Den britischen Kuttern und holländischen Yachten kam die Aufgabe zu, Verwundete und Schiffbrüchige, die – an Treibgut geklammert – im Meer trieben, aufzufischen und die Signale der Oberbefehlshaber weiterzugeben. *Kestrel* gehörte jetzt Onslows Abteilung an, und Drinkwater versuchte, trotz heulender Kugeln, rauher Hacksee und steifer Brise einen klaren Kopf zu behalten. Als immer mehr Mündungsfeuer den trüben Tag durchzuckte, hüllte nicht nur Dunst, sondern auch Pulverqualm die kämpfenden Schiffe ein.

Gleich in den ersten Minuten hatte Drinkwater *Monarch* hinter der holländischen Linie außer Sicht verloren; jetzt änderte er den Kurs auf Nord, um wenigstens den Kontakt zu *Russell* nicht zu verlieren, aber auch Trollope durchbrach die feindliche Linie. Noch ehe er wußte wie, passierte *Kestrel* das Heck des holländischen Vierundsiebzigers *Brutus*, der im Besanmast die Flagge eines Konteradmirals fuhr.

Vom heranrollenden Rauch halb verdeckt, gewahrte er in Lee eine Brigg, deren Kommandant sich nicht an die Regeln hielt. Kugeln pfiffen durch *Kestrels* Takelage, und ein Stück der Steuerbordreling explodierte in einem Splitterhagel. Blutend und schreiend vor Schmerz humpelte ein Verwundeter unter Deck, wo Appleby sein gefürchtetes Handwerkszeug auf dem Kajüttisch ausgebreitet hatte.

»Pinne in Lee!« brüllte Drinkwater, und in seinen Augen spiegelte sich das Feuer des Kampfes wider, der jetzt seinem Höhepunkt entgegenging. »Hol dicht die Schoten!« Der Kutter luvte von seinem überlegenen Gegner weg und zog nach Norden davon, vorbei an *Brutus*, die gerade wendete, um de Winter weiter vorn zu Hilfe zu kommen; gleich mehrere britische Schiffe hatten sich auf das gegnerische Flaggschiff gestürzt.

Plötzlich ragte direkt voraus ein holländischer Vierundsechziger aus dem Qualm auf, der die Flagge gestrichen hatte und aus der Kampflinie zurückgefallen war. Einen Augenblick überlegte Drinkwater, ob er eine Prisenmannschaft auf den Holländer abstellen sollte, denn sein Bezwinger *Triumph* war backbords in das Gefecht mit einer Fregatte und dem Vierundsiebziger *Staten General* verwickelt und würde kaum Zeit dazu haben. Doch plötzlich erschütterte ein verheerender Krach den Kutter. Ein Mann aus der Crew von Kanone 12 fiel, in Stücke gerissen von der Kugel, die eine Gig und die dekorative Heckreling zerfetzte. Der Schuß kam von der Brigg, die ihre Bramsegel gesetzt hatte und schnell aufholte.

Mit wildem Blick sah Drinkwater sich um. »Pinne in Lee! Noch dichter die Schoten! Anluven und voll und bei halten! Runter mit den Schwertern! Und werft das«, er deutete auf die schwach zuckenden Körperteile, die eben noch ein gesunder Mann gewesen waren, »um Himmels willen über Bord!«

Kestrel richtete den Bug fast in den Wind, segelte so extrem hoch wie damals, als sie bei Ouessant entkommen war. Mit flachem, stahlhartem Tuch lag sie stark über, Gischt peitschte über die Reling nach achtern. Abermals blickte Drinkwater sich um.

»Das kann doch nicht wahr sein!« rief er aus, und Hill neben ihm pfiff überrascht. Die Brigg konnte nicht so hoch am Wind segeln und hatte ihre Verfolgung aufgegeben, schloß jetzt zu ihrem kampfesmüden Landsmann auf, der *Wassanaer*. Wohl aus Zorn über ihre schmachvolle Kapitulation pumpte sie Schuß auf Schuß in den Vierundsechziger. Binnen weniger Augenblicke stieg dort die holländische Nationalflagge wieder zum Masttopp auf und wehte schneidig aus.

»Das ist was anderes als ein Gefecht mit den Franzmännern, Mr.

Drinkwater. Ist Ihnen aufgefallen, daß noch kaum ein Mast von oben gekommen ist? Diese verdammten Quadratschädel verstehen ihr Geschäft, bei Gott... Die Schweine schießen uns leck! Herr im Himmel, es ist ein Blutbad!«

Voraus tauchte *Russell* auf, und *Kestrel* drehte in ihr Kielwasser ein.

»Direkt vor Ihnen, Sir«, schrie Drinkwater durchs Sprachrohr, »ein Vierundsiebziger, reif für den Gnadenschuß...« Er sah Trollope winken, zum Zeichen, daß er verstanden hatte.

Kurze Zeit konnten sie das Tempo des Linienschiffes mithalten, das sich riesig, majestätisch und todbringend auf seine Beute stürzte. Die Bordwand war mit Narben übersät, einige Kugeln staken noch in den Planken. Durch ein weites, gezacktes Loch, wo mehrere Stückpforten aufgerissen worden waren, blickten grinsende Gesichter zu ihnen herüber. Dünne Blutrinnsale liefen aus den Speigatten.

»Fieren Sie die Schoten, Mr. Hill, wir wollen uns zurückfallen lassen.« *Russell* zog davon und verscheuchte die Brigg mit einer einzigen verheerenden Breitseite. *Wassanaer* kapitulierte zum zweiten Mal.

Kestrel kreuzte *Russells* Kielwasser. An Backbord rollten zwei oder drei Schiffe, ineinander verbissen in mörderischem Nahkampf. Eines davon war die *Staten General*.

Plötzlich schoß hinter dem hart bedrängten Holländer ein kleines, aber nur zu vertrautes Fahrzeug hervor. Sein Bugspriet stach himmelwärts, als es abrupt Kurs änderte, um den Kutter abzufangen. Im Masttopp flatterte der schwarze, gegabelte Wimpel.

Drinkwater fragte sich, wie Santhonax de Winter dazu gebracht hatte, ihm die Yacht zu überlassen. Sie fuhr die dreifarbige holländische Nationale an der Gaffel, doch der schwarze Schwalbenschwanz hoch oben war in seiner düsteren Drohung unmißverständlich. Drinkwater dachte an die zur Schau gestellte Leiche Major Browns, an die gehenkten Meuterer der *Culloden*, an die mißbrauchten Rebellen in der Nore und die unheilige Allianz zwischen Capitaine Santhonax und der rothaarigen Hexe im Gefängnis von Maidstone. Eiskalte Wut stieg in ihm auf.

»Backbordbatterie feuerklar!«

Die Yacht segelte raumschots mit Nordostkurs an ihrer Backbordseite und kam schnell näher. Einige Minuten liefen sie nur nebeneinanderher, bis sie auf Schußdistanz waren.

Dann: »Einen Strich abfallen«, befahl Drinkwater, und lauter: »Feuer frei, Mr. Bulman!«

Fast sofort kam vom Vorschiff die Antwort. Kanone 2 krachte und ruckte binnenbords, wurde sofort wieder geladen. Vereinzelte Jubelrufe erklangen auf *Kestrel*, wo jetzt Kanone nach Kanone feuerte, als die Segel der Yacht plötzlich mehrere Löcher aufwiesen. Santhonax versuchte, vor *Kestrels* Bug durchzustoßen, um den Gegner der Länge nach zu beharken. Drinkwater kam eine Idee.

»Pinne in Lee!« befahl er. »Hol dicht Vorsegelschoten! Höher an den Wind!« *Kestrel* wendete, zeigte dem Feind trotzig den Bug, aber zu früh, als daß er daraus einen Vorteil ziehen konnte. Nur zwei Kugeln seiner Breitseite fanden ihr Ziel, doch sie rissen nur harmlose Splitter aus der aufgepallten Steuerbordgig. »Steuerbordkanonen – Achtung!«

Traveller hob bestätigend die Hand, mit einer Ruhe, die dem Kommandanten bedeuten sollte, daß nichts und niemand Jeremiah Traveller um seinen großen Augenblick bringen würde. An seinen Kanonen waren alle Richtkeile entfernt und die Rohre so hoch wie möglich gerichtet, während *Kestrel* sich anschickte, das Kielwasser des Feindes zu kreuzen.

Aber Santhonax war kein Anfänger. Seine Yacht drehte scharf nach Steuerbord, so daß sich die Geschwindigkeit der beiden Schiffe auf fast zwanzig Knoten addierte, als sie auf Gegenkurs aneinander vorbeiliefen. Entschlossen wechselten sie Schuß auf Schuß, aber sie passierten so schnell, daß jede Kanone nur einmal feuern konnte. Drinkwater sah drüben ein breites Stück des Schanzkleides splittern: Traveller hatte mit Doppelkugeln laden lassen.

Das holländische Feuer verwandelte *Kestrels* Deck in ein Chaos; verwundet oder tot fielen Männer an fast jeder Kanone auf die blutigen Planken. Auf dem Achterschiff zielte Drinkwater mit seiner Pistole auf einen hochgewachsenen Mann neben der Pinne und drückte ab. Doch die Kugel ging fehl, und der Bursche drüben lüpfte lächelnd den Hut. Drinkwater fluchte, blieb aber innerlich eiskalt; ein berechnender Haß hatte jede Furcht aus ihm vertrieben. Fatalistisch unterwarf er sich dem launischen Kriegsglück, dachte längst nicht mehr an das Versprechen, das er Elizabeth gegeben hatte, denn sie lebte in einer anderen Welt und hatte mit dem Geschehen an diesem trüben, blutigen Oktobernachmittag nicht das geringste zu tun. Dies war auch nicht der Nathaniel, den sie kannte, es war der Mann, der den französischen Lugger erbeutet und die Meuterei seiner Besatzung schon im Entstehen erstickt hatte. Es war ein denkender Mensch, der seine Mitmenschen abzuschlachten suchte, und zwar mit beträchtlichem Geschick.

»Pinne in Luv! Klar zur Halse!«

Ein kurzes Tohuwabohu an Deck, als Jessup, der Drinkwaters Absicht erriet, die geschockten Männer mit Schlägen auf ihre Plätze trieb. Er hatte einen Splitter im Bein, fühlte aber noch keinen Schmerz. *Kestrel* schwang mit starker Krängung herum, als der riesige Baum, von seiner Schot nur eben noch gehalten, beängstigend schnell überging. An Steuerbord rollten die ungesicherten Kanonen so weit zurück, wie die Broken es zuließen, und ihre Gegenstücke an Backbord krachten gegen das Schanzkleid, standen halb im Wasser, das durch die offenen Stückpforten einkam. Aber der Kutter richtete sich wieder auf und preschte hinter der Yacht her. Jetzt konnten sie auch ihren Namen am Heck erkennen: *Draaken*. Ihre Segel waren von Durchschüssen wie punktiert, und von ihrem Mast wehten gebrochene Leinen nach Lee aus.

Auch während der Halse hatte Drinkwater den Blick nicht von seinem Gegner gelassen; er beobachtete mit Argusaugen, wie die Distanz zwischen ihnen kleiner wurde. Die Yacht machte mit ihren Seitenschwertern zuviel Abdrift nach Lee, *Kestrel* hingegen kam von Backbord achtern auf. Wie nebenbei nahm er wahr, daß Jessup eine Jungfer in ein beschädigtes Luvwant setzte, das bei der Halse fast gebrochen war. Unter seinen Sohlen spürte er eine Schwerfälligkeit in *Kestrels* Bewegungen, die auf Wasser im Rumpf schließen ließ. Noch während er dies im Unterbewußtsein verarbeitete, hörte er schon das Rasseln der Lenzpumpen; Johnson war also auf dem Posten.

Er rief: »Mr. Traveller!« und bekam keine Antwort. Schließlich antwortete Jessup: »Jem hat's erwischt, Sir . . .« Eine Pause, wie zum Nachruf auf einen Freund. »Ich übernehme die Steuerbordbatterie, wenn Sie die brauchen . . .« Jessups Stimme klang höher als sonst und gepreßt, Drinkwater kannte den Ton auch an sich selbst: Er verriet Blutdurst, die Bereitschaft, bis zum Äußersten zu gehen, und gab den Worten in diesen Augenblicken erhöhter Wahrnehmungsfähigkeit eine Bedeutung, die sich ins Gedächtnis eingrub.

»Stimmt, Mr. Jessup, ich brauche die Steuerbordbatterie«, bestätigte er und glaubte zu spüren, daß sich die Moral an Deck wieder festigte. Die Opfer waren von Merrick und seinen Helfern beiseite geschafft worden, Appleby kümmerte sich um die Verwundeten.

Von dem Gefecht rundum nahm Drinkwater nichts mehr wahr. Er konzentrierte sich ganz darauf, *Draaken* zu überholen und Santhonax' nächsten Zug im voraus zu erraten. Jessup trat zu ihm.

»Ich habe die Steuerbordbatterie mit Kugeln und Kartätschen geladen, Sir«, meldete er, »und die Backbordmannschaft hält sich zum Entern bereit.«

Drinkwater wandte seine Aufmerksamkeit mit einer bewußten Anstrengung dem Mann neben sich zu. Jessups Verläßlichkeit und Tatkraft, die ihm gleich aufgefallen waren, machten sich jetzt bezahlt. Das mußte er in seinem späteren Bericht erwähnen. Falls er überlebte, um ihn abfassen zu können.

»Danke, Mr. Jessup.« Sein Blick ging über den Bootsmann hinaus nach vorn, wo James Thompson den Zündsatz in seiner Pistole überprüfte und von Short ein Entermesser entgegennahm. Short hatte sich sein Halstuch um den verschwitzten Kopf gebunden und rieb liebevoll ein Pike blank. Am Niedergang prüfte Tregembo die Schärfe einer anderen mit dem Daumen und warf ab und zu einen besorgten Blick nach achtern. An Steuerbord knieten die Stückmannschaften wie beim Exerzieren hinter ihren Kanonen. Drinkwater erkannte Polls roten Bart, der aggressiv auf den Feind zeigte.

Einen schrecklichen Augenblick lang erfaßten ihn Mitleid und Bedauern. Ihm schien der Kutter mit all seinen Männern in den Händen irgendeiner dunklen Macht gefangen, die sich allein aus seinem Rachedurst nährte. Sie alle konnten doch unmöglich von der gleichen irrsinnigen Zwangsvorstellung erfaßt sein, die ihn zur Jagd auf Santhonax trieb, oder wie er von Hortense Montholon behext.

Er schüttelte den Gedanken ab und sagte sich, daß er nur das Resultat eiserner Disziplin vor sich sah. Und dann vergaß er alles andere, als *Draaken* vor ihm anluvte.

Da sie nicht entkommen konnte, wollte sie sich zum Gefecht stellen, solange sie noch einen Vorsprung hatte, wollte sich vor *Kestrel* legen, sie Schuß um Schuß beharken und dann nach Norden abdrehen, wobei sie die zweite Breitseite abfeuern würde.

»Hinwerfen!« befahl Drinkwater, sprang selbst mit an die Pinne und drückte *Kestrel* einen Viertelstrich nach Steuerbord, wodurch sie jetzt direkt auf die Yacht zuhielten.

Unter den Einschlägen von *Draakens* Breitseite geriet der Kutter ins Stolpern. Das Piekfall wurde zerschossen, so daß das mächtige Großsegel zusammenfiel. Das vordere Schanzkleid löste sich in einem Splitterhagel auf, und ein heller, nachhallender Knall verriet, daß mindestens eine Kugel eine Bugkanone getroffen hatte und abgeprallt war. Ein Mann schrie grell auf, der eine Rudergänger fiel lautlos vor Drinkwaters Füße. Dann vollendete *Draaken* die Drehung und setzte dazu an, den Kutter auf der anderen Seite zu passieren, kaum zwanzig Meter entfernt in Luv.

»Jetzt, Jessup! Jetzt!« Die Stückmannschaften kamen wieder hoch und sammelten sich um ihre Kanonen.

Draaken stand jetzt querab. »Feuer!«

Drinkwater sah drüben die Verschanzung in die Luft fliegen, bevor der Qualm von *Draakens* Breitseite alles einhüllte und auf *Kestrel* zutrieb. Als er sich wieder hob, schlugen die Segel der Yacht unkontrolliert. Santhonax hatte alle Schoten loswerfen lassen und driftete jetzt mit dem geringen Tiefgang auf *Kestrel* zu, die mit ihrem nutzlos gewordenen Großsegel und ihrer aus den Stagreitern geschossenen Fock schnell an Fahrt verlor.

»Alle Schoten los! Klar zum Entern!«

An *Kestrels* Steuerbordseite pumpte jede Kanone so viele Kugeln in die herantreibende Yacht, wie in der Hast nachgeladen werden konnten. Es war ein einziges Morden, ein Inferno, zu dem die knallenden Segel, das Brüllen der Kanonen und die tierischen Schreie Verwundeter die Begleitung abgaben. Und schließlich lag *Draaken* in all dem Qualm und Chaos längsseits, mit dem Mast auf Höhe von *Kestrels* Pinne.

»Enterer nach achtern!« brüllte Drinkwater, riß seine Pistole aus dem Gürtel und zog den Degen. Zwischen den Rauchschwaden erkannte er die Gesichter von Tregembo, Short, James Thompson und ein halbes Dutzend anderer, die ihm plötzlich so wichtig dünkten wie alte Freunde.

Kestrel erbebte, als *Draaken* gegen sie stieß und von den Holländern festgelascht wurde, wo es nur ging. Der Wind riß die letzten Rauchfäden von den endlich verstummten Kanonen, und sie sahen den Feind zum ersten Mal von Angesicht zu Angesicht.

Die Holländer lauerten sprungbereit an der Bordkante, die runden Gesichter eingerahmt von Messern, Beilen und Piken. Drinkwater suchte Santhonax, aber nur kurz, dann vergaß er ihn, als die Holländer an Bord strömten. Die Kestrels wurden auf ihrem eigenen Deck abgedrängt, wichen schlitternd, hauend und stechend bis zu den Gigs zurück. Drinkwater griff an und parierte, Tregembo grunzend und fluchend zu seiner Rechten und James Thompson zu seiner Linken. Er spürte, daß er auf Körper trat, die noch zuckten, wagte aber nicht, hinabzublicken, weil er den ungeschickten Ausfall eines blonden Jungen mit verzweifelter Blutgier in den Augen abblocken mußte. Wieder stach der Junge zu, ungenau, aber mit den schnellen Reflexen des Überlebensinstinktes. Drinkwaters Waffe hackte grausam zu, durchtrennte den allzu weit vorgereckten Arm, und der Junge sank wimmernd zu Boden.

Drinkwater blickte sich um. Der holländische Vorstoß geriet ins Wanken, als die Briten, im Rücken durch die massiven Heckspiegel der Gigs geschützt, sich immer entschlossener verteidigten.

»Mir nach, Kestrels!« Drinkwaters Schrei klang krächzend, wurde aber in seiner Umgebung mit neuem Schwung der Piken, schnelleren Hieben der Entermesser beantwortet; die Bewegungsrichtung kehrte sich um, jetzt wurden die Holländer zurückgetrieben. Mit irrem Gebrüll kam Short über eine Backbordkanone gesprungen, stieß mit seiner Pike einen Mann über Bord und trieb zwei weitere vor sich her gegen die Backbordreling. Dort wurden sie entwaffnet und von Short wie Abfall ins Wasser geschubst.

Drinkwater drängte sich nach links durch, zur Heckreling an Steuerbord hinüber, wo die Feinde sich zurückzogen. »Entert den Bastard, James, entert den Bastard!« schrie er, und Thompson neben ihm grinste.

»Ich bin dabei, Mr. Drinkwater!« Tregembos Stimme war immer noch da, und jetzt stieß auch Hill dazu, gefolgt von Bulman mit den Mannschaften der Bugkanonen, die sich auf Steuerbordseite nach achtern durchgeschlagen hatten. Dann waren sie über der Reling und sprangen auf *Draakens* Deck hinab, vom eigenen Schwung nach vorn getragen: Männer, die monatelanger Blockadedienst hart und skrupellos gemacht hatte, die bösartiger fochten als die durch das Drängen eines ausländischen Drahtziehers von ihren bequemen Liegeplätzen gerissenen Holländer.

Ihr Widerstand verlor seinen Schwung, fiel allmählich in sich zusammen, und saftige englische Flüche begannen das Stöhnen verwundeter oder sterbender Holländer zu übertönen.

Mit weiten Schwüngen seiner Waffe mähte sich Drinkwater die Bahn nach achtern frei. Ein holländischer Offizier stellte sich ihm mit gezogenem Degen entgegen, und aus Instinkt nahm Drinkwater die gleiche Fechthaltung ein, aber Short warf sich an ihm vorbei nach vorn, das Gesicht eine grinsende Maske des Irrwitzes, die Pike auf den Bauch des Franzosen gerichtet. Eine Pistolenkugel traf Short ins Auge und riß ihm den halben Hinterkopf weg, trotzdem stieß er zu; aufgespießt von der schrecklichen Waffe, brach der Offizier unter Shorts zuckender Leiche zusammen.

Drinkwater trat einen Schritt zur Seite und sah sich dem Mann gegenüber, der die Pistole abgefeuert hatte.

Es war Edouard Santhonax.

Der Franzose ließ die Pistole fallen und griff mit dem Abwärtshieb an, den er auch in Sheerness angewandt hatte. Drinkwater riß seine Waffe senkrecht hoch, parierte, und die Schneiden stießen klirrend zusammen. Dann war Tregembo da und setzte mit der Pike zum Stoß auf Santhonax' entblößte Mitte an.

»Lebend, Tregembo, wir wollen ihn lebend!« Mit einer letzten Kraftreserve konnte Drinkwater das Handgelenk drehen und sich befreien; er zog seine Schneide quer über Santhonax' exponierten Unterarm.

Von zwei Gegnern angegriffen, scheute Santhonax mehr die stoßbereite Pike und versuchte, sie beiseite zu hacken, gerade als Tregembo sie, Drinkwaters Befehl gehorchend, anhob. Die scharfe Spitze traf den Franzosen im Gesicht und riß ihm die Wange auf. Über und über mit Blut aus der entstellenden Wunde bedeckt, wich er zurück.

Drinkwater ließ den Blick über *Draakens* Deck wandern, das wie ein Schlachthaus aussah. Auf den Niedergangsstufen stand wankend James Thompson und hielt, ungläubiges Staunen in den Augen, mit beiden Händen seine hervorquellenden Eingeweide zurück. Erschüttert wandte sich Drinkwater ab. Eine seltsame Stille senkte sich über die Szene, das Stöhnen des Windes im Rigg übertönte das Klagen der Verwundeten. Dann sagte Hill: »Das Flaggschiff signalisiert, Sir... Apostelgeschichte 27/28...«

»Um Himmels willen...

Auf ganzer Länge der Flottenformation war der Pulverqualm vom Wind fortgetragen worden. Admiral de Winter hatte kapituliert. Wer von Onslows Kommandanten noch Männer auf dem Achterdeck hatte, die eine Bibel öffnen konnten, der gehorchte dem Befehl und ließ loten. Doch statt fünfzehn Klaftern fanden sie nur neun Faden Wassertiefe. Unter großer Gefahr sicherte sich die siegreiche britische Flotte ihre Prisen.

Und mitten unter ihnen segelte *Kestrel*, so gut ihr lädiertes Rigg es zuließ, die Verschanzung in Trümmern, das Deck mit Gefallenen bedeckt.

Sechzehntes Kapitel

Oktober 1797

Nachspiel

»Wie geht's ihm, Harry?« Im Licht der pendelnden Lampe wirkte *Kestrels* Kajüte wie eine Vorhölle und der vor Erschöpfung fahle, blutbespritzte Appleby wie ein Folterknecht. Gemeinsam starrten sie auf den geschrumpften Körper des Zahlmeisters Thompson nieder, dessen Leib mit durchbluteten Bandagen umwickelt war.

»Es geht schnell zu Ende«, antwortete der Arzt so kurz angebunden und formell, wie es unter diesen schrecklichen Umständen angebracht war. »Die bläulichen Lippen, die Kontraktur der Nüstern und Augenbrauen deuten auf baldigen Exitus... Außerdem hat er eine Menge Blut verloren.«

»Ja.« Drinkwater schwindelte es; obwohl tausenderlei auf Erledigung wartete, wollte er die Kajüte mit ihrem Gestank und den stöhnenden Opfern nicht verlassen, als ob er sich durch seine Anwesenheit für das Morden bestrafen müsse, das erst wenige Stunden zurücklag. »Ja«, wiederholte er. »Man hat mir berichtet, daß er mir beim Entern sehr tapfer zur Seite gestanden hat.«

Appleby antwortete nicht.

»Sie geben ihm doch schmerzstillende Mittel?«

Appleby war zu erschöpft, um auf diese Frage gereizt zu reagieren; er nickte nur. »Er ist bis obenhin voll Laudanum und wird in diesem Zustand auch vor seinen Schöpfer treten.« Ein Vorwurf lag in seinem Ton.

Drinkwater verließ die Kajüte und ging an Deck. Dabei kam er an seiner früheren Kammer vorbei, in der jetzt Santhonax mit genähtem, wachsbleichem Gesicht lag, die Hände in Fesseln. Der Wind hatte inzwischen Sturmstärke erreicht, und die britische Flotte kämpfte sich mühsam von der Festlandküste frei, wobei jedes Schiff auf sich selbst gestellt war. Die finstere, von Sturmgeheul erfüllte Nacht brachte Drinkwater nach langem Aufundabwandern an Deck endlich genug

Entspannung, so daß er sich hinlegen und den Schlaf an sich herankommen lassen konnte, den sein Körper so dringend brauchte.

Der Sturm brachte Regen mit, der die Wellenkämme beharrlicher peitschte als die Gischtflagen, von denen die Wachgänger durchnäßt wurden. Weit draußen in der Nacht blinkte manchmal ein Licht auf und verriet, wo ein britisches Kriegsschiff nach Luv knüppelte; zweimal hörte Drinkwater Bulman die Ausguckposten zur Wachsamkeit ermahnen.

Er war sich bewußt, daß er dem Brutalisierungsprozeß nicht entgangen war, der vor so vielen Jahren in der Fähnrichsmesse von *Cyclops* begonnen hatte. Auch die Ereignisse in den Sümpfen von Carolina hatten ihn gezeichnet. Die Wildheit, zu der er im Kampf fähig war, ging auf einen archaischen Charakterzug zurück, den diese Erlebnisse in einem primitiveren Teil seines Wesens freigesetzt hatten. Diese Brutalität ließ sich nicht vereinbaren mit den in einer behüteten Kindheit eingepflanzten Maximen, und als Ausweg flüchtete er sich wie viele seiner Zeitgenossen in die Sentimentalität.

Er beruhigte sich mit dem Gedanken, daß er seine Pflicht getan hatte und sein Schicksal ohnehin vorherbestimmt war. Müdigkeit dämpfte das Gefühlswirrwarr, das seit der Schlacht in ihm tobte, und nahm den Erinnerungen einiges von ihrer Schärfe, bis er sich imstande fühlte, seinen Bericht abzufassen.

Die Fahrzeuge wurden Bord an Bord gebracht, und nach hartem Gefecht ergab sich das Kurierschiff Draaken, schrieb Drinkwater sorgfältig und langsam. *Ich erlaube mir hervorzuheben, daß der Feind sich mit großer Tapferkeit verteidigte und den Enterern schwere Verluste beibrachte. Die letzteren jedoch schlugen sich so gut, wie es britischen Seeleuten ziemt, insbesondere James Thompson, Zahlmeister, Edward Jessup, Bootsmann, und Jeremiah Traveller, Stückmeister, der im Kampfe fiel.*

Er hielt kurz inne und überdachte die kalte Förmlichkeit seiner Redewendungen. Noch einen Zusatz mußte er machen, ehe er die Liste der Toten und Verwundeten anheftete.

Unter den Gefangenen, schrieb er, *ist ein französischer Marineoffizier, Fregattenkapitän Edouard Santhonax, Euer Ehren bekannt als Agent der französischen Regierung. Bei seinen Papieren wurden die beigefügten Dokumente gefunden, die sich auf eine geplante Invasion Irlands beziehen.* Sorgsam setzte Drinkwater seine Unterschrift darunter.

Als er die Verlustliste angefügt hatte, ging er an Deck. Der schreckliche Blutzoll, den sie entrichtet hatten, schien die Moral der Besatzung nicht zerrüttet zu haben. Allen Kestrels gemeinsam war die Erleichterung, daß sie überlebt hatten. Außerdem einte sie der Stolz auf ihre Prise *Draaken*, die ihnen unter Hills Kommando im Kielwasser folgte.

Drinkwater nahm der Besatzung die gute Stimmung nicht übel, er wußte, daß er und Appleby in ihrer Niedergeschlagenheit allein standen. Es war nicht Gefühllosigkeit, was die Männer sich so verhalten ließ, sondern eine selbstverständliche Hinnahme der Vergänglichkeit aller Dinge. Drinkwater stellte fest, daß er sie beneidete, als er sie nach achtern rufen ließ, um ihnen für ihre Tapferkeit zu danken. Seine Worte klangen ihm selbst unerträglich pathetisch, aber die Besatzung lauschte in aufmerksamem Schweigen. Elizabeth hätte sich darüber amüsiert, dachte er. Der Gedanke an sie munterte ihn etwas auf und machte ihm klar, daß er nicht gewagt hatte, an eine Zukunft für sich zu glauben, seit die Holländer von Texel ausgebrochen waren. Der graue Morgen mit seinem steifen Wind war plötzlich nicht mehr ganz so deprimierend und das Bild der am Rande seines Blickfelds segelnden *Adamant* fand er jetzt bewegend.

Er beendete seine Ansprache, und die Männer stießen ein paar Hurrarufe aus. Danach wandte sich Drinkwater den grauen Bündeln zwischen den Kanonen zu. Es waren dreizehn im ganzen.

Er hatte gemordet und sich dessen gerühmt, nun mußte er mit einer offenbar sinnlosen Folge widersprüchlicher Rituale die Opfer bestatten.

Aus der schadhaften Tasche seines schmutzigen Mantels holte er das in Leder gebundene Gebetbuch, das einst seinem Schwiegervater gehört hatte, und begann zu lesen: »Ich bin die Auferstehung und das Leben, sagt der Herr . . .« Über ihren Köpfen knatterte die Nationale scharf im Wind.

Duncans Flotte ließ in der Nore unter dem Applaus des Parlaments und dem Aufatmen der ganzen Nation die Anker fallen. Zunächst traten die strategischen Konsequenzen der Schlacht hinter der allgemeinen Erleichterung zurück, daß das Nordseegeschwader trotz der Meuterei nicht versagt hatte. Die Seeleute hatten sich rehabilitiert, die Unnachgiebigkeit der Regierung war gerechtfertigt. Der Ruhm des Sieges strahlte auf alle Beteiligten aus, Euphorie wurde das vorherrschende Allgemeingefühl, und die Sieger sahen sich mit Ehren überhäuft. Admiral Duncans ursprüngliche Hoffnung, sich mit einem schottischen Adelstitel unauffällig zur Ruhe setzen zu können, wurde durchkreuzt, man machte ihn zum Baron und Viscount von Großbritannien. Onslow wurde Baronet, Trollope und Fairfax wurden zu Rittern geschlagen. Alle Ersten Offiziere der Linienschiffe wurden zu Kapitänen befördert. Es wurden Medaillen geprägt, Ehrensäbel verliehen, die beiden Häuser des Parlaments sprachen der Flotte einstimmig ihren Dank aus. Letzteres war genauso überflüssig, stellte Tregembo treffend fest, wie seine Brustwarzen.

Bevor er sich bei Duncan meldete, verhörte Drinkwater noch einmal Santhonax. Der Franzose konnte nur unter Schwierigkeiten sprechen, denn die von Appleby grob genähte Gesichtswunde machte ihm fast jede Mundbewegung unmöglich. Unter Druck hatte er seinen Namen gesagt und dabei die englische Aussprache benutzt, doch danach ließ Drinkwater ihn in Ruhe, denn er hatte mit dem beschädigten Kutter und einer um die Hälfte reduzierten Besatzung mehr als genug zu tun.

Aber an dem Morgen, als sie in der Nore ankerten, ging es Santhonax etwas besser, und er fragte nach Drinkwater.

»Wer sind Sie?« wollte er wissen; er sprach durch zusammengepreßte Zähne, aber fast ohne französischen Akzent.

»Mein Name, Sir, ist Drinkwater.«

Santhonax nickte. »*Boireleau* ...« murmelte er, den Namen wörtlich ins Französische übersetzend, als wolle er ihn sich einprägen. Etwas lauter fragte er: »Sie sind nicht Kommandant dieses Schiffes?«

»Doch, jetzt bin ich es.«

»Aber der Alte ... Griffiths?«

»Sie kennen ihn?« Vor Überraschung vergaß Drinkwater seine kalte Distanziertheit. Santhonax setzte zu einem Lächeln an, ließ es aber aufstöhnend bleiben.

»Wie die Beute den Jäger kennt ... Ihr Schiff trägt den passenden Namen, *La Crécerelle*.«

»Warum haben Sie Brown hingerichtet?«

»Er war ein Spion und wußte zuviel ... Ein Feind der Revolution und Frankreichs.«

»Und Sie?«

»Ich bin Kriegsgefangener, Monsieur Boireleau ...« Diesmal kräuselten sich die Fältchen in seinen Augenwinkeln.

Erbost hielt ihm Drinkwater entgegen: »Wir haben genug Beweise, um Sie zu hängen. Hortense Montholon ist in unserem Gewahrsam.«

Santhonax' Spott versiegte plötzlich, er wirkte wie ein Mann nach einem unerwarteten Peitschenhieb. Auch die letzte Farbe wich aus seinem Gesicht.

»Schafft ihn weg«, sagte Drinkwater zu Hill, der nervös hinter dem Gefangenen gewartet hatte. »Und danach brauche ich meine Gig.«

»Drinkwater, wie schön, Sie zu sehen! Was sagen Sie dazu, wie wir ihnen Zunder gegeben haben? Und haben sie sich nicht großartig gewehrt?« In bester Laune und mit der funkelnden neuen Kommandanten-Epaulette erwartete ihn Burroughs an *Venerables* Eingangspforte. Mit einer Handbewegung umfaßte er die verankerte Flotte. »Kaum eine Spiere geknickt, aber die Rümpfe löchrig wie Schweizer Käse ... Mein Gott, bin ich froh, daß wir sie erledigt haben, möchte das ums Verrecken nicht noch mal durchmachen müssen ... Keine einzige Prise, die sich zu übernehmen lohnt – vielleicht mit Ausnahme der Ihrigen, wie?«

»Aye, Sir, aber auch die hat einen hohen Preis gekostet.«

Burroughs wurde ernst. »Ja, das stimmt. Unsere Verluste waren furchtbar, über tausend Tote und Verwundete ... Aber kommen Sie, der Admiral will Sie sprechen. Ich wollte schon einen Fähnrich nach Ihnen schicken.«

Drinkwater folgte Burroughs in den Schatten des Hüttendecks und wurde an dem wachestehenden Seesoldaten vorbeigeschleust. »Mylord, hier ist Mr. Drinkwater.« Burroughs kniff ein Auge zu und verschwand. Drinkwater trat vor den Schreibtisch, an dem Duncan hinter einem Stapel Papiere saß und schrieb.

»Nehmen Sie Platz«, sagte der Admiral müde und ohne den Blick zu heben. Vorsichtig ließ sich Drinkwater auf einen hochlehnigen Stuhl nieder, denn die Blessuren von Kampenduin machten ihm noch zu schaffen. Irgendwie fühlte er, daß in den letzten 24 Stunden schon viele vor ihm auf diesem Stuhl herumgerutscht waren.

Endlich hob Duncan den Kopf. »Ah, Mr. Drinkwater, wir haben noch ein paar offene Punkte zu klären, wie?«

Drinkwaters Herz übersprang einen Schlag. Plötzlich glaubte er, irgendeinen schweren Fehler begangen zu haben; vielleicht hatte er einen Befehl nicht ausgeführt, ein Signal nicht wiederholt ... Er schluckte trocken und hielt dem Admiral ein dickes Couvert hin. »Mein Bericht, Mylord ...«

Duncan nahm ihn und brach das Siegel auf. Sich immer wieder die müden Augen reibend, begann er zu lesen, während Drinkwater seinem eigenen Herzschlag lauschte. Der weiße Innenanstrich der großen Achterkajüte war rissig und abgeblättert, wo holländische Kugeln in *Venerables* Bordwand gekracht waren, und an einer Stelle sah man hastig über ein Loch genagelte Planken. Kalte Luft zog durch den Raum, und ein etwas dunklerer Fleck auf dem geschrubbten Boden verriet, wo einer aus *Venerables* Crew viel Blut verloren hatte.

Duncan fragte: »Sie haben also einen Gefangenen gemacht, Mr. Drinkwater?«

»Jawohl, Mylord.«

»Dann lassen Sie ihn besser gleich herüberschaffen. Ich gebe Ihnen eine Abteilung Seesoldaten mit.«

»Danke, Mylord.«

»Kapitän Trollopes Geschwader, dem auch Sie angehörten, hat sich tapfer geschlagen, und ich habe hier ein Papier für Sie.« Er hielt ihm ein Dokument hin, und Drinkwater erhob sich, um es entgegenzunehmen. Es war die Bestallung zum Leutnant.

»Danke, Mylord, vielen Dank.«

Duncan war schon wieder mit seinen Papieren beschäftigt und murmelte ohne aufzublicken: »Sie haben das redlich verdient, Mr. Drinkwater.«

Die Hand schon auf dem Türknauf, fiel Drinkwater noch etwas ein. Er wandte sich um. Duncan schien völlig absorbiert von seinen internen Problemen, es hieß, daß Williams von *Agincourt* vor ein Kriegsgericht gestellt werden sollte. Drinkwater hüstelte. »Mylord?«

»Hm?« Duncan schrieb weiter.

»Meine Besatzung hat seit langem keinen Sold erhalten, Mylord. Dürfte ich Sie bitten, eine entsprechende Anweisung zu erteilen?«

Duncan legte die Feder weg und blickte auf. Er war ein viel zu erfahrener Marineoffizier, um nicht zu ahnen, daß sich hinter dieser simplen Bitte eine Menge verbarg. Schwach lächelte er dem ernsten jungen Mann zu. »Sprechen Sie mit meinem Schreiber, Mr. Drinkwater, meinem Schreiber.« Wieder beugte sich der alte Admiral über seinen Papierkram.

Kestrel lag in Saltpan Reach, und die Werft tat ihr möglichstes, um sie wieder zusammenzuflicken. Drinkwater wurde als Kommandant bestätigt, zumindest für die Zeit der Reparaturen, und gab ein Abendessen für seine überlebenden Decksoffiziere. Es war eine recht bescheidene Angelegenheit, bei der sie von Merrick und Tregembo bedient wurden, der sich dazu freiwillig gemeldet hatte und mit seiner Aufgabe überraschend gut fertig wurde. Nach dem Essen paßte er

Drinkwater ab.

»Mit Ihrer Erlaubnis, Sir«, begann er, verlegen von einem Fuß auf den anderen wechselnd. Schließlich faßte er sich ein Herz. »Ach, verdammt, Sir, ich bin keiner, der erst lange auf den Busch klopft. Aber da Sie also nun befördert sind, möchte ich mich bei Ihnen gern als Ihr persönlicher Bootsmann bewerben, Sir.«

Drinkwater lächelte den Mann aus Cornwall an. »Ich bin nur zum Leutnant befördert worden, Tregembo, nicht zum Kapitänleutnant, das wissen Sie doch.«

»Wir sind nun ein, zwei Jahre auf demselben Schiff, Sir...«

Drinkwater nickte, er fühlte sich sehr geschmeichelt. »Hören Sie, Tregembo, ich kann Ihnen nichts über Ihren Marinesold hinaus bezahlen, und das reicht auf keinen Fall für Sie und Ihre künftige Frau...« Weiter kam er nicht.

»Oh, es reicht, Sir. Ihr Prisenanteil reicht für ein hübsches Haus, und meine Susan kann Mrs. Drinkwaters Köchin werden, Sir.« Tregembo grinste triumphierend. »Danke, Sir, danke vielmals...«

Konsterniert konnte Drinkwater nur: »Das haut doch den Stärksten um!« murmeln und dem Davoneilenden nachstarren. Er erinnerte sich an Tregembos Susan, sie war eine resolute, kräftige junge Frau und mochte an der Entwicklung der Dinge nicht unschuldig sein.

Am besten setzte er sich jetzt hin und schrieb an Elizabeth, um sie darüber zu informieren, daß er seine Bestallung bekommen hatte und sie – wie es schien – eine Köchin.

Siebzehntes Kapitel

November 1797

Der Drahtzieher

»Die neuen Befehle, Sir.« Hill reichte dem Kommandanten das in Wachstuch eingeschlagene Päckchen, das vom Wachboot gebracht worden war. Drinkwater schob die letzte Flasche aus Griffiths' Vorrat über den Tisch zu Appleby und öffnete das Bündel.

Je länger er las, um so tiefer furchte sich seine Stirn. Schweigend suchten Appleby und Hill im Gesicht ihres Kommandanten nach irgendwelchen Anzeichen für ihr künftiges Geschick. Endlich sah Drinkwater auf.

»Mr. Hill, wir laufen abends mit der Ebbe zur Nore hinunter aus. Und um fünf Uhr brauche ich ein Boot, das mich zur Gun Wharf übersetzt...« Er blickte auf die Papiere nieder.

Hill wiederholte seine Anweisungen und verließ die Kajüte. »Was gibt's denn?« fragte Appleby.

Drinkwater hob den Kopf. »Es ist leider vertraulich, Mr. Appleby«, sagte er kühl und distanziert. Aber nicht Applebys neugierige Frage machte Drinkwater zu schaffen, sondern die Unterschrift unter der neuen Order. Sie stammte nicht von Admiral Duncan, sondern von Lord Dungarth.

Der Lord entstieg als erster der Kutsche, die auf dem windigen Kai hielt. Drinkwater trat vor, um ihn zu begrüßen, aber Dungarth half dem zweiten Insassen heraus. In der abendlichen Dämmerung war die in einen Kapuzenmantel gehüllte Gestalt nicht zu erkennen, doch kam sie Drinkwater irgendwie bekannt vor.

»Also«, sagte sie mit einem Blick in die Runde, »also wollen Sie mich deportieren und doch nicht erschießen, wie?«

An der Stimme erkannte Drinkwater Hortense Montholon.

Dungarth antwortete: »Aye, Madam, aber ich kann Ihnen versichern, daß dies meinem Rat und meiner Neigung zuwiderläuft.« Er wandte sich Drinkwater zu. »Guten Abend, Leutnant«, sagte er mit einem schmalen Lächeln, das ein Glückwunsch sein sollte.

»Guten Abend, Mylord.«

Lord Dungarth holte ein Paar Handschellen aus der Manteltasche und sagte zu der Frau: »Reichen Sie mir jetzt freundlicherweise Ihr rechtes Handgelenk.«

»Müssen Sie wirklich so barbarisch sein?« fragte sie mit gerunzelter Stirn und warf Drinkwater einen Blick voller Hilflosigkeit zu. Aber dieser ignorierte ihn.

»Wir sind Männer, keine Heiligen, reizende Dame«, zitierte Seine Lordschaft, schloß die andere Handschelle um seinen Arm und führte die Gefangene zu dem wartenden Boot.

Kestrel ging ankerauf und lief mit günstigem Wind aus der Themse aus. Um Mitternacht kam Drinkwater unter Deck und fand Lord Dungarth im Lampenschein am Tisch sitzen, während Hortense Montholon auf der leewärtigen Bank schlief.

Leise holte Drinkwater eine Flasche aus dem Schrank. Er füllte zwei Gläser und reichte Dungarth eines. Der Kreis hatte sich geschlossen: In *Kestrels* Kajüte hatte die Affäre begonnen, hier ging sie nun auch zu Ende. Dungarth hob sein Glas.

»Auf Ihre Kokarde, Nathaniel. Sie haben sie verdient.«

»Danke, Mylord.« Sein Blick glitt zu der Frau hinüber. Das kastanienrote Haar fiel ihr offen über Nacken und Schultern, das Gesicht wirkte nach dem Gefängnisaufenthalt blaß und abgezehrt, was ihr etwas Märtyrerhaftes gab. Die Wirkung auf Drinkwater war ihm vom Gesicht abzulesen.

»Sie ist gefährlich wie eine Schlange«, sagte Dungarth, und Drinkwater wandte sich schuldbewußt ab.

»Was geschieht jetzt mit ihr?«

Dungarth zuckte die Schultern. »Wenn sie ein Mann wäre, hätten wir sie standrechtlich erschossen; wäre sie als Engländerin in der gleichen Situation von den Franzosen aufgegriffen worden, hätten sie sie guillotiniert. Aber wie die Dinge nun mal liegen, wird sie freigelassen.« Dungarths zynischer Ton unterstrich, daß er diese Entscheidung keineswegs billigte.

»Ihr Bruder hat einigen Einfluß in Emigrantenkreisen, von da her wurde Druck auf die Regierung ausgeübt.« Er seufzte. »Ich wollte, der arme Brown hätte solch einen Fürsprecher gehabt.«

»Aye, Mylord...« Drinkwater sah im Geiste wieder den Galgen über der Batterie von Kijkduin. »Und was wird aus Santhonax?«

»Ah!« grunzte Dungarth schon zufriedener, ein grausames Lächeln um den Mund. »*Ihn* haben wir in sicherem, sehr sicherem Gewahrsam. Sie haben ja sein schönes Gesicht ganz entstellt, Nathaniel, ts, ts.« Drinkwater reichte ihm die Flasche hinüber, da *Kestrel* gerade wieder in ein Wellental sackte. Er deutete damit auf die Schlafende. »Sie weiß noch nicht, daß wir ihn ergriffen haben. Da erwartet sie bei der Heimkehr eine ziemliche Enttäuschung.« Lächelnd nahm er einen Schluck Wein.

Wieder sah Drinkwater zu Hortense hinüber. Sie regte sich, als *Kestrel* schwer rollte, und öffnete die Augen. Verwirrt setzte sie sich auf, schauderte und zog mit einer seltsam kindlichen Bewegung den Mantel enger um ihre Schultern. Dann erblickte sie die Anwesenden, begriff ihre Lage, und ein Ausdruck huschte über ihr Gesicht, der an Genugtuung grenzte.

»Nehmen Sie sich in acht vor ihr, Nathaniel«, warnte Dungarth. »Sie ist mit allen Wassern gewaschen und täuscht jeden Mann. Ein Jammer, daß die jakobinische Empörung, die sonst keine großen Unterschiede macht, in Carteret nicht höher schlug und uns die Mühe ersparte, eine solche Viper zu retten. Man sollte nicht glauben, daß ein solches Engelsgesicht den eigenen Verlobten verraten hat.«

Drinkwater sah Hortense fragend die Stirn runzeln und erinnerte sich an den armen Tocqueville und seine unerwiderte Liebe.

»Was meinen Sie mit ›verraten‹?« fragte sie.

»Halten Sie mich nicht für dumm, Madam. Ihr Geliebter Santhonax hat den Grafen Tocqueville in der Gosse von London abschlachten lassen, das wissen Sie sehr gut.«

»Nein, nein ... Davon habe ich nichts gewußt.« Sie schwieg und schien die Nachricht zu verarbeiten, dann hob sie den Kopf. »Ich glaube Ihnen kein Wort. Sie lügen ... Sie lügen, wie Narren lügen, um sich zu schützen. Ihre Marine ist von unseren tapferen Republikanern dezimiert worden, und jetzt kommen uns auch bald die Holländer zu Hilfe, alle Schiffe des Kontinents werden zu den Schiffen Frankreichs stoßen, dann steht die stärkste Marine der Welt unter unserem Befehl ...« Aus ihren Augen leuchtete die feste Überzeugung eines Menschen, der sich im Gefängnis mit derlei Gedanken aufrecht erhalten hatte. »Und jetzt sparen Sie mich auf, um in Ihrer Not Kapital aus mir zu schlagen.«

Drinkwater hörte, daß Dungarth neben ihm leise zu lachen begann. Er sagte: »Die Meuterei ist gescheitert, Madam. Die Holländer kommen nicht mehr, ihre Flotte ist vernichtet.«

»Wie Sie sehen«, warf Dungarth ein, »sind Ihre Pläne restlos schiefgegangen. Wir beherrschen den Kanal, und Irland ist gerettet.«

»Dann ist Irland verloren«, rief Hortense mit neuerwachter Überzeugung. Doch der Glanz in ihren Augen erlosch, als Dungarth erwiderte: »Aber Santhonax auch.«

Erschreckt hielt Hortense den Atem an, blickte erst den einen ihrer Bezwinger an und dann den anderen, fand aber keinen Trost in ihren Augen. »Er ist in Frankreich«, sagte sie unsicher.

»Er *war* in Holland, Madam, aber Mr. Drinkwater hier hat ihn gefangengenommen, vor kurzem in der Schlacht mit den Holländern.«

Sie öffnete den Mund, um zu protestieren, um ihnen vorzuwerfen, daß sie nur blufften; aber sie las die Wahrheit in ihren Blicken. Drinkwater verhöhnte sie nicht, er war kein Falschmünzer der Worte, kein Intrigant. Sie erinnerte sich daran, wie er hier in dieser Kajüte Tocquevilles Wunde versorgt hatte – vor einer Ewigkeit, wie ihr schien. Nein, Drinkwater war ein Mann der Tat, deshalb begriff sie, daß Santhonax wirklich in Gefangenschaft geraten war, eingekerkert wie sie selbst von diesen barbarischen Engländern.

»Und ich glaube, sein Gesicht wurde von einer Pike ganz entstellt«, sagte Dungarth scheinbar beiläufig.

Sowohl Dungarth wie Drinkwater gingen in der Gig mit an Land. Über ihnen wuchs der Mont Jolibois in den Nachthimmel auf, den Gipfel von leichtem Dunst verhüllt, den die Landbrise herantrug. Die See war ein schwarzer Spiegel.

Zwischen den beiden saß eine verhüllte Gestalt, unkenntlich für die Bootsgasten. Die Gig wurde auf den Strand gezogen, Drinkwater nahm Hortense auf die Arme, watete spritzend mit ihr an Land und setzte sie ab.

»Bitte sehr, Madam«, sagte Dungarth, der ihnen gefolgt war, mit Nachdruck. »Hoffentlich sehen wir Sie niemals wieder.«

Im Dunkel der Nacht fing Hortense Drinkwaters Blick auf. Aus ihren Augen funkelte Haß auf diesen unauffälligen Engländer, der ihren Geliebten festgenommen und entstellt hatte. Abrupt wandte sie sich um und stapfte durch den Sand davon. Drinkwater sah ihr nach und hatte Dungarth neben sich völlig vergessen – bis der Pistolenschuß krachte.

»Mylord!« Entsetzt starrte er Hortenses Rücken an, fühlte Dungarths Hand auf seinem Arm, der ihn daran hinderte, ihr nachzustürzen. Sie stolperte kurz, dann begann sie zu rennen und verschmolz mit der Nacht.

Drinkwater und Dungarth sahen ihr lange nach und hörten hinter sich die gemurmelten Kommentare der Bootsgasten.

»Die Pistole war nicht geladen«, sagte Dungarth schließlich. »Ich wollte Madam nur Beine machen.« Er lächelte Drinkwater zu. »Aber, aber, Nathaniel, Sie werden doch nicht schockiert sein. Beinahe wären Sie ihr erlegen.« Er kicherte in sich hinein. »Tja, manchmal unterläuft dem Drahtzieher eben ein falscher Griff.«

Sie wandten sich um und gingen schweigend zum Boot zurück.

Nachwort

Nathaniel Drinkwaters Taten in der Zeit von 1792 bis 1797 haben authentische Hintergründe. Kutter wurden für alle möglichen Kriegsdienste eingesetzt und entledigten sich ihrer Aufgaben, wie es der zeitgenössische Historiker William James ausdrückte, »sehr eindrucksvoll für Fahrzeuge dieser niederen Kategorie«.

Tatsächlich floh ein gewisser Barrallier aus Frankreich und baute Schiffe für die Royal Navy; auch verschwanden kurz vor dem Zusammenbruch der Meuterei in der Nore acht Männer mit einer Barkasse der Flotte, und ihr Ziel blieb bis heute ein Rätsel. Unter dem Schock der Meuterei kursierten im Land wilde Gerüchte, daß rätselhafte Fremde auf den Straßen von Kent unterwegs seien. Die breite Masse glaubte an französische Aufwiegelei hinter den Unruhen.

Viele der hier auftretenden Figuren gab es wirklich. Ganz abgesehen von den Admirälen gilt das für Warren und seine berühmten Fregattenkapitäne, für die Kommandanten der Schiffe Duncans und für Kapitän Schank. Kapitän Anthony Calverts und Jonathan Poulters Zerstörung der Fahrwassermarkierung in der Themsemündung ist verbürgt, als vorbeugende Maßnahme gegen ein Entkommen der Meuterer.

Der genaue Grund, warum de Winter schließlich auslief, ist bis heute nicht geklärt. Doch steht fest, daß aus seiner Flotte und den mit ihm bei Texel liegenden Versorgungsschiffen eine große Landungsstreitmacht gebildet werden sollte; ihr wahrscheinlichstes Ziel war Irland. Wolf Tone hielt sich 1797 zeitweise bei de Winter auf, wie auch im Vorjahr bei de Galles in Bantry. Andererseits gibt es die Version, wonach de Winter auslief, um Duncan zu vernichten, von dem es hieß, er kommandiere eine unzuverlässige Flotte, oder daß er einfach das Ansehen Hollands wiederherstellen wollte. In Wirklichkeit zog sich de Winter zurück, ehe er auf Duncan stieß. Aber bei anderen Gelegenheiten, wenn ein Kampf unausweichlich war, schlug sich seine Flotte mit großer Tapferkeit.

Vielleicht veranschaulichen die Rollen, die Drinkwater und Edouard Santhonax in diesem für die holländische Flotte so verhängnisvollen Feldzug spielen, die verzweifelte Spannung, die das ganze Jahr kennzeichnete.

R. W.